全国计算机技术与软件专业技术资格（水平）考试指定用书

信息系统监理师

2017至2021年试题分析与解答

计算机技术与软件专业技术资格考试研究部 主编

清华大学出版社

北京

内 容 简 介

信息系统监理师考试是全国计算机技术与软件专业技术资格（水平）考试的中级职称考试，是历年各级考试报名的热点之一。本书汇集了从2017至2021年的所有试题和权威解析，欲参加考试的考生读懂本书的内容后，将会更加深入地理解考试的出题思路，发现自己的知识薄弱点，使学习更加有的放矢，对增强通过考试的信心会有极大的帮助。

本书适合参加信息系统监理师考试的考生备考使用。

图书在版编目（CIP）数据

信息系统监理师 2017 至 2021 年试题分析与解答 / 计算机技术与软件专业技术资格考试研究部主编. —北京：清华大学出版社，2022.7（2024.9重印）
全国计算机技术与软件专业技术资格（水平）考试指定用书
ISBN 978-7-302-61327-5

Ⅰ.①信… Ⅱ.①计… Ⅲ.①信息系统－监管制度－资格考试－题解 Ⅳ.①G202-44

中国版本图书馆 CIP 数据核字(2022)第 122361 号

责任编辑：杨如林
封面设计：杨玉兰
责任校对：胡伟民
责任印制：杨　艳

出版发行：清华大学出版社
　　　　　网　　　址：https://www.tup.com.cn，https://www.wqxuetang.com
　　　　　地　　　址：北京清华大学学研大厦 A 座　　　邮　　编：100084
　　　　　社 总 机：010-83470000　　　　　　　　　邮　　购：010-62786544
　　　　　投稿与读者服务：010-62776969，c-service@tup.tsinghua.edu.cn
　　　　　质量反馈：010-62772015，zhiliang@tup.tsinghua.edu.cn
印 装 者：大厂回族自治县彩虹印刷有限公司
经　　销：全国新华书店
开　　本：185mm×230mm　　　印　张：20.5　防伪页：1　字　数：515 千字
版　　次：2022 年 8 月第 1 版　　　　　　　印　次：2024 年 9 月第 2 次印刷
定　　价：75.00 元

产品编号：098383-01

前　言

根据国家有关的政策性文件，全国计算机技术与软件专业技术资格（水平）考试（以下简称"计算机软件考试"）已经成为计算机软件、计算机网络、计算机应用、信息系统、信息服务领域高级工程师、工程师、助理工程师和技术员的国家职业资格和专业技术水平考试。而且，根据信息技术人才年轻化的特点和要求，报考这种资格考试不限学历与资历条件，以不拘一格选拔人才。现在，软件设计师、程序员、网络工程师、数据库系统工程师、系统分析师、系统架构设计师和信息系统项目管理师资格的考试标准已经实现了中国与日本互认，程序员和软件设计师资格的考试标准已经实现了中国和韩国互认。

计算机软件考试规模发展很快，年报考规模达百万人次，三十多年来，累计报考人数超过 700 万人。

计算机软件考试已经成为我国著名的 IT 考试品牌，其证书的含金量之高已得到社会的公认。计算机软件考试的有关信息见网站www.ruankao.org.cn中的资格考试栏目。

对考生来说，学习历年试题分析与解答是理解考试大纲的最有效、最具体的途径之一。

为帮助考生复习备考，计算机技术与软件专业技术资格考试研究部汇集了信息系统监理师 2017 至 2021 年的试题分析与解答印刷出版，以便于考生测试自己的水平，发现自己的弱点，更有针对性及更系统地学习。

计算机软件考试的试题质量高，包括了职业岗位所需的各个方面的知识和技术，不但包括技术知识，还包括法律法规、标准、专业英语、管理等方面的知识；不但注重广度，而且还有一定的深度；不但要求考生具有扎实的基础知识，还要具有丰富的实践经验。

这些试题中，包含了一些富有创意的试题，一些与实践结合得很好的佳题，一些富有启发性的试题，具有较高的社会引用率，对学校教师、培训指导者、研究工作者都是很有帮助的。

由于作者水平有限，时间仓促，书中难免有错误和疏漏之处，诚恳地期望各位专家和读者批评指正，对此，我们将深表感谢。

编　者

目　录

第1章 2017 上半年信息系统监理师上午试题分析与解答

试题（1）

信息系统工程是指信息化工程建设中的信息网络系统、信息资源系统、___(1)___的新建、升级、改造工程。

（1）A．信息存储系统　　　　　　　　　B．信息应用系统

　　　C．信息通信系统　　　　　　　　　D．信息管理系统

试题（1）分析

信息系统工程是指信息化工程建设中的信息网络系统、信息资源系统和信息应用系统的新建、升级和改造工程。

参考答案

（1）B

试题（2）

制造业___(2)___化是"互联网+制造"的重要方向。

（2）A．服务　　　　　B．产业　　　　　C．自动　　　　　D．信息

试题（2）分析

2015 年国务院印发我国实施制造强国战略第一个十年的行动纲领《中国制造 2025》指出我国制造业发展的方向是智能化、绿色化和服务化，在第三部分战略任务和重点里，提出"深化互联网在制造领域的应用"。

2016 年，《中国制造 2025》由文件编制进入全面实施新阶段。5 大工程实施指南以及服务型制造、装备制造业质量品牌提升、医药产业发展等 3 个行动或规划指南发布实施，信息产业、新材料和制造业人才等 3 个规划指南即将发布，"1+X"规划体系编制完成。

互联网+制造业服务化将是《中国制造 2025》发展研究的重要方向之一。

参考答案

（2）A

试题（3）、（4）

移动互联网主要由便携式终端、不断创新的商业模式、移动通信网接入、___(3)___等四部分构成。移动互联网技术体系主要涵盖六大技术产业领域：关键应用服务平台技术、网络平台技术、移动智能终端软件平台技术、移动智能终端硬件平台技术、移动智能终端原材料元器件技术、___(4)___。

（3）A．公众互联网内容　　　　　　　　B．公众互联网安全

　　　C．公众互联网技术　　　　　　　　D．公众互联网架构

（4）A．移动云计算技术　　　　　　　　B．综合业务技术

　　　C．安全控制技术　　　　　　　　　D．操作系统技术

试题（3）、（4）分析

移动互联网主要包括移动终端、商业模式、移动通信网接入技术以及不断快速发展的互联网内容应用。移动互联网作为融合发展领域，与广泛的技术和产业相关联，纵览当前互联网业务和技术的发展，移动互联网主要涵盖六个技术领域：

- 移动互联网关键应用服务平台技术；
- 面向移动互联网的网络平台技术；
- 移动智能终端软件平台技术；
- 移动智能终端硬件平台技术；
- 移动智能终端原材料元器件技术；
- 移动互联网安全控制技术。

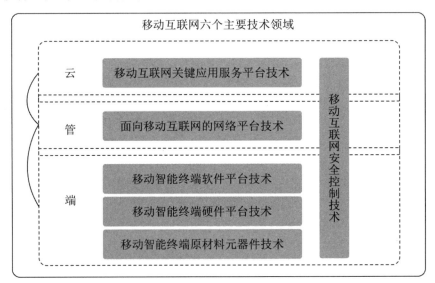

参考答案

（3）A　　（4）C

试题（5）

在整个信息系统中，网络系统作为信息和应用的载体，为各种复杂的计算机应用提供可靠、安全、高效、可控制、可扩展的底层支撑平台。网络系统集成的一般体系框架包括网络基础平台、网络服务平台、网络安全平台、___（5）___、环境平台。

（5）A．网络管理平台　　　　　　　　　　B．网络控制平台

　　　C．网络架构平台　　　　　　　　　　D．网络应用平台

试题（5）分析

网络系统集成的一般体系框架包括网络基础平台、网络服务平台、网络安全平台、网络管理平台和环境平台。

参考答案

（5）A

试题（6）

以下关于光纤特性的叙述中，正确的是：　(6)　。

(6) A．光纤传输信号无衰减

　　B．光纤传输速率无限制

　　C．光纤传输的抗干扰能力比较强

　　D．光纤传输距离无限制

试题（6）分析

光纤通信是指利用光导纤维（简称为光纤）传输光波信号的一种通信方法，相对于以电为媒介的通信方式而言，光纤通信的主要优点有传输频带宽、通信容量大、传输损耗小、抗电磁干扰能力强、线径细、重量轻、资源丰富。

光纤传输的突出优点有频带宽、损耗低、重量轻、抗干扰能力强等。光纤传输是有损耗的，其损耗受本征、弯曲、挤压、杂质等因素影响；光纤传输有损耗就决定了其传输距离是有限的；根据香农定理，信道信息传输速率是有上限的。

参考答案

(6) C

试题（7）

电缆是网络通信的基础，据统计大约 50%的网络故障与电缆有关。电缆测试主要包括电缆的验证测试和　(7)　。

(7) A．联通测试　　　　　　　　　　B．认证测试

　　C．质量测试　　　　　　　　　　D．容错测试

试题（7）分析

电缆测试主要包括电缆的验证测试和认证测试。验证测试主要是测试电缆的安装情况，而认证测试主要是测试已安装完毕的电缆电气参数是否满足有关标准。

参考答案

(7) B

试题（8）

光缆布线系统的测试是工程验收的必要步骤。通常对光缆的测试方法有连通性测试、端-端损耗测试、　(8)　和反射损耗测试四种。

(8) A．功率消耗测试　　　　　　　　B．收发功率测试

　　C．折射率测试　　　　　　　　　D．光波衰减测试

试题（8）分析

通常对光缆的测试方法有连通性测试、端-端损耗测试、收发功率测试和反射损耗测试四种。

参考答案

(8) B

试题（9）

实施电子政务的政务外网必须与互联网　(9)　。

(9) A．物理隔离　　　B．逻辑隔离　　　C．直接连接　　　D．不连接

试题（9）分析

电子政务外网（政务外网）是政府的业务专网，主要运行政务部门面向社会的专业性业务和不需要在内网上运行的业务。电子政务外网和互联网须逻辑隔离。

参考答案

（9）B

试题（10）

以下关于光纤的叙述中，正确的是：＿＿（10）＿＿。

（10）A．单模光纤传输容量大，传输距离近，价格高

　　　　B．多模光纤传输容量大，传输距离近，价格高

　　　　C．多模光纤传输容量大，传输距离远，价格低

　　　　D．单模光纤传输容量大，传输距离远，价格高

试题（10）分析

光纤有单模和多模之分：

单模光纤传输容量大，传输距离远，但价格也高，适用于长途宽带网，例如 SDH；

多模光纤传输容量和传输距离均小于单模光纤，但价格较低，广泛用于建筑物综合布线系统。

参考答案

（10）D

试题（11）

Internet 的核心协议是＿＿（11）＿＿。

（11）A．X.25　　　　　B．TCP/IP　　　　C．ICMP　　　D．UDP

试题（11）分析

TCP/IP 是 Internet 的核心，利用 TCP/IP 可以方便地实现多个网络的无缝连接。

X.25 是一个广泛使用的协议，它由 ITU-T 提出，面向计算机的数据通信网，它由传输线路、分组交换机、远程集中器和分组终端等基本设备组成。

TCP/IP（Transmission Control Protocol/Internet Protocol）的中文名为传输控制协议/因特网互联协议，又名网络通信协议，是 Internet 最基本的协议、Internet 国际互联网络的基础，由网络层的 IP 和传输层的 TCP 组成。TCP/IP 定义了电子设备连入因特网以及数据传输的标准。协议采用了 4 层的层级结构，每一层都呼叫它的下一层所提供的协议来完成自己的需求。通俗而言，TCP 负责发现传输的问题，一有问题就发出信号，要求重新传输，直到所有数据安全正确地传输到目的地。而 IP 是给因特网的每一台联网设备规定一个地址。

ICMP（Internet Control Message Protocol）是 Internet 控制报文协议。它是 TCP/IP 协议族的一个子协议，用于在 IP 主机、路由器之间传递控制消息。控制消息是指网络通不通、主机是否可达、路由是否可用等网络本身的消息。这些控制消息虽然并不传输用户数据，但是对于用户数据的传递起着重要的作用。

UDP（User Datagram Protocol）的中文名是用户数据报协议，是 OSI（Open System

Interconnection，开放式系统互联）参考模型中一种无连接的传输层协议，提供面向事务的简单不可靠信息传送服务，IETF RFC 768 是 UDP 的正式规范。UDP 在 IP 报文的协议号是 17。

参考答案

　　（11）B

试题（12）

　　MPLS （Multi-Protocol Label Switching，多协议标签交换技术）是新一代广域网传输技术。以下关于 MPLS 特点的叙述中，正确的是：___（12）___。

　　（12）A．MPLS 不支持大规模层次化的网络拓扑结构，不具备良好的网络扩展性

　　　　　B．MPLS 的标签合并机制支持不同数据流的分拆传输

　　　　　C．MPLS 支持流量工程、QoS 和大规模的虚拟专用网

　　　　　D．MPLS 不支持 ATM 的传输交换方式

试题（12）分析

　　MPLS 的技术特点包括：

● 充分采用原有的 IP 路由，在此基础上加以改进；保证了 MPLS 的网络路由具有灵活性的特点；

● 采用 ATM 的高效传输交换方式，抛弃了复杂的 ATM 信令，无缝地将 IP 技术的优点融合到 ATM 的高效硬件转发中；

● MPLS 网络的数据传输和路由计算分开，是一种面向连接的传输技术，能够提供有效的 QoS 保证；

● MPLS 不但支持多种网络层技术，而且是一种与链路层无关的技术，它同时支持 X.25、帧中继、ATM、PPP、SDH、DWDM 等，保证了多种网络的互连互通，使得各种不同的网络传输技术统一在同一个 MPLS 平台上；

● MPLS 支持大规模层次化的网络拓扑结构，具有良好的网络扩展性；

● MPLS 的标签合并机制支持不同数据流的合并传输；

● MPLS 支持流量工程、CoS、QoS 和大规模的虚拟专用网。故选项 C 正确。

参考答案

　　（12）C

试题（13）

　　测试网络连接状况以及信息包发送和接收状况的命令是___（13）___。

　　（13）A．ping　　　　　B．tracert　　　　　C．netstat　　　　　D．winipcfg

试题（13）分析

　　ping 是 Windows、Unix 和 Linux 系统下的一个命令。ping 也属于一个通信协议，是 TCP/IP 的一部分。利用 ping 命令可以检查网络是否连通，可以很好地帮助人们分析和判定网络故障。应用格式：ping IP 地址。该命令还可以加许多参数使用，查看 ping 参数的方法是输入 ping 按回车键，即可看到详细说明。

　　tracert（跟踪路由）是路由跟踪实用程序，用于确定 IP 数据包访问目标所采取的路径。tracert 命令用 IP 生存时间（TTL）字段和 ICMP 错误消息来确定从一个主机到网络上其他

主机的路由。

在 Internet RFC 标准中，netstat 的定义是：netstat 是在内核中访问网络连接状态及其相关信息的程序，它能提供 TCP 连接、TCP 和 UDP 监听、进程内存管理的相关报告。netstat 是控制台命令，是一个监控 TCP/IP 网络的非常有用的工具，它可以显示路由表、实际的网络连接以及每一个网络接口设备的状态信息。netstat 用于显示与 IP、TCP、UDP 和 ICMP 协议相关的统计数据，一般用于检验本机各端口的网络连接情况。

winipcfg 用于显示用户所在主机内部 IP 协议的配置信息。

参考答案

（13）A

试题（14）

电子政务信息安全技术基础设施为电子政务各种应用系统建立通用的安全接口，提供通用的安全服务，主要包括　（14）　、授权管理基础设施和密钥管理基础设施。

（14）A．公钥基础设施　　　　　　　　B．私钥基础设施
　　　　C．数字签名基础设施　　　　　　D．加密解密基础设施

试题（14）分析

电子政务信息安全技术基础设施为电子政务各种应用系统建立通用的安全接口，提供通用的安全服务，主要包括公钥基础设施、授权管理基础设施和密钥管理基础设施。

参考答案

（14）A

试题（15）

　（15）　对防范蠕虫入侵无任何作用。

（15）A．及时安装操作系统和应用软件补丁程序
　　　　B．将可疑邮件的附件下载至文件夹中，然后再双击打开
　　　　C．设置文件夹选项，显示文件名的扩展名
　　　　D．不要打开扩展名为 VBS、SHS、PIF 等邮件附件

试题（15）分析

"及时安装操作系统和应用软件补丁程序"代表提高安全意识，勤打补丁，定时升级杀毒软件和防火墙。对于网络管理员，还要定期进行系统备份，尤其是进行多机备份，从而防止意外情况下的数据丢失；对于局域网用户，可以在因特网入口处安装防火墙，对邮件服务器进行监控，而且要对用户进行安全培训；对于个人用户，上网时要尽量选择大的门户网站，尽量少上一些小的、不知名的网站。

"将可疑邮件的附件下载至文件夹中，然后再双击打开"很显然是错的，对于来历不明的电子邮件，最好不要打开，尤其是附件。

"设置文件夹选项，显示文件名的扩展名""不要打开扩展名为 VBS、SHS、PIF 等邮件附件"，一般情况下，这些扩展名的文件几乎不会在正常附件中使用，却经常被病毒和蠕虫使用。例如，在不显示文件名扩展名时看到的邮件附件名称是 wow.jpg，但文件名的全名实际是 wow.jpg.vbs，打开这个附件意味着运行一个恶意的 VBScript 病毒，而不是 JPG 查看器。

参考答案

（15）B

试题（16）

机房是计算机网络系统的中枢，其建设直接影响着整个系统的安全稳定运行。以下关于机房建设的叙述中，正确的是：　（16）　。

（16）A．机房建设中两相对机柜正面之间的距离不应小于 1m

B．机房照明一般采用无眩光多隔栅灯，主机房照度不小于 200Lux

C．机房交流工作接地电阻不应大于 4Ω

D．机房的设备供电和空调供电可共用 1 个独立回路

试题（16）分析

对于机房设备的配置，主机房内通道与设备间的距离应符合"两相对机柜正面之间的距离不应小于 1.5m"的规定。

关于机房照明，要求采用无眩光多格栅灯，主机房照度不小于 300Lux，辅助间不小于 200Lux，故障照明不小于 60Lux；

对于机房的交流工作接地，接地电阻不应大于 4Ω；

机房的供电系统应采用双回路供电，并选择三相五线制供电，机房的设备供电和空调供电应分为两个独立回路。

参考答案

（16）C

试题（17）

以下关于隐蔽工程监理中注意事项的叙述中，正确的是：　（17）　。

（17）A．支、吊架安装固定支点间距一般不应大于 1～1.5mm

B．在线槽内配线，在同一线槽内包括绝缘在内的导线截面积总和应该不超过内部截面积的 50%

C．缆线布放，在牵引过程中，吊挂缆线的支点相隔间距不应大于 1.5m

D．电源线、信号电缆、光缆及其他弱电系统的缆线应尽量集中布放

试题（17）分析

根据金属线槽安装的支、吊架安装要求，固定支点间距一般不应大于 1.5～2.0mm；

根据线槽内配线要求：在同一线槽内包括绝缘在内的导线截面积总和应该不超过内部截面积的 40%；

在线缆布放的牵引过程中，吊挂缆线的支点相隔间距不应大于 1.5m；

电源线、信号电缆、对绞电缆、光缆及建筑物内其他弱电系统的缆线应分离布放。

参考答案

（17）C

试题（18）

综合布线系统的工作区，如果使用 4 对非屏蔽双绞线电缆作为传输介质，监理人员在进行巡视时发现了　（18）　的情况，应要求承建单位进行整改。

（18）A. 信息插座与计算机终端设备的距离为 8 米
　　　　B. 信息插座与计算机终端设备的距离为 5 米
　　　　C. 信息插座与计算机终端设备的距离为 3 米
　　　　D. 信息插座与计算机终端设备的距离为 2 米

试题（18）分析

根据工作区设计要点，信息插座与计算机设备的距离保持在 5 米范围内。

选项 A 中信息插座与计算机终端设备的距离为 8 米时，应要求承建单位进行整改。

参考答案

（18）A

试题（19）

综合布线系统（PDS）应是开放式星状拓扑结构，应能支持电话、数据、图文、图像等多媒体业务的需要。综合布线系统一般包含六部分子系统，其中不包括___（19）___。

（19）A. 工作区子系统　　　　　　　B. 垂直干线子系统
　　　　C. 建筑群子系统　　　　　　　D. 综合管理子系统

试题（19）分析

综合布线系统宜按工作区子系统、水平布线子系统、管理间子系统、垂直干线子系统、设备间子系统、建筑群子系统六个部分进行设计。

参考答案

（19）D

试题（20）

以下关于基于双重宿主主机体系结构的防火墙的叙述中，正确的是：___（20）___。

（20）A. 内部网络用户可以直接登录至双重宿主主机成为一个用户来访问外部资源
　　　　B. 双重宿主主机可以配置为内部网络与外部网络进行数据包转发的路由器
　　　　C. 内部网络用户不可以通过客户端代理软件以代理方式访问外部资源
　　　　D. 当访问外部资源时，该主机的资源消耗较小

试题（20）分析

一般来说，防火墙主要包括双重宿主主机体系结构、屏蔽主机体系结构和屏蔽子网体系结构。

在双重宿主主机体系结构中，双重宿主主机是一种防火墙，这种防火墙主要有 2 个接口，分别连接着内部网络和外部网络。该防火墙位于内外网络之间，阻止内外网络之间的 IP 通信，禁止一个网络将数据包发往另一个网络。两个网络之间的通信通过应用层的数据共享和代理服务的方法来实现，一般情况下都会在上面使用代理服务器，内网计算机想要访问外网的时候，必须先经过代理服务器的验证。这种体系结构是存在漏洞的，比如双重宿主主机是整个网络的屏障，一旦被黑客攻破，内部网络就会对攻击者敞开大门，所以一般双重宿主主机会要求有强大的身份验证系统来阻止外部非法登录的可能性。

参考答案

（20）A

试题（21）

入侵检测通过对计算机网络或计算机系统中的若干关键点收集信息并进行分析，从中发现网络或系统中是否有违反安全策略的行为和被攻击的迹象。__(21)__ 不属于入侵检测的主要任务。

(21) A. 监视、分析用户及系统活动，审计系统构造和弱点

　　　 B. 统计分析异常行为模式

　　　 C. 审计、跟踪管理操作系统，识别用户违反安全策略的行为

　　　 D. 提供扩展至用户端、服务器及第二至第七层的网络型攻击防护

试题（21）分析

入侵检测系统执行的主要任务包括：

● 监视、分析用户及系统活动，审计系统构造和弱点；

● 识别、反映已知进攻的活动模式，向相关人士报警；

● 统计分析异常行为模式；

● 评估重要系统和数据文件的完整性；

● 审计、跟踪管理操作系统，识别用户违反安全策略的行为。

参考答案

(21) D

试题（22）

防火墙性能的监理评审要素不包括 __(22)__ 。

(22) A. 单台设备并发 VPN 隧道数　　　 B. 网络接口

　　　 C. 支持与入侵监测系统的联动　　　 D. 防火墙的并发连接数

试题（22）分析

防火墙性能的监理评审要素包括：

单台设备并发 VPN 隧道数；系统平均无故障时间；网络接口；加密速度；密钥长度；设备连续无故障运行时间；在不产生网络瓶颈、千兆和百兆网络环境下防火墙的吞吐量；防火墙的并发连接数。

参考答案

(22) C

试题（23）

受委托的工程师、监理单位与承建单位不得有隶属关系和其他利害关系，这个要求反映了信息化工程监理的 __(23)__ 。

(23) A. 服务性　　　 B. 科学性　　　 C. 独立性　　　 D. 公正性

试题（23）分析

独立是信息系统工程监理有别于其他监理的一个特点，监理单位不能参与除监理以外的与本项目有关的业务，而且监理单位不得从事任何具体的信息系统工程业务。也就是说，监理单位应该是完全独立于双方的第三方机构。

参考答案

（23）C

试题（24）

以下关于监理人员做法或行为的叙述中，不正确的是：__（24）__。

（24）A．根据监理合同独立执行工程监理业务

　　　B．保守承建单位的技术秘密和商业秘密

　　　C．不同时从事与被监理项目相关的技术和业务活动

　　　D．必要时开展超出建设单位委托的工作范围的工作

试题（24）分析

监理人员的权利和义务包括：

● 根据监理合同独立执行工程监理业务；

● 保守承建单位的技术秘密和商业秘密；

● 不得同时从事与被监理项目相关的技术和业务活动。

参考答案

（24）D

试题（25）

数据挖掘是一项以__（25）__为基础的数据分析技术，其主要功能是在大量数据中自动发现潜在有用的知识，这些知识可以被表示为概念、规则、规律、模式等。

（25）A．数据库　　　　B．数据仓库　　　　C．人工智能　　　　D．知识库

试题（25）分析

数据挖掘是一项以数据仓库为基础的数据分析技术，其主要功能是在大量数据中自动发现潜在有用的知识，这些知识可以被表示为概念、规则、规律、模式等。

参考答案

（25）B

试题（26）

软件工程化要求以软件质量保证为核心，紧紧抓住软件生产方法、需求分析、软件设计、软件生产工具、__（26）__、验证与确认、评审和管理等环节。

（26）A．测试　　　　B．软件开发　　　　C．软件上线　　　　D．软件培训

试题（26）分析

软件工程化要求以软件质量保证为核心，紧紧抓住软件生产方法、需求分析、软件设计、软件生产工具、测试、验证与确认、评审和管理八个主要环节。

参考答案

（26）A

试题（27）

软件质量保证监理的目标不包括__（27）__。

（27）A．监督承建单位对软件质量保证活动做到有计划

　　　B．客观地验证软件产品及其活动是否遵守应用的标准、规程和需求

    C．促进由相关各方及时处理软件项目开发过程中的不一致性问题

    D．及时了解软件基线的状态和内容

试题（27）分析

软件质量保证监理的目标包括：

- 监督承建单位对软件质量保证活动做到有计划；
- 客观地验证软件产品及其活动是否遵守应用的标准、规程和需求；
- 促进由相关各方及时处理软件项目开发过程中的不一致性问题。

参考答案

（27）D

试题（28）

   （28）　的目的是对最终软件系统进行全面的测试确保最终软件系统产品满足需求。

（28）A．系统测试　　　　　　　　　　　B．集成测试

    C．单元测试　　　　　　　　　　　D．功能测试

试题（28）分析

软件测试的阶段可划分为单元测试、集成测试、确认测试和系统测试。

其中，单元测试适用对象为任一计算机软件单元；集成测试适用对象为由计算机软件单元组装得到的计算机软件部件；确认测试适用对象为完整的软件；系统测试适用对象为整个计算机系统，包括硬件系统和软件系统。

参考答案

（28）A

试题（29）

在软件开发项目监理工作中，如果承建单位 2 个项目成员使用不同版本的设计说明书，这时监理工程师首先应该检查　（29）　。

（29）A．信息管理系统　　　　　　　　　B．配置管理系统

    C．CPI　　　　　　　　　　　　　D．SPI

试题（29）分析

在软件生存周期内所产生的各种管理文档和技术文档、源代码列表和可执行代码以及运行所需的各种数据，构成软件配置管理项。

任何软件配置管理项都必须做到"文实相符、文文一致"。

参考答案

（29）B

试题（30）

   （30）　是软件生存期中的一系列相关软件工程活动的集合，它由软件规格说明、软件设计与开发、软件确认、软件改进等活动组成。

（30）A．软件过程　　　　　　　　　　　B．软件工具

    C．软件生存期质量保证　　　　　　D．软件工程

试题（30）分析

软件测试监理的活动包括：

（1）监督承建单位将合适的软件测试工程方法和工具集成到项目定义的软件过程中。

①依据项目定义的软件过程对软件测试任务进行综合。

②选择软件测试可用的方法和工具，并将选择专用工具或方法的理由写成文档。

③选择和使用适合于软件测试的配置管理模型。配置管理模型可能是：

- 入库、出库模型；
- 组合模型；
- 事务处理模型；
- 更改处理模型。

④将用于测试软件产品的工具置于配置管理之下。

（2）监督承建单位依据项目定义的软件过程，对软件测试进行开发、维护、建立文档和验证，以满足软件测试计划要求。

软件测试由静态测试、单元测试、集成测试、确认测试和系统测试组成。

①可与客户和最终用户一同参与开发和评审测试准则。

②使用有效方法测试软件。

③基于下列因素确定测试的充分性：测试级别、测试策略和测试覆盖。

（3）监督承建单位依据项目定义的软件过程、计划和实施软件的确认测试。

参考答案

（30）A

试题（31）

为适应软件运行环境的变化而修改软件的活动称为　__（31）__　。

（31）A．纠错性维护　　B．适应性维护　　C．改善性维护　　D．预防性维护

试题（31）分析

软件维护类型包括：纠错性维护、适应性维护和完善性维护。适应性维护指为适应软件运行环境改变而作的修改；纠错性维护指纠正在开发阶段产生而在测试和验收过程没有发现的错误；完善性维护指为扩充功能或改善性能而进行的修改。

参考答案

（31）B

试题（32）

提高软件的可维护性可采取很多措施，这些措施不包括　__（32）__　。

（32）A．提供没有错误的程序　　　　B．建立质量保证制度

　　　C．改进程序文档质量　　　　　D．明确软件质量标准

试题（32）分析

1. 质量计划编制

质量计划编制包括：

①综合合同中或标准中的相关条款，形成本项目的质量标准；

②确认在项目的实施过程中达到项目质量标准的主要方法及组织落实；

③必要时可供采取的纠正措施。

信息系统项目的质量范围主要包括：系统功能和特色、系统界面和输出、系统性能、系统可靠性、系统可维护性等。

2. 信息应用系统建设之软件工程标准

软件工程的标准化会给软件工作带来许多好处，比如：

● 可提高软件的可靠性、可维护性和可移植性；

● 可提高软件的生产率；

● 可提高软件人员的技术水平；

● 可提高软件人员之间的通信效率，减少差错和误解；

● 有利于软件管理，有利于降低软件产品的成本和运行维护成本；

● 有利于缩短软件开发周期。

3. 分析设计阶段监理工作内容

监理单位主要针对需求的覆盖性及可跟踪性、模块划分的合理性、接口的清晰性、技术适用性、技术清晰度、可维护性、约束与需求的一致性、可测试性、对软件设计的质量特性的评估、对软件设计的风险评估、对比情况、文档格式的规范性等方面进行评审。

4. 概要设计说明书评审——设计评审的内容包括：

①可追溯性：即分析该软件的系统结构、子系统结构，确认该软件设计是否覆盖了所有已确定的软件需求，软件每一成分是否可追溯到某一项需求。

②接口：即分析软件各部分之间的联系，确认该软件的内部接口与外部接口是否已经明确定义。模块是否满足高内聚和低耦合的要求。模块作用范围是否在其控制范围之内。

③风险：即确认该软件设计在现有技术条件下和预算范围内是否能按时实现。

④实用性：即确认该软件设计对于需求的解决方案是否实用。

⑤技术清晰度：即确认该软件设计是否以一种易于翻译成代码的形式表达。

⑥可维护性：从软件维护的角度出发，确认该软件设计是否考虑了便于未来的维护。

⑦质量：即确认该软件设计是否表现出良好的质量特征。

⑧各种选择方案：看是否考虑过其他方案，比较各种选择方案的标准是什么。

参考答案

（32）A

试题（33）

软件纠错维护是纠正在开发阶段产生而在测试和验收过程没有发现的错误，其主要内容不包括　(33)　。

（33）A．操作错误　　B．数据错误　　C．设计错误　　D．文档错误

试题（33）分析

纠正在开发阶段产生而在测试和验收过程没有发现的错误，其主要内容包括：设计错误、程序错误、数据错误和文档错误。

参考答案

（33）A

试题（34）、（35）

___（34）___ 不是面向对象技术的基本特征。对象实现了数据和操作的结合，使数据和操作 ___（35）___ 于对象的统一体中。

（34）A．封装性　　　B．模块性　　　C．多态性　　　D．继承性

（35）A．结合　　　　B．隐藏　　　　C．配置　　　　D．抽象

试题（34）、（35）分析

面向对象的基本概念包括对象、类、抽象、封装、继承、多态、接口、消息、组件、复用和模式等。

①对象：由数据及其操作所构成的封装体，是系统中用来描述客观事物的一个模块，是构成系统的基本单位。用计算机语言来描述，对象是由一组属性和对这组属性进行的操作构成的。

②封装：将相关的概念组成一个单元模块，并通过一个名称来引用它。面向对象封装是将数据和基于数据的操作封装成一个整体对象，对数据的访问或修改只能通过对象对外提供的接口进行。

参考答案

（34）B　（35）B

试题（36）

___（36）___ 不是在软件开发过程中产生的文档。

（36）A．软件需求说明书　　　　　　B．软件测试计划
　　　C．试运行总结报告　　　　　　D．用户手册

试题（36）分析

在软件开发过程中，一般应该产生 14 种文件：可行性研究报告、项目开发计划、软件需求说明书、数据要求说明书、概要设计说明书、详细设计说明书、数据库设计说明书、用户手册、操作手册、模块开发卷宗、测试计划、测试分析报告、开发进度月报、项目开发总结报告。

参考答案

（36）C

试题（37）

信息系统项目管理的 14 要素中立项管理和___（37）___是由建设单位重点实施的。

（37）A．人员管理　　　　　　　　　B．知识产权管理
　　　C．沟通协调管理　　　　　　　D．评估与验收管理

试题（37）分析

建设单位重点实施的是第 1 项"立项管理"与第 13 项"评估与验收管理"。

参考答案

（37）D

试题（38）

信息化工程监理是监理单位受项目建设单位的委托，　(38)　。

(38) A. 代表建设单位对工程项目实施的监督管理

　　　B. 对工程建设实施的监督管理

　　　C. 对工程项目进行约束和协调

　　　D. 对工程项目进行严格的质量管理

试题（38）分析

信息系统工程监理是指在政府工商管理部门注册的且具有信息系统工程监理资质的单位，受建设单位委托，依据国家有关法律法规、技术标准和信息系统工程监理合同，对信息系统工程项目实施的监督管理。

参考答案

(38) B

试题（39）

信息系统工程项目进行投资控制时，应遵守的原则包括　(39)　、动态控制原则。

(39) A. 投资最优化原则、全面成本控制原则

　　　B. 投资最低化原则、全面成本控制原则

　　　C. 投资最优化原则、局部成本控制原则

　　　D. 投资最低化原则、局部成本控制原则

试题（39）分析

信息系统工程项目进行投资控制时，应遵循的基本原则：投资最优化原则、全面成本控制原则、动态控制原则。

参考答案

(39) A

试题（40）

在质量控制中的统计分析中，如果直方图分布比较集中，且位于公差范围之内，平均值在中间，分布范围两端距公差上、下限较远，这种情况说明　(40)　。

(40) A. 过程是正常的和稳定的　　　　　　B. 过程是正常的和稳定的，但不经济

　　　C. 过程基本上是稳定的和正常的　　D. 过程基本正常，但不稳定

试题（40）分析

规划质量管理的工具与技术中的七种基本质量工具，其中：

直方图是一种特殊形式的条形图，用于描述集中趋势、分散程度和统计分布形状。与控制图不同，直方图不考虑时间对分布内的变化的影响。

控制图用来确定一个过程是否稳定，或者是否具有可预测的绩效。根据协议要求而制定的规范上限和下限，反映了可允许的最大值和最小值。超出规范界限就可能受处罚。上下控制界限不同于规范界限。控制图可用于监测各种类型的输出变量。虽然控制图最常用来跟踪批量生产中的重复性活动，但也可用来监测成本与进度偏差、产量、范围变更频率或其他管理工作成果，以便帮助确定项目管理过程是否受控。

参考答案

（40）B

试题（41）

信息系统工程监理工作中，合同管理是监理最主要的任务之一。合同管理的工作内容不包括 __(41)__ 。

（41）A. 协助建设单位拟定信息系统工程合同条款，参与建设单位与承建单位的合同谈判

   B. 及时分析合同的执行情况，并进行跟踪管理

   C. 帮助建设单位处理合同纠纷

   D. 拟定合同管理制度

试题（41）分析

合同管理的工作内容包括：

①拟定信息系统工程的合同管理制度，其中应包括合同草案的拟定、会签、协商、修改、审批、签署、保管等工作制度及流程；

②协助建设单位拟定信息系统工程合同的各类条款，参与建设单位和承建单位的谈判活动；

③及时分析合同的执行情况，并进行跟踪管理；

④协调建设单位与承建单位的有关索赔及合同纠纷事宜。

参考答案

（41）C

试题（42）

__(42)__ 不是信息系统工程监理规划编制的依据。

（42）A. 监理大纲   B. 监理合同文件

   C. 监理细则   D. 项目建设有关的合同文件

试题（42）分析

编制监理规划的依据主要有：

①与信息系统工程建设有关的法律、法规及项目审批文件等；

②与信息系统工程监理有关的法律、法规及管理办法等；

③与本工程项目有关的标准、设计文件、技术资料等，其中标准应包含公认应该遵循的相关国际标准、国家或地方标准；

④监理大纲、监理合同文件以及本项目建设有关的合同文件。

参考答案

（42）C

试题（43）

工程上使用的原材料、配件、设备，进场前必须有 __(43)__ ，经监理工程师审查并确认其质量合格后方可进场。

①出厂合格证   ②技术说明书   ③生产厂家标志

④检验或试验报告   ⑤生产厂家出厂手续

（43）A. ①②③④⑤   B. ①②④   C. ①③④   D. ①②③④

试题（43）分析

实施阶段的质量控制中涉及对开发、实施材料与设备的检查包括如下内容。

对信息网络系统所使用的软件、硬件设备及其他材料的数量、质量和规格进行认真检查。使用的产品或者材料均应有产品合格证或技术说明书，同时，还应按有关规定进行抽检。硬件设备到场后应进行检查和验收，主要设备还应开箱查验，并按所附技术说明书及装箱清单进行验收。对于从国外引进的硬件设备，应在交货合同规定的期限内开箱逐一查验，软件应检查是否有授权书或许可证号等，并逐一与合同设备清单进行核对。

对工程质量有重大影响的软硬件，应审核承建单位提供的技术性能报告或者权威的第三方测试报告，凡不符合质量要求的设备及配件、系统集成成果、网络接入产品、计算机整机与配件等不能使用。

参考答案

（43）D

试题（44）

监理工程师控制信息化工程进度的组织措施是指　　(44)　　。

(44) A．协调合同工期与进度计划之间的关系

　　　B．编制进度控制工作细则

　　　C．及时办理工程进度款支付手续

　　　D．建立工程进度报告制度

试题（44）分析

进度控制方法。

在实施进度控制时，可以采用以下基本措施：

①组织措施。落实监理单位进度控制的人员组成，具体控制任务和管理职责分工。

②技术措施。确定合理定额，进行进度预测分析和进度统计。

③合同措施。合同期与进度协调。

④信息管理措施。实行计算机进度动态比较，提供比较报告。

参考答案

（44）A

试题（45）

以下关于监理大纲的叙述中，不正确的是：　　(45)　　。

(45) A．监理大纲是在建设单位选择合适的监理单位时，监理单位为了获得监理任务，在项目监理招标阶段编制的文件

　　　B．编制监理大纲的目的是，要使建设单位信服，采用本监理单位制定的监理方案，能够圆满实现建设单位的投资目标和建设意图，进而赢得竞争投标的胜利

　　　C．监理大纲的作用，是为监理单位的经营目标服务的，起着承接监理任务的作用

　　　D．监理大纲的内容包括为什么、做什么以及怎么做

试题（45）分析

监理大纲是在建设单位选择合适的监理单位时，监理单位为了获得监理任务，在项目监

理招标阶段编制的文件。

它是监理单位参与投标时，投标书内容的重要组成部分。

编制监理大纲的目的是，要使建设单位信服，采用本监理单位制定的监理方案，能够圆满实现建设单位的投资目标和建设意图，进而赢得竞争投标的胜利。

由此可见，监理大纲的作用是为监理单位的经营目标服务的，起着承接监理任务的作用。

参考答案

（45）D

试题（46）

监理细则应采取　（46）　方式编制。

（46）A．按工程进度分阶段

　　　 B．在监理规划编制完后，一次全部完成

　　　 C．按工程进度分阶段、分专业

　　　 D．按各不同专业同时进行

试题（46）分析

监理实施细则编制的程序与依据：

①监理实施细则应在相应工程实施开始前编制完成，须经总监理工程师批准；

②监理实施细则应由总监理工程师组织各专业监理工程师编制；

③监理实施细则应符合项目的特点。

参考答案

（46）C

试题（47）

监理单位接受建设单位委托后编制的指导项目监理组织全面开展监理工作的纲领性文件是　（47）　。

（47）A．监理大纲　　　 B．监理规划　　　 C．监理细则　　　 D．监理计划

试题（47）分析

监理规划是在监理委托合同签订后，由监理单位制定的指导监理工作开展的纲领性文件。

参考答案

（47）B

试题（48）

　（48）　不是进行控制点设置时应遵守的一般原则。

（48）A．突出重点　　 B．灵活性和动态性　　　　 C．便于检查　　 D．易于纠偏

试题（48）分析

进行控制点设置时，应遵守下述的一般原则：

①选择的质量控制点应该突出重点；

②选择的质量控制点应该易于纠偏；

③质量控制点设置要有利于参与工程建设的三方共同从事工程质量的控制活动；

④保持控制点设置的灵活性和动态性。

参考答案

（48）C

试题（49）

对于承建单位提出的工程变更要求，总监理工程师在签发《工程变更单》之前，应就工程变更引起的工期改变和费用增减，__（49）__。

（49）A．进行分析比较，并指令承建单位实施

　　　　B．要求承建单位进行分析比较，以供审批

　　　　C．要求承建单位与建设单位进行协商

　　　　D．分别与建设单位和承建单位进行协商

试题（49）分析

变更控制的工作程序如下：

1．了解变化

在项目实施过程中，监理工程师与项目组织者要经常关注与项目有关的主客观因素，就是发现和把握变化，认真分析变化的性质，确定变化的影响，适时地进行变化的描述，监理工程是要对整个项目的执行情况做到心中有数。

2．接受变更申请

变更申请单位向监理工程师提出变更要求或建议，提交书面工程变更建议书。工程变更建议书主要包括以下内容：变更的原因及依据，变更的内容及范围，变更引起的合同总价增加或减少，变更引起的合同工期提前或缩短，为审查所提交的附件及计算资料等。工程变更建议书应在预计可能变更的时间之前 14 天提出。在特殊情况下，工程变更可不受时间的限制。

3．变更的初审

项目监理机构应了解实际情况和收集与项目变更有关的资料，首先明确界定项目变更的目标，再根据收集的变更信息判断变更的合理性和必要性。对于完全无必要的变更，可以驳回此申请，并给出监理意见；对于有必要的变更，可以进一步进行变更分析。

评价项目变更合理性应考虑的内容包括：

①变更是否会影响工作范围、成本、工作质量和时间进度；

②是否会对项目准备选用的设备或消耗的材料产生影响，性能是否有保证，投资的变化有多大；

③在信息网络系统或信息应用系统的开发设计过程中，变更是否会影响开发系统的适用性和功能，是否影响系统的整体架构设计；

④变更是否会影响项目的投资回报率和净现值，如果是，那么项目在新的投资回报率和净现值基础上是否可行；

⑤如何证明项目的变更是合理的，是会产生良性效果的，必要时要有论证。

4．变更分析

把项目变化融入项目计划中是一个新的项目规划过程，只不过这规划过程是以原来的项目计划为框架，在考察项目变化的基础上完成的。通过与新项目计划的对比，监理工程师可以清楚地看到项目变化对项目预算、进度、资源配置的影响与冲击。把握项目变化的影响和

冲击是相当重要的，否则就难以做出正确的决策，做出合理的项目变更。

5. 确定变更方法

三方进行协商和讨论，根据变更分析的结果，确定最优变更方案。做出项目变更时，力求在尽可能小的变动幅度内对主要因素进行微调。如果它们发生较大的变动，就意味着项目计划的彻底变更，这会使目前的工作陷入瘫痪状态。

6. 下达变更通知书并进行变更公布

下达变更通知书，并把变更实施方案告知有关实施部门和实施人员，为变更实施做好准备。

7. 监控变更的实施

变更后的内容作为新的计划和方案，可以纳入正常的监理工作范围，但监理工程师对变更部分的内容要密切注意，项目变更控制是一个动态的过程，在这一过程中，要记录这一变化过程，充分掌握信息，及时发现变更引起的超过估计的后果，以便及时控制和处理。

8. 变更效果评估

在变更实施结束后，要对变更效果进行分析和评估。

参考答案

（49）D

试题（50）

监理工程师对实施质量的检查与验收，必须是在承建单位　（50）　的基础上进行。

（50）A．自检完成　　　　　　　　　B．自检并上报建设单位

　　　　C．自检并确认合格　　　　　D．自检合格

试题（50）分析

三方协同的质量控制。

信息系统工程项目是由建设单位、承建单位和监理单位共同完成的，三方的最终目标是一致的，那就是高质量地完成项目，因此，质量控制任务也应该由建设单位、承建单位和监理单位共同完成，三方都应该建立各自的质量保证体系，而整个项目的质量控制过程也就包括建设单位的质量控制过程、承建单位的质量控制过程和监理单位的质量控制过程。

1. 项目的质量管理体系

承建单位是工程建设的实施方，因此承建单位的质量控制体系能否有效运行是整个项目质量保障的关键；建设单位作为工程建设的投资方和用户方，应该建立较完整的工程项目管理体系，这是项目成功的关键因素之一；监理单位是工程项目的监督管理协调方，既要按照自己的质量控制体系从事监理活动，还要对承建单位的质量控制体系以及建设单位的工程管理体系进行监督和指导，使之能够在工程建设过程中得到有效的实施。因此，三方协同的质量控制体系是信息工程项目成功的重要因素。

建设单位的参与人员是建设单位为本项目配备的质量管理人员，承建单位的参与人员是承建单位的质保部门的质量管理人员，监理单位的参与人员主要是质量监理工程师、总监理工程师和专家。

项目质量管理体系运作的主要目的是对工程的包含设计、实施和验收等在内的全过程进

行质量管理，向建设单位的决策部门提供质量信息，为他们关于工程的决策提供依据。

虽然建设单位、承建单位各有自己的质量保证体系，但是每一种体系在实际的运行过程中都不是完美无缺的，双方的理解也可能不尽一致，因此通过监理单位的协调控制，可以充分发挥各自质量控制手段和方法的长处，从而达到最优质量控制的效果。信息工程项目只有通过建设单位、承建单位和监理单位既相互独立又紧密结合的共同的质量控制，项目的质量目标才有可能实现。

2. 项目的质量控制体系

项目的质量控制体系以承建单位的质量保证体系为主体，在项目开始实施之前由承建单位建立，监理单位对组织结构、工序管理、质量目标、自测制度等要素进行检查。监理单位监控质量控制体系的日常运行状况，包括设计质量控制、分项工程质量控制、质量控制分析、质量控制点检测等内容；监理单位核定工程的中间质量、监督阶段性验收，并参与竣工验收。

参考答案

（50）C

试题（51）

在工程网络计划执行过程中，如果只发现工作 P 出现进度拖延，且拖延的时间超过其总时差，则　(51)　。

（51）A．将使工程总工期延长　　　　　B．不会影响其后续工作的原计划安排

　　　　C．不会影响其紧后工作的总时差　D．工作 P 不会变为关键工作

试题（51）分析

网络计划技术在信息应用系统进度监理中的应用。

1. 工作最迟开始时间

工作最迟开始时间是指某项工作为保证其后续工作按时开始，它最迟必须开始的时间。如果本项工作晚于此时间开始，就将影响到它以后的工作，使整个工期脱期，这个时间称为本项工作最迟开始时间。

（1）表示方法。

LF（节点号码）　　　　　　$LF_{(i)}$：作业 $i \sim j$ 箭尾节点最迟结束时间

　　　　　　　　　　　　　$LF_{(j)}$：作业 $i \sim j$ 箭头节点最迟结束时间

（2）计算规则。

由始点开始，由右至左计算

$$LF（终点）= ES（始点）$$

$$LF_{(i)} = \max_{i<j}[LF_{(j)} - t_{(i,j)}]$$

2. 时差的计算

时差的计算是指在不影响整个任务完工期的条件下，某项工作从最早开始时间到最迟开始时间，中间可以推迟的最大延迟时间。它表明某项工作可以利用的机动时间，因此也叫松弛时间、宽裕时间。

（1）节点时差。

$$S_{(i)} = LF_{(i)} - ES_{(i)}$$

（2）作业时差。

总时差：在不影响总工期，即不影响其紧后作业最迟开始时间的前提下，作业可推迟开始的一段时间。

$$S_{(i,j)} = LS_{(i,j)} - ES_{(i,j)}$$
$$= LF_{(i,j)} - EF_{(i,j)}$$
$$= LF_{(j)} - ES_{(i)} - t_{(i,j)}$$

单时差：在不影响紧后作业最早开始时间的前提下，可推迟的时间。

$$S_{(i,j)} = ES_{(j)} - ES_{(i)} - t_{(i,j)}$$

参考答案

（51）A

试题（52）

为了减少或避免工程延期事件的发生，监理工程师应做好的工作不包括___（52）___。

（52）A．及时下达工程开工令　　　　　B．及时支付工程进度款
　　　　C．妥善处理工程延期事件　　　　D．提醒业主履行自己的职责

试题（52）分析

项目延期的管理。

1. 受理

项目监理单位应对合同规定的下列原因造成的项目延期事件给予受理：非承建单位的责任使项目不能按原定工期开工；项目量变化和设计变更；国家和地区有关部门正式发布的不可抗力事件；建设单位同意工期相应顺延的其他情况。

2. 处理

项目延期事件发生后，承建单位在合同约定期限内提交了项目延期意向报告。

承建单位按合同约定提交了有关项目延期的详细资料和证明材料。

项目延期事件终止后，承建单位在合同约定的期限内，提交了《项目延期申请表》。

在项目延期事件发生后，项目总监理工程师应做好以下工作：

● 向建设单位转发承建单位提交的项目延期意向报告；
● 对项目延期事件随时收集资料，并做好详细记录；
● 对项目延期事件进行分析、研究，对减少损失提出建议。

监理工程师审查承建单位提交的《项目延期申请表》：

● 申请表填写齐全，签字、印章手续完备；
● 证明资料真实、齐全；
● 在合同约定的期限内提交。

监理工程师评估延期的原则：

● 项目延期事件属实；

- 项目延期申请依据的合同条款准确；
- 项目延期事件必须发生在被批准的进度计划的关键路径上；
- 最终评估出的延期天数，在与建设单位协商一致后，由总监理工程师签发《项目延期审批表》；
- 监理工程师在处理项目延期的过程中，还要书面通知承建单位采取必要的措施，减少对项目的影响程度。

监理工程师应注意按实施合同中对处理项目延期的各种时限要求处理。

参考答案

（52）B

试题（53）

　　　(53)　　不是进度计划调整的程序。

（53）A．发现工程进度严重偏离计划时，总监理工程师应及时签发《监理通知》，并组织监理工程师分析原因、研究措施

B．召开各方协调会议，研究应采取的措施，保证合同约定目标的实现

C．必须延长工期时，承建单位应填报《工程延期申请表》，报工程监理部审查

D．分析承建单位主要开发人员的能力等方面的配套安排

试题（53）分析

进度计划调整的程序包括：

①发现工程进度严重偏离计划时，总监理工程师应及时签发《监理通知》，并组织监理工程师分析原因、研究措施；

②召开各方协调会议，研究应采取的措施，保证合同约定目标的实现；

③必须延长工期时，承建单位应填报《工程延期申请表》，报工程监理部审查。

参考答案

（53）D

试题（54）

以下关于监理工程师对承建单位实施进度计划的审查或批准的叙述中，不正确的是：　(54)　。

（54）A．不解除承建单位对实施进度计划的任何责任和义务

B．监理工程师不可以支配实施中所需要的劳动力、设备和材料

C．监理工程师可以提出建设性意见

D．监理工程师可以干预承建单位的进度安排

试题（54）分析

1．监理的基本内容

1）项目准备和项目招标阶段

①协助业主编写可行性研究报告、项目建议书和招标文件；

②协助业主选择合适的承建方（主要依据：投标单位的经济及技术实力、资质、行业背景等，技术投标文件，商务投标文件，培训和售后服务承诺等），帮助业主与承建方进行合同的谈判。

2）系统设计阶段

①与业主方工程领导小组共同对承建方提交的设计方案进行审核和确认；

②审核项目实施计划，明确各阶段所要完成的主要任务。项目实施计划是信息网络工程调试、安装、测试和验收各阶段工作的主要依据。必要时，经三方同意，可以对工程计划书的内容、步骤和进度计划进行调整。项目实施计划至少应包括：项目实施进度计划，人力资源的协调和分配，物力资源的协调和分配。

2. 信息网络系统建设实施阶段的监理

工程开工前的监理内容：

①审核实施方案。开工前，由监理方组织实施方案的审核，内容包括设计交底，了解工程需求、质量要求，依据设计招标文件，审核总体设计方案和有关的技术合同附件，以降低因设计失误造成工程实施的风险，审核安全施工措施。

②审核实施组织计划。对实施单位的实施准备情况进行监督。

③审核实施进度计划。对实施单位的实施进度计划进行评估和评审。

④审核工程实施人员、承建方资质。

参考答案

（54）D

试题（55）

监理工程师针对综合布线系统实施质量监控时，应及时发现事故的苗头和潜在的质量隐患，以便及时采取有力的控制措施。对于隐蔽工程一类的施工，采用___（55）___的质量监控手段更为重要。

（55）A．规定质量监控工作程序　　　B．巡视　　　C．抽查测试　　　D．旁站监管

试题（55）分析

1. 实施阶段的质量控制

严格各过程间交接检查。

主要项目工作各阶段（包括布线中的隐蔽作业）须按有关验收规定经现场监理人员检查、签署验收。如综合布线系统的各项材料，包括插座、屏蔽线及 RJ-45 插头等，应经现场监理检查、测试，未经测试不得往下进行安装。又如在综合布线系统完成后，未经监理工程师测试、检查，不得与整个计算机网络系统相连通电等。对于重要的工程阶段，专业质量监理工程师还要亲自进行测试或技术复核。

坚持项目各阶段实施验收合格后，才准进行下阶段工程实施的原则，由实施、开发单位进行检测或评审，并认为合格后才通知监理工程师或其代表到现场或机房、实验室会同检验。合格后由现场监理工程师或其代表签字认可后，方能进行下一阶段的工作。

2. 旁站

在项目实施现场进行旁站监理工作是监理在信息系统工程质量控制方面的重要手段之一。旁站监理是指监理人员在施工现场对某些关键部位或关键工序的实施全过程现场跟班的监督活动。旁站监理在总监理工程师的指导下，由现场监理人员负责具体实施。旁站监理时间可根据施工进度计划事先做好安排，待关键工序实施后再做具体安排。旁站的目的在于保

证施工过程中的项目标准的符合性，尽可能保证施工过程符合国家或国际相关标准。

　　旁站是监理人员控制工程质量、保证项目目标实现必不可少的重要手段。旁站往往是在那些出现问题后难以处理的关键过程或关键工序。现场旁站比较适合于网络综合布线、设备开箱检验、机房建设等方面的质量控制，也适合其他与现场地域有直接关系的项目质量控制的工作。

　　现场旁站要求现场监理工程师要具有深厚的专业知识和项目管理知识，能够纵观全局，对项目阶段或者全过程有深刻的理解，对项目的建设具有较高的深入细致的观察能力和总结能力。旁站记录是监理工程师或总监理工程师依法行使有关签字权的重要依据，是对工程质量的签认资料。旁站记录必须做到：

　　①记录内容要真实、准确、及时。

　　②对旁站的关键部位或关键工序，应按照时间或工序形成完整的记录。

　　③记录表内容填写要完整，未经旁站人员和施工单位质检人员签字不得进入下道工序施工。

　　④记录表内施工过程情况是指所旁站的关键部位和关键工序施工情况。例如，人员上岗情况、材料使用情况、实施技术和操作情况、执行实施方案和强制性标准情况等。

　　⑤完成的工程量应写清准确的数值，以便为造价控制提供依据。

　　⑥监理情况主要记录旁站人员、时间、旁站监理内容、对施工质量检查情况、评述意见等。将发现的问题做好记录，并提出处理意见。

　　⑦质量保证体系运行情况主要记述旁站过程中承建单位质量保证体系的管理人员是否到位，是否按事先的要求对关键部位或关键工序进行检查，是否对不符合操作要求的施工人员进行督促，是否对出现的问题进行纠正。

　　⑧若工程因意外情况发生停工，应写清停工原因及承建单位所做的处理。

　　监理人员的旁站记录由专业监理工程师或总监理工程师通过对旁站记录的审阅，可以从中掌握关键过程或关键工序的有关情况，针对出现的问题，分析原因，制定措施，保证关键过程或关键工序质量，同时这也是监理工作的责任要求。

　　监理人员应对旁站记录进行定期整理，并报建设单位审阅。一份好的旁站记录不仅可以使建设单位掌握工程动态，更重要的是使建设单位了解监理工作，了解监理单位的服务宗旨与服务方向，树立企业的良好形象，同时监理人员也可从中听取建设单位的意见，及时改进监理工作，提高服务质量。

参考答案

　　（55）D

试题（56）

　　____（56）以类似的项目进行类比估计当期项目的费用。

　　（56）A．自上而下估算法　　　　　B．参数模型法
　　　　　　C．从下向上的估计法　　　 D．计算工具辅助方法

试题（56）分析

　　自上而下估算法，多在有类似项目已完成的情况下应用。

参数模型法是把项目的一些特征作为参数，通过建立一个数学模型预测项目成本。

从下向上的估计法通常首先估计各个独立工作的费用，然后再汇总，从下往上估计出整个项目的总费用。

计算工具辅助方法指的是有一些项目管理软件被广泛利用于成本控制，这些软件可简化从下向上的估计法和从上往下估计法，便于对许多成本方案的迅速考虑。

参考答案

（56）A

试题（57）

以下关于工程项目竣工结算的叙述中，不正确的是： （57） 。

（57）A．竣工结算是项目的财务总结。它从经济角度反映了工程建设的成果，只有编好工程项目竣工结算，才有可能正确考核分析项目的成本效果

      B．项目在验收后一个月内，应向主管部门和财政部门提交结算

      C．竣工财务结算表反映竣工工程项目的全部资金来源和其运用情况，作为考核和分析基建成本效果的依据

      D．收尾工程竣工后需另编项目竣工结算

试题（57）分析

信息系统工程竣工结算的意义指出要"可正确分析成本效果"，即竣工结算是项目的财务总结，它从经济角度反映了工程建设的成果，只有编好工程项目竣工结算，才有可能正确考核分析项目的成本效果。

根据信息系统工程成本结算的国家规定，项目在验收后的一个月内，应向主管部门和财政部门提交结算。

竣工财务结算表反映竣工工程项目的全部资金来源和其运用情况，作为考核和分析基建成本效果的依据。

关于收尾工程，在竣工后不必另编项目竣工结算。

参考答案

（57）D

试题（58）

监理工程师发现机房工程承建单位自行 （58） 时，应下达停工令。

（58）A．调整施工进度计划   B．更改设计和替换材料

      C．改变装修工艺   D．调换施工设备

试题（58）分析

在必要的情况下，监理单位可按合同行使质量否决权，在下述情况下，总监理工程师有权下达停工令：

实施、开发中出现质量异常情况，经提出后承建单位仍不采取改进措施者；或者采取的改进措施不力，还未使质量状况发生好转趋势者；

隐蔽作业未经现场监理人员查验自行封闭、掩盖者；

对已发生的质量事故未进行处理和提出有效的改进措施就继续进行者；

擅自变更设计及开发方案自行实施、开发者；

使用没有技术合格证的工程材料、没有授权证书的软件，或者擅自替换、变更工程材料及使用盗版软件者；

未经技术资质审查的人员进入现场实施、开发者。

参考答案

（58）B

试题（59）

进度计划的执行过程中，应重点分析该工作的进度　　(59)　　来判断工作进度，判断对计划工期产生的影响。

（59）A．拖延与相应费用的关系　　　　B．拖延值是否大于该工作的自由时差

　　　　C．拖延与相应质量的关系　　　　D．拖延值是否大于该工作的总时差

试题（59）分析

网络计划技术在信息应用系统进度监理中的应用。

1. 工作最迟开始时间

工作最迟开始时间是指某项工作为保证其后续工作按时开始，它最迟必须开始的时间。如果本项工作晚于此时间开始，就将影响到它以后的工作，使整个工期脱期，这个时间称为本项工作最迟开始时间。

①表示方法

LF（节点号码）　　　　　　　　$LF_{(i)}$：作业 $i \sim j$ 箭尾节点最迟结束时间

　　　　　　　　　　　　　　　$LF_{(j)}$：作业 $i \sim j$ 箭头节点最迟结束时间

②计算规则

由始点开始，由右至左计算

$$LF（终点）= ES（始点）$$
$$LF_{(i)} = \max_{i<j}[LF_{(j)} - t_{(i,j)}]$$

2. 时差的计算

时差的计算是指在不影响整个任务完工期的条件下，某项工作从最早开始时间到最迟开始时间，中间可以推迟的最大延迟时间。它表明某项工作可以利用的机动时间，因此也叫松弛时间、宽裕时间。

①节点时差

$$S_{(i)} = LF_{(i)} - ES_{(i)}$$

②作业时差

总时差：在不影响总工期，即不影响其紧后作业最迟开始时间的前提下，作业可推迟开始的一段时间。

$$S_{(i,j)} = LS_{(i,j)} - ES_{(i,j)}$$
$$= LF_{(i,j)} - EF_{(i,j)}$$
$$= LF_{(j)} - ES_{(i)} - t_{(i,j)}$$

单时差：在不影响紧后作业最早开始时间的前提下，可推迟的时间。

$$S_{(i,j)} = ES_{(j)} - ES_{(i)} - t_{(i,j)}$$

参考答案

（59）D

试题（60）

总监理工程师签发 ___(60)___ 之前，承建单位不得实施项目变更。

（60）A．项目变更通知单　　　　　B．项目部分暂停令

　　　　C．监理通知单　　　　　　D．复工报审表

试题（60）分析

任何变更都要得到三方（建设单位、监理单位和承建单位）书面的确认，并且要在接到变更通知单之后进行，严禁擅自变更，在任何一方或者两方同意下做出变更而造成的损失应该由变更方承担。

参考答案

（60）A

试题（61）

某信息化工程合同的当事人在合同中未选择协议管辖，实施合同发生纠纷后，承建单位应当向 ___(61)___ 人民法院提出诉讼申请。

（61）A．承建单位所在地　　　　　B．工程所在地

　　　　C．合同签订地　　　　　　D．建设单位所在地

试题（61）分析

合同争议调解程序。

按照合同要求，无论是承建单位还是建设单位，都应以书面的形式向监理单位提出争议事宜，并呈一份副本给对方。监理单位接到合同争议的调解要求后应进行以下工作：

①及时了解合同争议的全部情况，包括进行调查和取证；

②及时与合同争议的双方进行磋商；

③在项目监理机构提出调解方案后，由总监理工程师进行争议调解；

④当调解未能达成一致时，总监理工程师应在实施合同规定的期限内提出处理该合同争议的意见，同时对争议做出监理决定，并将监理决定书面通知建设单位和承建单位；

⑤争议事宜处理完毕，只要合同未被放弃或终止，监理工程师应要求承建单位继续精心组织实施。当调解不成时，双方可以在合同专用条款内约定以下某一种方式解决争议：

● 根据合同约定向约定的仲裁委员会申请仲裁；

● 向有管辖权的人民法院起诉。

发生争议后，除非出现下列情况的，双方都应继续履行合同，保证实施连接，保护好已完成的项目现状：单方违约导致合同确已无法履行，双方协议停止实施；调解要求停止实施，且为双方接受；仲裁机构要求停止实施；法院要求停止实施。

参考答案

（61）B

试题（62）

　　由于种种原因，承建单位向建设单位提出索赔时，承建单位应首先　__（62）__　。

　　（62）A．向建设单位和监理单位申请停工

　　　　　B．向建设单位和监理单位发出索赔意向通知

　　　　　C．向建设单位和监理单位提交支付申请

　　　　　D．向有关机构申请仲裁

试题（62）分析

　　索赔的程序为：

　　①索赔事件发生约定时间内，向建设单位和监理单位发出索赔意向通知；

　　②发出索赔意向通知后约定时间内，向建设单位和监理单位提出延长工期和（或）补偿经济损失的索赔报告及有关资料；

　　③监理单位在收到承建单位送交的索赔报告及有关资料后，于约定时间内给予答复，或要求承建单位进一步补充索赔理由和证据；

　　④监理单位在收到承建单位送交的索赔报告和有关资料后约定时间内未予答复或未对承建单位作进一步要求，视为该项索赔已经认可；

　　⑤当该索赔事件持续进行时，承建单位应当阶段性向监理单位发出索赔意向，在索赔事件终了约定时间内，向监理单位送交索赔的有关资料和最终索赔报告。

参考答案

　　（62）B

试题（63）

　　在信息系统项目知识产权保护工作中，以下有关知识产权监理措施的叙述，不正确的是：　__（63）__　。

　　（63）A．待开发软件的知识产权保护控制

　　　　　B．承建单位软件开发原理和算法保护

　　　　　C．外购软件的知识产权保护

　　　　　D．项目文档的知识产权保护控制

试题（63）分析

　　根据北京市地方标准 DB11/T 160—2002《信息系统工程监理规范》中的要求，在项目监理的整个过程中，必须对建设单位和承建单位有关技术方案、软件文档、源代码及有关技术秘密等涉及知识产权的内容进行检查、监督和保护。具体监理措施包括：

　　①保护建设单位的知识产权权益；

　　②项目文档的知识产权保护控制；

　　③外购软件的知识产权保护控制；

　　④待开发软件的知识产权保护控制。

参考答案

　　（63）B

试题（64）

以下关于信息安全等级定级工作的叙述中，不正确的是：___（64）___。

（64）A．确定定级对象过程中，定级对象是指以下内容：起支撑、传输作用的信息网络（包括专网、内网、外网、网管系统）以及用于生产、调度、管理、指挥、作业、控制、办公等目的的各类业务系统

　　　 B．确定信息系统安全保护等级仅仅是指确定信息系统属于五个等级中的哪一个

　　　 C．在定级工作中同类信息系统的安全保护等级不能随着部、省、市行政级别的降低而降低

　　　 D．新建系统在规划设计阶段应确定等级，按照信息系统等级，同步规划、同步设计、同步实施安全保护技术措施和管理措施

试题（64）分析

安全管理。信息系统的安全内容、技术要求和保护等级如下。

1. 信息系统安全的五个层面

按信息系统构成，可将信息系统安全划分为五个层面。它们分别是：物理层面安全、网络层面安全、系统层面安全、应用层面安全和管理层面安全。

2. 信息系统安全技术要求的四个方面

①物理安全：包括设备、设施、环境和介质；

②运行安全：包括风险分析、检测监控、审计、防病毒、备份与故障恢复等；

③信息安全：包括标识与鉴别、标识与访问控制、保密性、完整性和密码支持等；

④安全管理、操作管理与行政管理等。

3. 信息系统安全保护的五个等级

从安全保护的程度和等级的角度，信息系统安全划分为五个等级。

①用户自主保护级；

②系统审计保护级；

③安全标记保护级；

④结构化保护级；

⑤访问验证保护级。

参考答案

（64）A

试题（65）

备份与恢复是一种数据安全策略，通过备份软件把数据备份到光盘或移动硬盘上，在原始数据丢失或遭到破坏的情况下，利用备份数据把原始数据恢复出来，使系统能够正常工作。数据备份的策略主要有全备份、差分备份、增量备份和___（65）___。

（65）A．软件备份　　　B．人工备份　　　C．备份介质轮换　　　D．双机容错

试题（65）分析

数据备份的策略包括如下内容：

● 全备份，将系统中所有的数据信息全部备份。

- 差分备份，只备份上次备份后系统中变化过的数据信息。
- 增量备份，只备份上次完全备份后系统中变化过的数据信息。
- 备份介质轮换，避免备份介质过于频繁地使用，以提高备份介质的寿命。

参考答案

（65）C

试题（66）

工程监理总结报告的内容可以不包括 __（66）__ 。

（66）A．监理工作统计　　　　　　　　B．验收测试方案

　　　C．工程质量综述　　　　　　　　D．管理协调综述

试题（66）分析

工程监理总结报告应重点包含：工程概况、监理工作统计、工程质量综述、工程进度综述、管理协调综述和监理总评价。

参考答案

（66）B

试题（67）

__（67）__ 属于监理内部文档。

（67）A．监理规划　　　　　　　　　　B．监理实施细则

　　　C．监理工作日志　　　　　　　　D．监理通知单

试题（67）分析

信息系统工程从监理的角度来分类主要有监理总控文件、监理实施文件、监理回复意见、监理内部文件四种。

选项 A 监理规划与选项 B 监理实施细则属监理总控文件；

选项 C 监理工作日志属监理内部文件；

选项 D 监理通知单属监理实施文件。

参考答案

（67）C

试题（68）

指令文件是表达 __（68）__ 对承建单位提出指示或命令的书面文件。

（68）A．监理单位　　　　B．总工程师　　　　C．监理工程师　　　　D．业主代表

试题（68）分析

1. 对承建单位违约的管理

承建单位的违约是指承建单位未能按照合同规定履行或不完全履行合同约定的义务，人为原因使项目质量达不到合同约定的质量标准；或者无视监理工程师的警告，一贯公然忽视合同规定的责任和义务；未经监理工程师同意，随意分包项目，或将整个项目分包出去。这些都视为承建单位的违约。

2. 监理工程师应采取的措施

监理工程师确认承建单位严重违约，建设单位已部分或全部终止合同后，应采取如下

措施：

①指示承建单位将其为履行合同而签订的任何协议的利益（如软、硬件及各种配套设施的供应服务提供等）转让给建设单位；

②认真调查并充分考虑建设单位因此受到的直接和间接的费用影响后，办理并签发部分或全部终止合同的支付证明。

参考答案

（68）C

试题（69）

《监理通知单》属于发送给 　（69）　 的文档。

（69）A．承建单位　　　B．建设单位　　　C．监理单位　　　D．分包单位

试题（69）分析

对合同变更的控制中关于项目暂停与复工的管理内容如下。

1. 项目暂停的管理

在下列情况发生时，总监理工程师可以签发"项目部分暂停令"：

● 应承建单位的要求，项目需要暂停实施时；

● 由于项目质量问题，必须进行停工处理时；

● 发生必须暂停实施的紧急事件时。

在监理合同有约定或必要时，签发"项目部分暂停令"前，应征求建设单位意见；签发项目暂停指令后，监理工程师应协同有关单位按合同约定，处理好因项目暂停所诱发的各类问题。

2. 项目复工的管理

在项目暂停后，经处理达到可以继续实施，复工办法如下：

①如项目暂停是由于建设单位原因，或非承建单位原因时，监理工程师应在暂停原因消失，具备复工条件时，及时签发"监理通知单"，指令承建单位复工；

②如项目暂停是由于承建单位原因，承建单位在具备复工条件时，应填写"复工报审表"报项目监理部审批，由总监理工程师签发审批意见；

③承建单位在接到同意复工的指令后，才能继续实施。

参考答案

（69）A

试题（70）

项目协调的监理方法主要包括：　（70）　。

①监理会议　②监理报告　③沟通　④规划

（70）A．①②③④　　　B．①②③　　　C．①②④　　　D．①③④

试题（70）分析

组织协调工作的目标是使项目各方充分协作，有效地执行承建合同。

项目协调的监理方法主要有监理会议、监理报告和沟通。

参考答案

（70）B

试题（71）

Most operating systems have a standard set of ___（71）___ to handle the processing of all input and output instructions.

（71）A．spreadsheet
B．control instructions
C．I/O operation
D．data table

试题（71）分析

I/O 操作即输入/输出操作，大多数操作系统都有一组标准的 I/O 操作来处理所有输入和输出指令。故选项 C 正确。

参考答案

（71）C

试题（72）

___（72）___ is used to model aggregates of information and the relationships these aggregates have to each other.

（72）A．Data flow diagram
B．Entity relationship diagram
C．Sequence diagram
D．Structure diagram

试题（72）分析

实体关系图模型用于聚合的信息和这些聚集的关系。

参考答案

（72）B

试题（73）

In software engineering the design phase is divided into ___（73）___.

（73）A．system design and detailed design
B．computer design and program design
C．system design and hardware design
D．computer design and detailed design

试题（73）分析

在软件工程中，设计阶段是在需求分析的基础上，给出系统的软件解决方案，包括总体设计和详细设计。

参考答案

（73）A

试题（74）

___（74）___ must be between on-line deployment and final acceptance.

（74）A．Detailed design
B．Test run
C．Internal testing
D．Contract signing

试题（74）分析

试运行在系统上线与项目终验之间。

参考答案

（74）B

试题（75）

The difference value between Budgeted Cost for Work Performed and Actual Cost for Work Performed is ___（75）___.

（75）A．Cost Variance   B．Schedule Variance

        C．Earned Value   D．Cost Performed Index

试题（75）分析

挣值法通过测量和已完成的工作的预算费用与已完成工作的实际费用和计划工作的预算费用，得到有关计划实施的进度和费用偏差，而达到判断项目预算和进度计划执行情况的目的。

参考答案

（75）A

第2章 2017上半年信息系统监理师下午试题分析与解答

试题一（20分）

阅读下列说明，回答问题1至问题4，将解答填入答题纸的对应栏内。

【说明】

某单位信息化工程项目主要包括机房建设、综合布线、硬件系统集成和应用软件系统开发。建设单位通过公开招标选择了承建单位和监理单位。在项目建设过程中，发生了如下事件：

【事件1】 建设单位要求承建单位分析项目建设有可能出现的主要质量风险因素并给出对应的监理质量控制措施。承建单位经过充分的分析和论证得出了项目主要的质量控制风险因素，部分质量风险如表1所示。

表1 主要质量风险因素

序号	质量风险因素	对应的监理质量控制措施
1	业务对软件系统功能和性能要求高，造成需求分析及设计满足要求的系统架构的风险高	
2	综合布线的外场施工环境复杂，有较多的关键过程或关键工序，容易发生质量事故	
3	各种材料、设备到货量大（例如笔记本电脑超过500台），到货时间集中，如何保证到货材料、设备的质量	
4	软件开发工作量大，时间紧迫，提交软件成果存在重大缺陷的风险大	

【事件2】 在未向项目监理机构报告的情况下，承建单位按照投标书中机房工程的分包条款，安排了机房工程分包单位进场施工，项目监理机构对此做了相应处理后书面报告了建设单位。建设单位以机房分包单位资质未经其认可就进场施工为由，不再允许承建单位将机房工程分包。

【事件3】 由于建设单位对软件测试的要求很高，承建单位对软件测试也非常重视。在软件编码及单元测试工作完成之后，承建单位项目经理安排软件测试组的工程师编制了详细的软件测试计划和测试用例。

【事件4】 在机房施工过程中，由建设单位负责采购的设备在没有通知承建单位共同清点的情况下就存放在机房施工现场。承建单位安装时发现该设备的部分部件损坏，对此，建设单位要求承建单位承担损坏赔偿责任。

【问题1】（6分）

针对事件1，根据表1列出的质量风险因素，给出对应的监理质量控制措施，将答案填入答题纸相应表中的对应栏内。

【问题 2】（6 分）

针对事件 2，请回答：

（1）建设单位以机房分包单位资质未经其认可就进场施工为由，不再允许承建单位将机房工程分包的做法妥当吗？为什么？

（2）针对承建单位未向项目监理机构报告的情况下，就安排分包单位进场施工，监理应该如何处理？

【问题 3】（4 分）

针对事件 3，请指出承建单位项目经理安排编制详细的软件测试计划、测试用例的不妥当之处，并说明理由。

【问题 4】（4 分）

针对事件 4，指出建设单位做法的不妥之处，并说明理由。

试题一分析

本题重点考核机房建设、综合布线、硬件系统集成和应用软件系统开发过程中监理主要工作内容。

【问题 1】

细节题，需要考生根据表格中的质量风险因素，给出对应的监理常用的评审、旁站、抽查、测试等质量控制措施。

【问题 2】

案例分析题，考查考生针对实际安排的监理过程。

【问题 3】

细节题，考核监理工程师是否了解并掌握测试计划、测试用例编写的时机。

【问题 4】

案例分析题，考查项目施工过程中建设单位、承建单位双方各自的工作职责和工作内容。

参考答案

【问题 1】（6 分）

序号	质量风险因素	对应的监理质量控制措施
1	业务对软件系统功能和性能要求高，造成需求分析及设计满足要求的系统架构的风险高	方案评审（1 分）
2	综合布线的外场施工环境复杂，有较多的关键过程或关键工序，容易发生质量事故	旁站（1 分）
3	各种材料、设备到货量大（例如笔记本电脑超过 500 台），到货时间集中，如何保证到货材料、设备的质量	抽查（2 分）（回答检查得 1 分）
4	软件开发工作量大，时间紧迫，提交软件成果存在重大缺陷的风险大	对承建单位的测试方案、结果等进行确认（1 分）；对关键的功能、性能由监理进行测试确认（1 分）

【问题 2】（6 分）

（1）建设单位的做法不妥。（1 分）

理由：违反了招投标时候的约定（说出违反了合同约定等相关意思均可得分）。（1 分）

（2）处理过程是：

①下达《工程暂停令》；

②对分包单位资质进行审查；

③如果分包单位资质合格，签发工程复工令；

④如果分包单位资质不合格，要求承建单位撤换分包单位。

（每项 1 分，共 4 分）

【问题 3】（4 分）

测试计划、用例的编写时机（阶段）不对。（2 分）

理由：集成测试计划和用例应当在概要设计阶段（设计阶段）制订（1 分），确认测试计划和用例应当在需求阶段制订（1 分）。

【问题 4】（4 分）

不妥之处一：由建设单位采购的设备没有通知承建单位共同清点就存放施工现场。（1分）理由：建设单位应以书面形式通知承建单位派人与其共同清点移交。（1 分）

不妥之处二：建设单位要求承建单位承担设备部分部件损坏的责任。（1 分）理由：建设单位未通知承建单位清点，承建单位不负责设备的保管，设备丢失损坏由建设单位负责。（1 分）

（上述答案无顺序要求。）

试题二（15 分）

阅读下列说明，回答问题 1 至问题 3，将解答填入答题纸的对应栏内。

【说明】

某国有企业作为建设方启动 ERP 系统建设，建设主要内容包括系统集成、总部机房建设、应用软件开发、总部与全国各省分支机构的网络系统，总投资约 2 亿元，监理费预算 500万元。拟选用行业著名监理单位 X 进行全过程监理。在确定软件开发商、系统集成商之前，组织了现场勘察，并就项目建设相关问题与各备选供应商进行了沟通。在招标结束后，确定A 公司作为系统集成商负责除软件开发外的其他建设工作，B 公司作为软件开发商。请对如下事件进行分析：

【事件 1】为保证工程进度，该国企拟直接选用监理单位 X 开展监理工作，不需招标。

【事件 2】在现场勘察期间，各潜在投标单位提出应知晓各子项目标底。

【事件 3】在建设过程中，系统集成商 A 公司拟将中标的全国网络系统的线路建设部分分包给中国移动公司和中国电信公司，但没有决定是否应该征求建设方的意见。

【问题 1】（5 分）

针对事件 1 的描述，该国企是否可以直接选用监理单位 X？为什么？

【问题 2】（5 分）

针对事件 2 的描述，该国企是否可以向各潜在投标人公布子项目标底？为什么？

【问题3】（5分）

针对事件3的描述，是否可以分包？是否应该获得建设方同意？为什么？

试题二分析

本题重点考核《中华人民共和国招标投标法》。

【问题1】

细节题，考查《中华人民共和国招标投标法》中哪些类型的项目必须进行招投标。

【问题2】

细节题，考查《中华人民共和国招标投标法》中标底是否可以公开。

【问题3】

细节题，考查《中华人民共和国招标投标法》中外包的要求。

参考答案

【问题1】（5分）

不可以。（2分）

理由：根据《中华人民共和国招标投标法》（1分）规定，"在中华人民共和国境内进行下列工程建设项目包括项目的勘察、设计、施工、监理以及与工程建设有关的重要设备、材料等采购，必须进行招标……全部或者部分使用国有资金投资或者国家融资的项目（1分）……"。本项目主体为国有企业，因此适用此条，选用监理单位必须采用招标方式。（1分）

【问题2】（5分）

不可以。（2分）

理由：根据《中华人民共和国招标投标法》（1分）规定，"招标人设有标底的，标底必须保密"（1分）"。本项目中，虽然项目总预算 2 亿元为公开信息，但各子项目预算和标底并没有公开，因此不能在勘察时公开给各方。（1分）

【问题3】（5分）

可以分包。（2分）

必须获得建设方同意（1分）。理由：根据《中华人民共和国招标投标法》（1分）规定："中标人按照合同约定或者经招标人同意，可以将中标项目的部分非主体、非关键性工作分包给他人完成。接受分包的人应当具备相应的资格条件，并不得再次分包"。（1分）

试题三（15分）

阅读下列说明，回答问题1至问题3，将解答填入答题纸的对应栏内。

【说明】

某信息化工程项目，主要涉及机房工程、综合布线及应用软件系统开发，其中，应用软件系统开发项目的计划工期为 40 周，预算成本为 500 万元。建设单位通过公开招标选择了承建单位和监理单位。在项目建设过程中，发生了如下事件：

【事件1】项目监理机构审查承建单位报送的分包单位资格报审材料时发现，其《分包单位资格报审表》附件仅附有分包单位的营业执照、安全保密资质和信息系统集成资质证书，随即要求承建单位补充报送分包单位的其他相关资格证明材料。

【事件 2】在项目的实施过程中，在进度状态报告中监理列出了第 18 周（包含第 18 周）的项目状态数据，详细情况如下：

（1）截至项目状态日期，项目实际已完成的工作量为 50%。

（2）截至项目状态日期，项目已完成工作量的实际成本（AC）为 280 万元。

（3）截至项目状态日期，项目的计划成本（PV）为 260 万元。

【事件 3】在综合布线工程的外场施工作业中，由于恶劣天气原因被要求停工 5 天，造成施工设备闲置 5 天，损失费用 12000 元；其后在施工中发现地下文物，导致线路改道，造成额外费用 46000 元。为此，针对上述两种情况，承建单位要求建设单位分别给予相应的费用补偿。

【问题 1】（4 分）

针对事件 1，请指出承建单位还应该对分包单位的哪些资质证明材料进行审核。

【问题 2】（5 分）

请计算项目截止到项目状态日期已完成工作量的挣值 EV、进度偏差 SV 和成本偏差 CV，并对项目进度和成本控制方面的状态进行评估。

【问题 3】（6 分）

针对事件 3，承建单位是否可以就费用损失进行补偿？为什么？

试题三分析

本题重点考核成本管理过程和相关的监理内容。

【问题 1】

概念题，考查考生对分包单位资格要求的掌握程度。

【问题 2】

计算题，考查考生对成本管理过程中挣值管理 EV、SV、CV 概念的理解和计算方法。

【问题 3】

细节题，考查考生对建设过程中发生的补偿内容的掌握程度。

参考答案

【问题 1】（4 分）

同类项目业绩、项目经理资格证书、其他实施人员的技术经历、其他实施人员的项目经历、质量保证体系证书。（每个 1 分，最多得 4 分）

【问题 2】（5 分）

$EV=500×50\%=250$ 万元（1 分）

$SV=EV-PV=250-260=-10$ 万元（1 分）

$CV=EV-AC=250-280=-30$ 万元（1 分）

项目进度滞后（1 分）、成本超支（1 分）。

【问题 3】（6 分）

因恶劣天气被要求停工的损失不能给予补偿。（2 分）理由：此不属于不可抗力的范围。（1 分）

因发现地下文物造成的损失应当给予补偿。（2 分）理由：这不是承建单位的原因。（1 分）

试题四（15 分）

阅读下列说明，回答问题 1 至问题 3，将解答填入答题纸的对应栏内。

【说明】

某单位大型应用系统建设项目，项目的建设实施全过程监理。在项目实施过程中，发生了如下事件：

【事件 1】 在总监理工程师主持的项目开工会上，总监理工程师宣布了建设单位对其的授权，并对今后召开例会提出了要求。

【事件 2】 在需求分析完成后，设计的好坏成了影响质量的关键环节，但承建单位项目经理在如何提高设计质量方面却所知甚少。

【事件 3】 为了确保交付的系统不出现严重的软件故障，承建单位项目经理安排给测试组进行测试和软件修改的时间非常充足，测试和软件修改周期占整个软件系统开发周期的 35%，约 15 周。据此承建单位项目经理向监理提出按照此计划进行测试并解决测试出现的软件故障，当每周所发现软件系统故障数量逐步减少，不存在 A、B 类错误且其他相关条件达到要求时，即认为系统达到了试运行的条件并可进行系统的验收。

【问题 1】（4 分）

针对事件 1，请指出不妥之处，并给出正确做法。

【问题 2】（5 分）

针对事件 2，从监理的角度来看，请列举能够提高设计质量的举措。

【问题 3】（6 分）

针对事件 3，请回答：

（1）"当每周所发现软件系统故障数量逐步减少、不存在 A、B 类错误且其他相关条件达到要求时，即可认为系统达到了试运行的条件"的要求恰当吗？为什么？

（2）在这种情况下，可进行系统的验收吗？为什么？

试题四分析

本题重点考核监理流程和监理内容。

【问题 1】

细节题，考查考生对监理过程中建设方、承建方、监理方工作职责和工作内容的掌握程度。

【问题 2】

案例题，考查在设计阶段，针对设计过程和设计质量，监理的主要内容。

【问题 3】

细节题，考查考生对试运行条件、验收条件知识点的了解和掌握程度。

参考答案

【问题 1】（4 分）

不妥之处一：总监理工程师主持召开项目开工会议。（1 分）正确做法：应由建设单位主持。（1 分）

不妥之处二：总监理工程师宣布授权。（1 分）正确做法：应由建设单位宣布。（1 分）

（上述答案无顺序要求。）

【问题 2】（5 分）

（1）安排熟悉同类项目的高水平设计人员承担设计任务。（2 分）

（2）确保需求分析结果无损传递给设计人员（需求和设计人员的紧密配合等）。（1 分）

（3）采用迭代的方法验证设计的正确性，提高设计的质量。（1 分）

（4）对设计进行评审。（1 分）

（其他合理的答案每个给 1 分，本问题最多得 5 分）

【问题 3】（6 分）

（1）恰当。（1 分）

理由：这时软件系统已具备试运行的条件，应当移交建设单位进行试运行。（2 分）

（2）不可以。（1 分）

理由：在定制软件开发项目中，仅根据测试结果作为软件系统验收的依据是不够的。（2 分）

试题五（10 分）

阅读下列说明，回答问题 1 至问题 3，将解答填入答题纸的对应栏内。

【说明】

针对省级电子政务信息系统建设项目，信息化主管部门启动了业务系统综合管理平台建设工作。建设任务涉及网络系统建设、应用系统开发和系统集成工作，平台主要是对现有核心业务系统实施监控、审计、分析、决策、财务管控和信息化管控等。建设单位通过公开招标引入了承建单位和监理单位。在建设过程中，发生如下事件：

【事件 1】 在监理单位全程跟踪下，承建单位完成了网络系统测试方案。建设单位要求监理单位对测试方案严格审查，找出错误的地方。

【事件 2】 信息安全是电子政务信息系统建设的重要内容之一。建设单位要求监理就项目信息安全加强监督管理，委派信息安全专业水平较高的监理工程师承担相关的监理工作。

【问题 1】（4 分）

针对事件 1 的描述，监理发现测试方案中没有针对双绞线缆测试的内容。请指出双绞线缆测试主要包括哪些内容。

【问题 2】（2 分）

在（1）～（2）中填写恰当内容（从候选答案中选择一个正确选项，将该选项编号填入答题纸对应栏内）。

针对事件 1，为保证系统应用的安全性，监理建议承建单位在方案中加入业务应用安全测试内容，包括　(1)　、　(2)　、……等等。

（1）～（2）供选择的答案：

A. 业务资源的访问控制验证测试　　　　B. 业务应用程序缓冲区溢出检测

C. 业务数据的正确性测试　　　　　　　D. 业务数据的可用性测试

【问题 3】（4 分）

针对事件 2，作为监理工程师，请判断以下有关信息安全的描述是否正确（填写在答题纸的对应栏内，正确的选项填写"√"，不正确的选项填写"×"）：

（1）信息安全防护是一个"程序"，而非一个"过程"。　　　　　　　　　　（　　）

（2）人员管理不是信息安全工作的核心内容。　　　　　　　　　　　　（　　）

（3）在移动互联网领域，用户和应用的数量快速增长，互联网安全也发展得越来越完善。　　　　　　　　　　　　　　　　　　　　　　　　　　　　　　　（　　）

（4）我国电子政务内网必须实施分级保护的信息安全措施。　　　　　　（　　）

试题五分析

本题重点考核测试流程和监理内容。

【问题 1】

细节题，考查考生对双绞线缆测试主要内容的掌握程度。

【问题 2】

细节题，考查业务应用安全测试内容。

【问题 3】

细节题，考查考生对信息安全防护、信息安全等内容的了解和掌握程度。

参考答案

【问题 1】（4 分）

（1）连通性测试。

（2）端-端的损耗测试。

（3）收发功率测试。

（4）损耗/衰减测试。

（每项 1 分，共 4 分）

【问题 2】（2 分）

（1）A　　（2）D　　（1）～（2）答案可互换

（每个 1 分，共 2 分）

【问题 3】（4 分）

（1）×　　（2）×　　（3）×　　（4）√

（每个 1 分，共 4 分）

第3章 2017下半年信息系统监理师上午试题分析与解答

试题（1）

信息系统工程是指信息化过程中的 __(1)__ ，信息资源系统，信息应用系统的新建、升级、改造和运行维护。

(1) A. 信息存储系统   B. 信息网络系统

      C. 信息分发系统   D. 信息安全系统

试题（1）分析

信息系统工程是指信息化工程建设中的信息网络系统，信息资源系统，信息应用系统的新建、升级、改造工程。

参考答案

(1) B

试题（2）

信息系统通过验收，正式移交给用户以后，就进入运维。要保障系统正常运行，系统维护是不可缺少的工作。软件维护一般可分为3种类型：纠错性维护、适应性维护、 __(2)__ 。

(2) A. 测试性维护   B. 支援性维护   C. 完善性维护   D. 安全性维护

试题（2）分析

软件维护一般分为纠错性维护、适应性维护和完善性维护。

参考答案

(2) C

试题（3）

软件生存周期一般划分为六个阶段，包括软件项目计划、 __(3)__ 、软件设计、程序编码、软件测试以及运行维护。

(3) A. 需求分析   B. 招投标   C. 风险分析和定义   D. 项目绩效评估

试题（3）分析

软件生存周期的六个阶段：软件项目计划、软件需求分析和定义、软件设计、程序编码、软件测试以及运行维护。

参考答案

(3) A

试题（4）

2017年7月8日，《国务院关于印发新一代人工智能发展规划的通知》中提出要建立新一代人工智能关键共性技术体系。新一代人工智能关键共性技术的研发部署要以 __(4)__ 为核心，以数据和硬件为基础，以提升感知识别、知识计算、认知推理、运动执行、人机交互能力为重点，形成开放兼容、稳定成熟的技术体系。

　　（4）A．智能　　　　　　B．算法　　　　　C．知识　　　　　D．安全

试题（4）分析

　　《国务院关于印发新一代人工智能发展规划的通知》指出：建立新一代人工智能关键共性技术体系。围绕提升我国人工智能国际竞争力的迫切需求，新一代人工智能关键共性技术的研发部署要以算法为核心，以数据和硬件为基础，以提升感知识别、知识计算、认知推理、运动执行、人机交互能力为重点，形成开发兼容、稳定成熟的技术体系。

参考答案

　　（4）B

试题（5）

　　___（5）___系统深入研究人类大脑神经系统的机能，模拟人类大脑思维控制的功能，通过多种方式实现对复杂不确定性系统进行控制。

　　（5）A．自动控制　　　B．人工控制　　　　C．智能控制　　　　D．模糊控制

试题（5）分析

　　深入研究人类大脑神经系统的机能，模拟人类大脑思维控制的功能，通过多种方式实现对传统控制难以实现的复杂不确定性系统进行卓有成效的智能控制，是控制理论发展的必然趋势。

参考答案

　　（5）C

试题（6）

　　___（6）___是充分利用数据标签引导数据包在开放的通信网络上进行高速、高效传输的广域网传输技术。

　　（6）A．TCP/IP　　　　　B．QoS　　　　　C．MPLS　　　　　D．RFID

试题（6）分析

　　MPLS（Multi-Protocol Label Switching，多协议标签交换）技术是充分利用数据标签引导数据包在开放的通信网络上进行高速、高效传输，通过在一个无连接的网络中引入连接模式，减少网络复杂性的广域网技术。

参考答案

　　（6）C

试题（7）

　　按照网络覆盖的区域，网络主要分为三种类型，其中不包括___（7）___。

　　（7）A．局域网　　　　　B．城域网　　　　C．互联网　　　　D．广域网

试题（7）分析

　　通常网络按所覆盖的区域分为局域网、城域网和广域网。由此网络交换也可以分为局域网交换技术、城域网交换技术和广域网交换技术。

参考答案

　　（7）C

试题（8）

城域网交换技术包括光纤分布式数据接口（FDDI）、分布式队列双总线（DQDB）和多兆位数据交换服务（SMDS）。其中 DQDB 具有很多优点，关于 DQDB 描述不正确的是：　(8)　。

（8）A．能桥接局域网和广域网

　　　B．网络运行与工作站的数量相关

　　　C．使用光纤传输介质，与 ATM 兼容

　　　D．使用双总线体系结构，每条总线的运行互相独立

试题（8）分析

DQDB 具有以下特点：

①同时提供电路交换和分组交换功能；

②能桥接局域网和广域网；

③使用双总线体系结构，每条总线的运行互相独立；

④使用 802.2 LLC，能与 IEEE802 局域网兼容；

⑤使用光纤传输介质；

⑥与 ATM 兼容；

⑦使用双总线拓扑结构，提高其高容错特性；

⑧可支持 2Mb/s 至 300Mb/s 的传输速率；

⑨网络运行与工作站的数量无关；

⑩可支持直径超过 50km 的城域范围。

参考答案

（8）B

试题（9）

网络集成面临互连异质、异构网络等问题，网络互连设备既可用软件实现，也可用硬件实现。以下　(9)　不属于网络互连设备。

（9）A．交换机　　　B．网关　　　　　C．适配器　　　　　D．路由器

试题（9）分析

常用的网络互连设备有路由器、交换机、集线器和网关等。

参考答案

（9）C

试题（10）

WiFi 技术常用的网络传输标准是　(10)　。

（10）A．IEEE802.11　　B．IEEE802.7 C．IEEE802.5 D．IEEE802.6

试题（10）分析

IEEE802.11：无线局域网。

IEEE802.7：宽带局域网。

IEEE802.5：Token Ring 访问方法及物理层规定等。

IEEE802.6：城域网的访问方法及物理层规定。

参考答案

（10）A

试题（11）

为加快形成制造业网络化产业生态体系，推动互联网与制造业融合，提升制造业数字化、网络化、智能化水平，需加强产业链协作，发展基于互联网的___（11）___新模式。

（11）A．标准制造　　　B．协同制造　　　C．虚拟制造　　　D．绿色制造

试题（11）分析

《国务院关于积极推进"互联网+"行动的指导意见》指出：推动互联网与制造业融合，提升制造业数字化、网络化、智能化水平，加强产业链协作，发展基于互联网的协同制造新模式。在重点领域推进智能制造、大规模个性化定制、网络化协同制造和服务型制造，打造一批网络化协同制造公共服务平台，加快形成制造业网络化产业生态体系。

参考答案

（11）B

试题（12）

以下关于移动互联网的叙述中，不正确的是：___（12）___。

（12）A．移动互联网是以移动网络作为接入网络的互联网
　　　　B．移动互联网由移动终端和移动网络两部分组成
　　　　C．移动终端是移动互联网的前提
　　　　D．接入网络是移动互联网的基础

试题（12）分析

中国工业和信息化部电信研究院在《移动互联网白皮书》中指出移动互联网三要素：移动终端、移动网络和应用服务。移动终端是移动互联网的前提，移动网络是移动互联网的基础。

参考答案

（12）B

试题（13）

信息系统安全保障体系涉及信息系统的各个组成部分，考虑到信息安全可持续的特性，我们可以把安全体系分为：实体安全、平台安全、___（13）___、通信安全、应用安全、运行安全和管理安全等层次。

（13）A．数据安全　　　B．操作安全　　　C．机房安全　　　D．备份安全

试题（13）分析

根据信息安全工程高级保障体系框架，我们可以把安全体系分为：实体安全、平台安全、数据安全、通信安全、应用安全、运行安全和管理安全等层次。

参考答案

（13）A

试题（14）

网络传输需要介质，以下对传输介质描述不正确的是：___（14）___。

（14）A．双绞线是目前广泛应用的传输介质

　　　　B．同轴电缆和光纤广泛用于有线电视网，无线广泛应用于移动组网

　　　　C．传输介质主要包括光纤、双绞线、同轴电缆和无线

　　　　D．光纤有单模和多模之分，单模光纤传输容量和传输距离均小于多模光纤

试题（14）分析

①双绞线是应用最为广泛的传输介质；

②光纤有单模和多模之分，单模光纤传输容量大、传输距离远、价格高，适用于长途宽带网；多模光纤传输容量和传输距离均小于单模光纤，但价格较低，广泛用于建筑物综合布线系统；

③传输介质主要包括光纤、双绞线、同轴电缆和无线；

同轴电缆广泛用于有线电视网，无线广泛用于移动组网。

参考答案

（14）D

试题（15）

存储技术是在服务器附属存储 SAS 和直接附属存储 DAS 基础上发展起来的，表现为两大技术 SAN 和 NAS。下面对 SAN 和 NAS 描述不正确的是：＿＿（15）＿＿。

（15）A．SAN 采用光纤通道等高速专用网络，使网络服务器与多种存储设备直接连接

　　　　B．NAS 关注的是文件服务而不是实际文件系统的执行情况

　　　　C．NAS 适合长距离的小数据块传输，对距离的限制少

　　　　D．SAN 将分布、独立的数据整合为大型、集中化管理的数据中心

试题（15）分析

①SAN 采用光纤通道等存储专用协议连接成的高速专用网络,使网络服务器与多种存储设备直接连接；

②NAS 将分布、独立的数据整合为大型、集中化管理的数据中心；

③NAS 适合长距离的小数据块传输，易于部署和管理（见 NAS 关键特性）；

NAS 关注的是文件服务而不是实际文件系统的执行情况。

参考答案

（15）D

试题（16）

机房是计算机网络系统的中枢，其建设直接影响着整个系统的安全稳定运行。以下关于机房建设的叙述中，正确的是：＿＿（16）＿＿。

（16）A．维修测试时，机柜侧面（或不用面）距墙不应小于 1m

　　　　B．走道净宽不应小于 1m

　　　　C．开机时计算机主机房温度应为 18℃～28℃

　　　　D．安全工作接地，接地电阻不应大于 4Ω

试题（16）分析

机房设备布置内容：主机房内机柜侧面（或不用面）距墙不应小于 0.5m，当需要维修时，机柜距墙不应小于 1.2m。

机房设备布置内容：走道净宽不应小于 1.2m。

开机时主机房的温湿度应执行 A 级要求，A 级夏季与冬季要求不同。计算机机房内的温度控制：全年 18℃～28℃是 B 级要求。

机房配电及防雷接地系统，机房接地应采用的四种接地方式：

①交流工作接地，接地电阻不应大于 4Ω；

②安全工作接地，接地电阻不应大于 4Ω；

……

参考答案

（16）D

试题（17）

在机房和综合布线工程实施过程中，对隐蔽工程的监理是非常重要的，因为隐蔽工程一旦完成隐蔽，以后如果出现问题就会耗费很大的工作量，同时对已完成的工程造成不良的影响。以下对于隐蔽工程描述不正确的是：___（17）___。

（17）A．支、吊架所用钢材应平直，无显著扭曲，下料后长短偏差应在 5mm 内

　　　B．支、吊架固定支点间距一般不应大于 1.5～2.0mm

　　　C．暗管转变的曲率半径不应小于该管外径的 5 倍

　　　D．穿在管内绝缘导线的额定电压不应高于 500V

试题（17）分析

支、吊架安装要求：

①所用钢材应平直，无显著扭曲。下料后长短偏差应在 5mm 以内。

②支、吊架应安装牢固，保证横平竖直。

③固定支点间距一般不应大于 1.5～2.0mm。

……

线槽安装要求：

①线槽应平整，无扭曲变形，内壁无毛刺，各种附件齐全。

②线槽接口应平整，接缝处紧密平直，槽盖装上后应平整、无翘脚。

③线槽的所有非导电部分的铁件均应相互跨接。

④线槽安装应符合《高层民用建筑设计防火规范》。

⑤在建筑物中预埋线槽可为不同尺寸，按一层或两层设置，应至少预埋两根以上，线槽截面高度不宜超过 25mm。

……

管内穿线：

①穿在管内绝缘导线的额定电压不应高于 500V。

……

管道安装要求：

①暗管转变的曲率半径不应小于该管外径的 6 倍。

……

参考答案

（17）C

试题（18）

关于隐蔽工程的金属线槽的安装，以下线槽内配线要求描述不正确的是：　(18)　。

（18）A．线槽配线前应消除槽内的污物和积水

　　　 B．在同一线槽内包括绝缘在内的导线截面积总和不应超过内部截面积的 40%

　　　 C．缆线布放应平直，不得产生扭绞、打圈等现象，且布放时应有冗余

　　　 D．缆线布放，在牵引过程中，吊挂缆线的支点相隔间距不应大于 2.5m

试题（18）分析

线槽内配线要求：

①线槽配线前应消除槽内的污物和积水。

②在同一线槽内包括绝缘在内的导线截面面积总和应该不超过内部截面面积的 40%。

③缆线的布放应平直，不得产生扭绞、打圈等现象，不应受外力的挤压和损伤。

④缆线在布放前两端应贴有标签，以表明起始和终端位置，标签书写应清晰、端正和正确。

⑤电源线、信号电缆、对绞电缆、光缆及建筑物内其他弱电系统的缆线应分离布放。

⑥缆线布放时应有冗余。

⑦缆线布放，在牵引过程中，吊挂缆线的支点相隔间距不应大于 1.5m。

⑧布放缆线的牵引力，应小于缆线允许张力的 80%。

⑨电缆桥架内缆线垂直敷设时，在缆线的上端每间隔 1.5m 处，应固定在桥架的支架上。

⑩槽内缆线应顺直，尽量不交叉，缆线不应溢出线槽，在缆线进出线槽部位、转弯处应绑扎固定。

参考答案

（18）D

试题（19）

以下说法中，不属于防火墙功能的是：　(19)　。

（19）A．支持透明和路由两种工作模式

　　　 B．支持广泛的网络通信协议和应用协议

　　　 C．支持攻击特征信息的集中式发布

　　　 D．支持多种入侵监测类型

试题（19）分析

防火墙功能包括：

①支持透明和路由两种工作模式；

②集成 VPN 网关功能；

③支持广泛的网络通信协议和应用协议；

④支持多种入侵检测类型；

⑤支持 SSH 远程安全登录；

⑥支持对 HTTP、FTP、SMTP 等服务类型的访问控制；

⑦支持静态、动态和双向的 NAT；

⑧支持域名解析，支持链路自动切换；

⑨支持对日志的统计分析功能；

……

参考答案

（19）C

试题（20）

以下关于 VPN 的说法中，不正确的是：___(20)___。

（20）A．VPN 是在公用网络上架设专用网络

　　　B．VPN 作为虚拟专网，不需要进行数据加密

　　　C．VPN 可以实现信息验证和身份认证

　　　D．访问型 VPN 用于安全地连接移动用户和远程通信

试题（20）分析

VPN（虚拟专用网络）的功能是：在公用网络上建立专用网络，进行加密通信。在企业网络中有广泛应用。VPN 网关通过对数据包的加密和数据包目标地址的转换实现远程访问。

参考答案

（20）B

试题（21）

监理工程师对平台安全进行综合检测时，需要检测与修复的内容不包括___(21)___。

（21）A．操作系统　　　　　　　　B．网络基础设施

　　　C．通用基础应用程序　　　　D．用户业务系统

试题（21）分析

平台安全检测包括以下内容：

①操作系统漏洞检测与修复。

②网络基础设施漏洞检测与修复。

③通用基础应用程序漏洞检测与修复。

参考答案

（21）D

试题（22）

___(22)___不属于网络管理系统的管理内容。

（22）A．验收管理　　　B．网络管理　　　C．系统管理　　　D．运行维护管理

试题（22）分析

网络管理系统包括：网络管理、系统管理和运行维护管理。

参考答案

（22）A

试题（23）

总监理工程师代表由总监理工程师授权，负责总监理工程师指定或交办的任务，总监理工程师不得委托总监理工程师代表执行的工作是：　（23）　。

（23）A．主持审查和处理工程变更

　　　　B．主持编写工程项目监理规划

　　　　C．指定专人记录工程项目监理日志

　　　　D．参与工程质量事故的调查

试题（23）分析

总监理工程师不得将下列工作委托总监理工程师代表：

①根据工程项目的进展情况进行监理人员的调配，调换不称职的监理人员；

②主持编写工程项目监理规划及审批监理实施方案；

③签发工程开工/复工报审表、工程暂停令、工程款支付证书、工程项目的竣工验收文件；

④审核签认竣工结算；

⑤调解建设单位和承建单位的合同争议，处理索赔，审批工程延期。

参考答案

（23）B

试题（24）

在监理人员的工作中，复核工程量核定的有关数据并签署原始凭证及文件是　（24）　的职责。

（24）A．总监理工程师　　　　　　　B．总监理工程师代表

　　　　C．专业监理工程师　　　　　　D．监理员

试题（24）分析

复核工程量核定的有关数据并签署原始凭证和文件是监理员的职责。

参考答案

（24）D

试题（25）

下列关于对软件需求分析的描述中，不正确的是：　（25）　。

（25）A．需求分析的任务是解决目标系统"怎么做"的问题

　　　　B．需求分析阶段研究的对象是软件项目的用户要求

　　　　C．分析需求应该包括业主单位隐含的需求

　　　　D．需求分析包括确定软件设计的约束和软件同其他系统元素的接口

试题（25）分析

需求分析的任务是借助于当前系统的逻辑模型导出目标系统的逻辑模型，解决目标系统"做什么"的问题。"怎么做"是设计阶段的任务。需求分析的目标是深入描述软件的功能和性能，确定软件设计的约束和软件同其他系统元素的接口细节，定义软件的其他有效性需求。需求分析阶段研究的对象是软件项目的用户要求。

在分析需求时需要注意的内容包括：限制条件、技术制约、成本制约、时间限制、软件

风险、业主单位未明确（隐含）的问题等。

参考答案

（25）A

试题（26）

软件的详细设计包含设计处理过程，构造模块的实现算法，给出明确的表达，使之成为编程的依据。　（26）　不是描述算法的工具。

（26）A．PAD 图　　　　B．HIPO 图　　　　C．PDL 语言　　　D．DFD 图

试题（26）分析

描述算法的工具包括：流程图、PAD 图、HIPO 图、PDL 语言。DFD 图是数据流图，是需求分析阶段产生的结果。

参考答案

（26）D

试题（27）

　（27）　不属于项目质量控制的方法和技术。

（27）A．测试　　　　　B．帕累托图　　　　C．过程审计　　　D．控制图

试题（27）分析

质量控制的方法和技术包括：帕累托分析、检查、控制图、统计样本、标准差等。过程审计属于质量保证的方法和技术。

参考答案

（27）C

试题（28）

合格的软件体系结构设计应该做到：　（28）　。

①功能设计全面准确地反映需求　②与外界的数据接口完全正确并符合需求
③界面设计、维护设计符合需求　④使软件性能达到行业领先水平

（28）A．①②③　　　B．①③④　　　C．②③④　　　D．①②④

试题（28）分析

软件性能应达到什么标准应当在需求阶段明确，设计阶段对需求负责。在设计阶段，业主单位需要对设计文档进行检查，主要针对功能设计是否全面准确地反映了需求、输入项是否完全正确并符合需求、输出项是否符合需求、与外界的数据接口是否完全正确并符合需求、各类编码表是否完全正确并符合需求、界面设计是否符合需求、维护设计是否符合需求、各类数据表格式和内容是否符合要求。

参考答案

（28）A

试题（29）

软件配置管理必须保证软件配置管理项的正确性、完备性、　（29）　。

（29）A．易用性　　　　B．多态性　　　　C．继承性　　　D．可追踪性

试题（29）分析

软件配置管理项是软件的真正实质性材料，因此必须保证正确性、完备性和可追踪性。继承性、多态性是对象的特点，配置项不需要考虑易用性问题。

参考答案

（29）D

试题（30）

软件测试的目的是___（30）___。

（30）A．证明软件正确性　　　　　　　　B．验证软件是否满足需求

　　　　C．评估程序员水平　　　　　　　　D．为软件定价提供依据

试题（30）分析

测试目的是：

①通过测试，发现软件错误。

②验证软件满足需求规格说明、软件设计所规定的功能、性能及其软件质量特性的要求。

③为软件质量的评价提供依据。

参考答案

（30）B

试题（31）

按使用的测试技术不同，将软件测试分为静态测试和动态测试，___（31）___属于静态测试。

（31）A．黑盒测试　　B．代码走查　　C．接口分析　　D．数据流分析

试题（31）分析

静态测试分为静态分析和代码走查；动态测试分为白盒测试和黑盒测试。接口分析和数据流分析属于静态分析。

参考答案

（31）B

试题（32）

软件产品交付使用后，一般需要进行软件维护。当软件支持环境（如操作系统、编译器等）发生变化导致软件无法正常运行时，所需要进行的修改工作属于___（32）___。

（32）A．纠错性维护　　B．适应性维护　　C．完善性维护　　D．预防性维护

试题（32）分析

为适应软件运行环境改变而作的修改，称为适应性修改。环境改变包括软件支持环境的改变，如操作系统、编译器或应用程序的变化等。

参考答案

（32）B

试题（33）

设计模式是面向对象的系统设计过程中反复出现的问题解决方案，其基本要素不包括___（33）___。

（33）A．模式类型　　B．模式问题　　C．解决方案　　D．模式效果

试题（33）分析

一个模式要有四个模式要素：模式名称、模式问题、解决方案、效果。

参考答案

（33）A

试题（34）

下述关于面向对象的软件开发方法（OMT）中，不正确的是__（34）__。

（34）A．OMT 使软件的可维护性大大改善

   B．OMT 的基础是软件系统功能的分解

   C．OMT 是一种自底向上和自顶向下相结合的方法

   D．OMT 的第一步是从问题的陈述入手，构造系统模型

试题（34）分析

OMT 是一种自底向上和自顶向下相结合的方法，OMT 的第一步是从问题的陈述入手，构造系统模型。

OMT 的基础是目标系统的对象模型，而不是功能的分解。正是 OMT 使软件的可维护性有了质的改善。

参考答案

（34）B

试题（35）

按照 J2EE 技术架构组成的应用系统至少分为三层，EJB 包容器属于__（35）__。

（35）A．客户层   B．数据层   C．中间层   D．应用层

试题（35）分析

J2EE 第二层是中间层，即业务逻辑层，其中有两个包容器：Web 包容器和 EJB 包容器。

参考答案

（35）C

试题（36）

在信息系统集成项目中，通过项目管理可以做到：__（36）__。

（36）A．项目需求清晰后再进行实施，杜绝项目变更

   B．提高信息系统集成项目实施过程的可视性

   C．保证信息系统集成项目按期完成

   D．保证信息系统集成项目成本有节余

试题（36）分析

项目管理在工程项目中的重要性是不言而喻的，在信息系统集成项目中，其重要性更为突出，主要原因如下。

①信息系统项目往往大到事关国家生死存亡，小到事关单位兴衰成败。

②信息系统项目需求往往在还没有完全搞清时就付诸实施，并且在实施过程中一再修改。

③信息系统项目往往不能按预定进度执行。

④信息系统项目的投资往往超预算。

⑤信息系统项目的实施过程可视性差。

⑥信息系统的项目管理，尤其信息系统项目监理，往往不被重视。

参考答案

（36）B

试题（37）

A 公司的项目组人员来自不同职能部门，受职能部门和项目组双重领导。项目组成员参与项目期间，主要受项目经理的领导，同时与所属部门保持联系。A 公司的组织结构属于　（37）　。

（37）A．领域型　　　　B．矩阵型　　　　C．职能型　　　　D．直线型

试题（37）分析

单位组织结构的三种类型为职能型、领域型和矩阵型。项目组人员来自不同职能部门，受职能部门和项目组双重领导。这种组织方式通常称为矩阵型。在矩阵型组织方式中，并不要求项目组的每个人都从头至尾参与该项目，而是根据项目需求参与不同的时间段。作为项目组成员参与项目期间，主要受项目经理的领导，同时与所属部门保持联系。

参考答案

（37）B

试题（38）

信息系统项目的实施涉及建设单位、承建单位、监理单位三方，下列说法中正确的是：　（38）　。

（38）A．项目由承建单位负责实施，因此只有承建单位需要采用项目管理方法

　　　　B．项目管理要素的全部都是由项目建设单位重点实施

　　　　C．建设单位重点实施的项目管理要素是"立项管理"和"评估与验收管理"

　　　　D．监理单位不涉及项目的"项目组织与人员管理"要素

试题（38）分析

信息系统项目的实施涉及建设单位、承建单位和监理单位三方，三方都需要采用项目管理的方法以完成其在项目实施中所肩负的责任。除立项阶段的立项准备、立项申请、立项审批之外，几乎全部项目管理要素都是项目承建单位所要重点实施的。建设单位重点实施的是"立项管理"与"评估与验收管理"。监理单位直接或间接涉及"项目组织与人员管理""计划与执行管理""执行与知识产权管理"。

参考答案

（38）C

试题（39）

监理人员的权利和义务包括：（39）。

①根据监理合同独立执行工程监理业务

②按照建设单位要求来维护建设单位权益

③保守承建单位的技术秘密和商业秘密

④不得承担被监理项目中的技术和业务工作

（39）A．①②③　　　B．①③④　　　C．②③④　　　D．①②③④

试题（39）分析

按照监理合同取得监理收入是监理单位的权利和义务。

监理人员的权利和义务包括：

①根据监理合同独立执行工程监理业务。

②保守承建单位的技术秘密和商业秘密。

③不得同时从事与被监理项目相关的技术和业务活动。

参考答案

（39）B

试题（40）

建设单位选定监理单位后，应当与其签订监理合同，____（40）____不应包括在监理合同中。

（40）A．监理业务内容

　　　 B．建设单位的权利和义务

　　　 C．承建单位的违约责任

　　　 D．监理费用的计取和支付方式

试题（40）分析

监理合同与承建单位无关。一旦选定监理单位，建设单位与监理单位应签定监理合同，合同内容主要包括如下内容。

①监理业务内容；

②双方的权利和义务；

③监理费用的计取和支付方式；

④违约责任及争议的解决方法；

⑤双方约定的其他事项。

参考答案

（40）C

试题（41）

信息系统工程合同的内容较多，涉及工程设计、产品采购、实施等多方面。下列关于信息系统工程合同内容的表述中，不正确的是：____（41）____。

（41）A．甲乙双方的权利、义务是合同的基本内容

　　　 B．质量要求条款应准确细致地描述项目的整体质量和各部分质量

　　　 C．合同中应包括监理单位提交各阶段项目成果的期限

　　　 D．合同中应包括建设单位提交有关基础资料的期限

试题（41）分析

信息系统工程合同签定双方是建设单位和承建单位，应包括承建单位提交各阶段项目成果的期限。信息系统工程合同包括：

①甲乙双方的权利、义务是合同的基本内容；

②建设单位提交有关基础资料的期限；

③项目的质量要求；

④承建单位提交各阶段项目成果的期限；

⑤项目费用和项目款的交付方式。

……

参考答案

（41）C

试题（42）

监理单位依据 ISO9000 标准，遵照一定步骤建立和完善质量保证体系，通过有关机构的审核认证。 （42） 步骤的顺序是正确的。

①编写质量体系文件

②质量体系策划

③对建立和实施质量保证体系进行动员

④管理评审

⑤质量体系试运行

⑥内部质量体系审核

（42）A．③②①⑤⑥④　　　　　　　　B．②③①⑤④⑥

　　　C．③②①⑤④⑥　　　　　　　　D．②③①⑤⑥④

试题（42）分析

本题的易混淆点在于先动员还是先策划，先内审还是先管理评审。内审是管理评审的依据，在先。监理单位可以依据 ISO9000 标准，遵照下列步骤建立和完善质量保证体系，通过有关机构的审核认证。

①准备大会（召开大会，对建立和实施质量保证体系进行动员）；

②质量体系策划；

③编写质量体系文件；

④培训内部审核员；

⑤质量体系试运行；

⑥内部质量体系审核；

⑦管理评审；

⑧质量体系认证前的准备；

⑨质量体系认证过程；

⑩质量体系的进一步改进与完善。

参考答案

（42）A

试题（43）

监理工程师超出建设单位委托的工作范围，从事了自身职责外的工作，并造成了工作上的损失。这属于监理工作的 （43） 。

（43）A．工作技能风险　　　　　　　　B．技术资源风险

  C．管理风险   D．行为责任风险

试题（43）分析

  监理工程师行为责任风险来自三方面：

  ①监理工程师超出建设单位委托的工作范围，从事了自身职责外的工作，并造成了工作上的损失；

  ②监理工程师未能正确地履行合同中规定的职责，在工作中发生失职行为造成损失；

  ③监理工程师由于主观上的无意行为未能严格履行职责并造成了损失。

参考答案

  （43）D

试题（44）

  在建设单位选择合适的监理单位时，监理单位为了获得监理任务，在项目招标阶段编制的项目监理单位方案性文件是__（44）__。

  （44）A．监理大纲   B．监理规划

     C．监理实施细则   D．投标书

试题（44）分析

  监理大纲是在建设单位选择合适的监理单位时，监理单位为了获得监理任务，在项目招标阶段编制的项目监理单位方案性文件。

参考答案

  （44）A

试题（45）

  下述各项中，__（45）__不是监理规划的内容。

  （45）A．监理的范围、内容与目标

     B．监理工具和设施

     C．监理依据、程序、措施及制度

     D．监理流程

试题（45）分析

  监理流程是监理实施细则中的内容。监理规划的内容包括：

  ①工程项目概况；

  ②监理的范围、内容与目标；

  ③监理项目部的组织结构与人员配备；

  ④监理依据、程序、措施及制度；

  ⑤监理工具和设施。

参考答案

  （45）D

试题（46）

  下述各项中，__（46）__是监理实施细则的内容。

  （46）A．监理项目部的组织结构   B．监理项目部的人员配备

　　　C．工程项目概况　　　　　　　　D．监理的控制要点及目标

试题（46）分析

　　监理项目部的组织结构、监理项目部的人员配备和工程项目概况是监理规划的内容。监理实施细则的内容包括：

　　①工程专业的特点；

　　②监理流程；

　　③监理的控制要点及目标；

　　④监理单位方法及措施。

参考答案

　　（46）D

试题（47）

　　对信息系统工程的特点以及质量影响要素有比较清楚的认识，质量控制才能有针对性。　__(47)__　不属于信息系统工程的特点。

　　（47）A．质量纠纷认定难度小　　　　B．可视性差，质量缺陷比较隐蔽

　　　　　　C．改正错误的代价往往较大　　D．定位故障比较困难

试题（47）分析

　　信息系统工程特点及质量影响要素：

　　①控制质量首先要控制人；

　　②变更是信息系统特别是应用系统比较大的一个特点；

　　③定位故障比较困难；

　　④信息系统工程的可视性差；

　　⑤改正错误的代价往往比较大；

　　⑥质量纠纷认定的难度大。

参考答案

　　（47）A

试题（48）

　　信息系统工程项目是由建设单位、承建单位和监理单位共同完成的。下列有关质量管理体系中三方关系的说法中，不正确的是：　__(48)__　。

　　（48）A．建设单位的参与人员是为本项目配备的质量管理人员，承建单位的参与人员是质保部门的质量管理人员，监理单位的参与人员主要是质量监理工程师、总监理工程师

　　　　　　B．承建单位的质量控制体系能否有效运行是整个项目质量保障的关键

　　　　　　C．建设单位应该建立较完整的工程项目管理体系

　　　　　　D．监理单位应严格按照承建单位质量控制体系从事监理活动

试题（48）分析

　　承建单位是工程建设的实施方，因此承建单位的质量控制体系能否有效运行是整个项目质量保障的关键。

建设单位的参与人员是建设单位为本项目配备的质量管理人员，承建单位的参与人员是承建单位的质保部门的质量管理人员，监理单位的参与人员主要是质量监理工程师、总监理工程师。

建设单位作为工程建设的投资方和用户方，应该建立较完整的工程项目管理体系，这是项目成功的关键因素之一。

监理单位是工程项目的监督管理协调方，既要按照自己的质量控制体系从事监理活动，还要对承建单位的质量控制体系以及建设单位的工程管理体系进行监督和指导。

参考答案

（48）D

试题（49）

为了加强某信息系统工程项目质量，质量监理工程师邵工根据质量目标及质量方案设置质量控制点，他应遵循___（49）___的原则。

①选择的质量控制点应该突出重点

②选择的质量控制点应该易于纠偏

③质量控制点设置要有利于承建单位从事工程质量的控制活动

④保持其设置的灵活性和动态性

（49）A．①③④　　　B．①②③　　　C．②③④　　　D．①②④

试题（49）分析

进行控制点设置应遵守的原则：

①选择的质量控制点应该突出重点；

②选择的质量控制点应该易于纠偏；

③质量控制点设置要有利于参与工程建设的三方共同从事工程质量的控制活动；

④保持控制点设置的灵活性和动态性。

参考答案

（49）D

试题（50）

下述监理过程中进行质量控制的做法，不正确的是：___（50）___。

（50）A．信息系统隐蔽工程在实施期间线路进行了改变,监理工程师现场检查线路敷设是否合规

　　　B．信息系统工程中，承建单位新采购了一批设备，采购前向监理工程师提交设备采购方案

　　　C．信息系统工程中，承建方在综合布线系统完成后，进行计算机网络相连通电

　　　D．工程实施过程中，监理工程师收到承建单位的到货验收申请后进行相关检查，发现不合格后签发"不合格通知"

试题（50）分析

关键过程质量控制实施要点：主要项目工作各阶段（包括布线中的隐蔽作业）须按有关验收规定经现场监理人员检查、签署验收。综合布线系统完成后，未经监理工程师测试、检

查，不得与整个计算机网络系统相联通电。

参考答案

（50）C

试题（51）

某工程有 10 项工作，其相互关系如下表所示，则该项目工期为___（51）___天。

工作代号	所用时间（天）	紧前作业
A	5	
B	4	A
C	3	A
D	6	B
E	7	C、D
F	7	D
G	5	E
H	5	G
I	10	F、H
J	2	I

（51）A. 37　　　　　B. 44　　　　　C. 34　　　　　D. 54

试题（51）分析

项目双代号网络图为：

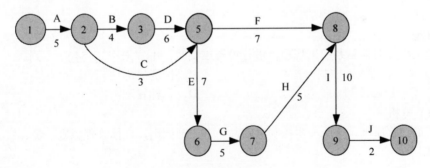

关键路径是：A-B-D-E-G-H-I-J，项目工期为 44 天。

参考答案

（51）B

试题（52）

监理工程师在实施进度控制时，会采取多种措施来进行检查，___（52）___不属于监理工程师采用的基本措施。

（52）A. 落实监理单位进度控制的人员组成和职责分工

　　　B. 确定最短项目工期，进行进度预测分析和进度统计

  C．合同期与进度协调

  D．实行进度动态比较，提供比较报告

试题（52）分析

  实施进度控制时可以采取以下措施：

  ①组织措施。落实监理单位进度控制的人员组成，具体控制任务和管理职责分工。

  ②技术措施。确定合理定额，进行进度预测分析和进度统计。

  ③合同措施。合同期与进度协调。

  ④信息管理措施。实行计算机进度动态比较，提供比较报告。

参考答案

  （52）B

试题（53）

  监理工程师在实施阶段进行进度控制，当发生阶段性工程延期，并造成总工期延迟时，可以　（53）　。

  （53）A．要求建设单位修改并批准总工期

    B．要求承建单位修改并批准总工期

    C．要求承建单位修改总工期，并经建设单位批准

    D．要求监理单位修改总工期，并由承建单位认可

试题（53）分析

  阶段性工期延期造成工程总工期延时，应要求承建单位修改总工期，修改后总工期应经过审核，并报建设单位备案。

参考答案

  （53）C

试题（54）

  监理工程师对信息系统工程项目进行投资控制时，不宜采用　（54）　原则。

  （54）A．全面成本控制   B．投资最优化

    C．静态控制   D．目标管理

试题（54）分析

  投资最优化原则，全面成本控制原则，动态控制原则，目标管理原则，责、权、利相结合的原则。

参考答案

  （54）C

试题（55）

  实施方案设计费用属于信息工程项目投资的　（55）　。

  （55）A．工程前期费 B．工程费 C．直接费   D．间接费

试题（55）分析

  下图是信息系统工程投资构成。

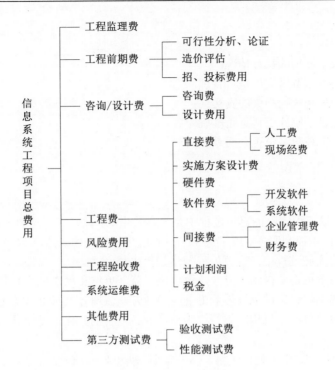

参考答案

（55）B

试题（56）

项目经理利用如下公式进行成本估算，这种估算方法是 （56） 。

$$总成本=单位面积建造成本×1.25$$

（56）A．参数建模　　　　　　　　　　B．类比估计

　　　　C．累加估计　　　　　　　　　　D．自下而上估算

试题（56）分析

参数建模是把项目的一些特征作为参数，通过建立一个数学模型预测项目成本。

参考答案

（56）A

试题（57）

审核分析工程竣工结算是监理工程师对项目成本控制工作的一项重要内容，以下 （57） 是工程竣工结算审核的内容。

①项目成本计划的执行情况　　　　②报废损失和核销损失的真实性

③各项账目、统计资料是否准确完整　　④项目竣工说明书是否全面系统

⑤项目的各项费用是否超出预算

（57）A．①②③⑤　　　B．②③④⑤　　　C．①③④⑤　　　D．①②③④

试题（57）分析

重点审核以下内容：

①审核项目成本计划的执行情况；

②审核项目的各项费用支出是否合理；

③审核报废损失和核销损失的真实性；

④审核各项账目、统计资料是否准确完整；

⑤审核项目竣工说明书是否全面系统。

参考答案

（57）D

试题（58）

变更在信息系统工程实际的建设过程中是经常发生的，做好变更控制可以更好地为质量控制、进度控制和成本控制服务。以下关于信息系统工程变更的说法，__（58）__是不正确的。

（58）A．项目实施过程中，变更处理越早，损失越小

　　　　B．任何变更都要得到三方（建设单位、监理单位和承建单位）书面确认

　　　　C．承建单位和建设单位是变更主要申请方，监理方无权提出变更请求

　　　　D．建设单位由于机构重组等原因造成业务流程的变化，可能导致变更

试题（58）分析

在项目实施过程中，变更处理越早，损失越小；变更处理越迟，难度越大，损失也越大。

任何变更都要得到三方（建设单位、监理单位和承建单位）书面的确认，并且要在接到变更通知单之后才能进行。

三方都有权提出变更，一般地说，承建单位和建设单位是变更的主要申请方，但是并不是说监理单位就不可以提出变更，监理单位也可以根据项目实施的情况提出变更。

造成信息系统变更的原因：

①项目总体设计、项目需求分析不够周密详细，有一定的错误或者遗漏；

②建设单位由于机构重组等原因造成业务流程的变化。

参考答案

（58）C

试题（59）

以下关于变更的描述，不正确的是：__（59）__。

（59）A．变更申请单位向监理工程师提出变更要求，提交书面工程变更建议书

　　　　B．工程变更建议书主要包括：变更的原因及依据、变更的内容及范围、变更引起的合同总价和工期增加或减少等

　　　　C．工程变更建议书应在预计可能变更的时间之前一周提出

　　　　D．监理机构有权根据项目实际情况，驳回变更申请

试题（59）分析

变更申请单位向监理工程师提出变更要求，提交书面工程变更建议书。工程变更建议书主要包括：变更的原因及依据、变更的内容及范围、变更引起的合同总价和工期增加或减少

等。工程变更建议书应在预计可能变更的时间之前 14 天提出。监理对变更进行初审，对于完全无必要的变更，可以驳回申请，并给出监理意见。

参考答案

（59）C

试题（60）

监理人员在进行需求变更管理时需要遵守的规则不包括：___（60）___。

（60）A．每一项变更都需要对变更申请进行评估

　　　B．每一项变更必须用变更申请单提出

　　　C．监理工程师必须与总监理工程师商议所有提出的变更

　　　D．在获得建设方和监理方的书面批准后即可执行

试题（60）分析

要控制需求变更，监理人员必须遵守以下一些规则：

● 每个项目合同必须包括一个控制系统，通过它对变更申请进行评估；

● 每一项项目变更必须用变更申请单提出；

● 变更必须获得项目各方责任人的书面批准；

● 在准备审批变更申请单前，监理工程师必须与总监理工程师商议所有提出的变更；

● 变更申请单批准以后，必须修改项目整体计划。

参考答案

（60）D

试题（61）

在 X 综合布线项目中，承建单位出现了进度、质量相关问题，监理单位立即向各方提出了意见和建议，并在必要时告知了建设单位。这体现了监理单位在合同管理中的___（61）___原则。

（61）A．事前预控　　B．实时纠偏　　C．充分协商　　D．公正处理

试题（61）分析

出现问题采取行动属于纠偏行为。充分协商是发生争议时几方协商，力求取得一致统一的结果。实时纠偏原则：监理单位在实施过程中，应及时纠正发现承建单位错误和不当的做法及一些违反信息系统工程合同约定的行为。

参考答案

（61）B

试题（62）

下述关于索赔的描述，正确的是：___（62）___。

（62）A．不可抗力事件可以引起索赔　　B．索赔是由承建单位向建设单位提出的

　　　C．索赔是惩罚性质的　　　　　　D．索赔是建设单位利益的体现

试题（62）分析

导致索赔事件的发生，可以是一定行为造成，也可能是不可抗力事件引起。索赔是双向的，建设单位和承建单位都可能提出索赔要求。索赔的性质属于经济补偿行为，而不是惩罚。索赔是合同双方利益的体现。

参考答案

（62）A

试题（63）

在《与贸易有关的知识产权协议》中，＿＿（63）＿＿不属于知识产权保护的范围。

（63）A．工业品外观设计权　　　　　　B．软件著作权

　　　　C．集成电路布图设计权　　　　　D．个人隐私保护权

试题（63）分析

《与贸易有关的知识产权协议》中作为知识产权保护的范围是：著作权及其相关权利、商标权、地理标记权、工业品外观设计权、专利权、集成电路布图设计权、对未公开信息的保护权。

参考答案

（63）D

试题（64）

监理工程师应建议建设单位遵循的人员安全管理原则不包括：＿＿（64）＿＿。

（64）A．授权最小化　　　　　　　　　B．授权分散化

　　　　C．授权均衡化　　　　　　　　　D．授权规范化

试题（64）分析

在制度建设过程中，监理工程师要建议建设单位遵循以下原则：授权最小化、授权分散化、授权规范化。

参考答案

（64）C

试题（65）

在信息系统工程建设中，应对信息系统的应用环境进行风险分析与安全管理。应用环境控制可降低业务中断的风险，应用环境监控的对象不包括＿＿（65）＿＿。

（65）A．电源　　　　B．地面　　　　C．计算机蠕虫　　　　D．空间状态

试题（65）分析

应用环境控制可降低业务中断的风险，监控的项目包括：电源、地面和空间状态。

参考答案

（65）C

试题（66）

＿＿（66）＿＿不属于工程监理总结报告的内容。

（66）A．监理工作统计　　　　　　　　B．监理月报

　　　　C．监理总评价　　　　　　　　　D．工程进度综述

试题（66）分析

监理总结报告应重点包含以下几个方面的内容：

①工程概况；

②监理工作统计；

③工程质量综述；

④工程进度综述；

⑤管理协调综述；

⑥监理总评价。

监理月报属于监理实施类文档。

参考答案

（66）B

试题（67）

工程质量监理文档是按照工程质量过程控制和测试技术进行工程质量控制的主要手段，如果监理认为存在质量缺陷，则工程质量监理文档必须包括 __(67)__ 。

（67）A．回归情况监理　　　　　　　　　B．进度监理

　　　　C．项目变更文档　　　　　　　　　D．测试方案

试题（67）分析

工程质量监理文档主要包括两部分：质量监理和回归情况监理。如果监理意见认为存在质量缺陷，则必须包括回归情况监理。

参考答案

（67）A

试题（68）

综合所有监理资料，对工程进度、工程质量、合同管理及其他事项进行统一的综合分析及总结，并且由总监理工程师组织编写的监理文件是 __(68)__ 。

（68）A．工程监理总结报告　　　　　　　B．工程监理专题报告

　　　　C．工程验收监理报告　　　　　　　D．工程结项报告

试题（68）分析

工程监理总结报告由总监理工程师组织编写，由各相关专业监理工程师参加，综合各工程月报和所有的监理资料，对工程进度、工程质量、合同管理及其他事项进行统一的综合分析，总结出整体建立结论。

参考答案

（68）A

试题（69）

在项目建设单位、承建单位、监理单位三方之间，协调的结果一定是各方形成合力、解决存在的问题、推动项目前进，这体现了沟通与协调的 __(69)__ 原则。

（69）A．携手共进　　　　　　　　　　　B．信息共享

　　　　C．要点共识　　　　　　　　　　　D．目标共同

试题（69）分析

携手共进原则指协调的结果一定是各方形成合力，解决存在的问题，推动项目前进。

参考答案

（69）A

试题（70）

在项目实施过程中，通过 ___（70）___ ，可以使相关人员及时了解项目组在每个阶段所完成的工作、与项目合同和计划相吻合（或偏离）的情况、遗留问题以及建议等。

（70）A．项目沟通计划　　　　　B．项目绩效报告
　　　C．监理实施细则　　　　　D．监理规划

试题（70）分析

项目进度及绩效报告是沟通的一项主要内容和方法。使相关人员及时了解项目组在一个个阶段所完成的工作，与项目合同和计划相吻合（或偏离）的情况，还存在什么问题以及建议等。

参考答案

（70）B

试题（71）

___（71）___ concerns a cycle of organizational activity: the acquisition of information from one or more sources, the custodianship and the distribution of that information to those who need it, and its ultimate disposition through archiving or deletion.

（71）A．Data management　　　　B．Information management
　　　C．Content management　　　D．Knowledge management

试题（71）分析

信息管理的定义。信息管理包括一系列有组织的活动：从一个或多个信息源获得信息，保管并向需要的人分发信息，最终归档或删除。

参考答案

（71）B

试题（72）

System and application access control is to prevent ___（72）___ access to systems and applications. Access to information and application system functions shall be restricted in accordance with the access control policy.

（72）A．physical　　　　　　　B．special
　　　C．authorized　　　　　　D．unauthorized

试题（72）分析

系统和应用访问控制是为了防止对系统和应用的非授权访问。信息和应用系统功能的访问应依照访问控制策略加以限制。

参考答案

（72）D

试题（73）

The project management plan defines how the project is executed, monitored and controlled, and closed. It is progressively elaborated by updates, and controlled and approved through the Perform Integrated ___（73）___ process.

（73）A．Cost Control　　　　　　B．Schedule Control

　　　C．Change Control　　　　　D．Risk Control

试题（73）分析

项目管理计划定义了项目如何执行、监控和控制，并关闭。它通过执行集成变更控制流程逐步地进行详细阐述、控制和批准。

参考答案

（73）C

试题（74）

Change control within information technology (IT) systems is a formal process used to ensure that changes to product or system are introduced in a controlled and coordinated manner.It　（74）　the possibility that unnecessary changes will be introduced to a system without forethought.

（74）A．adds　　　B．removes　　　C．produces　　　D．reduces

试题（74）分析

IT 系统中的变更控制是一个正式的过程,用来确保产品或系统以受控和协调的方式进行变更。它减少了不必要的变更被非预期地引入到系统中的可能性。

参考答案

（74）D

试题（75）

　（75）　seeks to build confidence that a future output or an unfinished output, also known as work in progress, will be completed in a manner that meets the specified requirements and expectations.

（75）A．Quality assurance　　　　B．Product assurance

　　　C．Service assurance　　　　D．Output assurance

试题（75）分析

质量保证旨在建立信心，即未来的产出或未完成的产出（也被称为正在进行的工作）将以符合规定要求和期望的方式完成。

参考答案

（75）A

第4章 2017下半年信息系统监理师下午试题分析与解答

试题一（20分）

阅读下列说明，回答问题1至问题4，将解答填入答题纸的对应栏内。

【说明】

X省通信运营商拟开发运营支撑系统应用软件，管理企业的业务流程和基础资源。建设单位通过公开招标方式选择了监理单位，以便协助建设单位做好全过程的监理工作。该项目承建单位采用瀑布模型进行软件开发。在项目开发过程中，发生如下事件：

【事件1】监理单位根据项目的实际状况，拟将进度控制、变更控制、信息管理、协调作为全部监理内容。

【事件2】为了赶进度，承建单位编写了系统开发计划、质量保证计划、配置管理计划等项目计划及《软件需求规格说明书》后，认为需求分析阶段的工作已完成，立即开始进行软件设计。

【事件3】承建单位按照规定日期提交了概要设计说明书、数据库设计说明书、详细设计说明书，监理工程师老姚认为承建单位完成了设计阶段的任务。

【问题1】（4分）

对于事件1，监理单位的监理内容还应包括哪些？

【问题2】（5分）

对于事件2，作为监理工程师，请指出承建单位工作的不足之处。

【问题3】（5分）

（1）针对事件3，监理工程师还应该从哪些方面对设计文档进行审查？

（2）请说明对概要设计说明书应重点审查的内容。

【问题4】（6分）

为了有效地实施监理工作，提高监理质量，监理单位建立了完善的质量控制体系。监理单位的质量控制体系应包括哪些内容？

试题一分析

本题重点考核企业信息化工程监理要求和关键点。

【问题1】

问答题，针对事件1，考核监理工程师的工作内容。

【问题2】

案例分析，针对事件2，考核需求阶段监理控制要点。

【事件2】为了赶进度，承建单位编写了系统开发计划、质量保证计划、配置管理计划等项目计划及《软件需求规格说明书》后，认为需求分析阶段的工作已完成，立即开始进行软件设计——考生须仔细分析事件2，核对监理工程师在需求阶段的审查要点是否全部审查到位。

此阶段监理控制要点：

完成所有阶段产品；需求阶段应该完成的成果还应该包含《配置项（初步）确认测试计划》《用户使用说明书》；

开发计划经批准后生效；

需求规格说明通过评审；

以需求规格说明为核心的配置管理分配基线。

【问题 3】

（1）细节题，针对事件 3，考核软件设计时的监理内容。

【事件 3】承建单位按照规定日期提交了概要设计说明书、数据库设计说明书、详细设计说明书，监理工程师老姚认为承建单位完成了设计阶段的任务——考生须仔细分析事件 3，核对监理工程师审查设计说明书时是否全部审查到位。

设计阶段主要审查内容：

是否符合国家标准《计算机软件产品开发文件编制指南》中关于设计说明书的编写标准，审查设计说明书是否符合已会签的软件需求说明书及需求补充说明书的有关内容，是否基本满足系统的业务需求。

（2）问答题，考核概要设计说明书重点审查的内容。

【问题 4】

问答题，考核监理单位的质量控制体系内容。

参考答案

试题一（20 分）

【问题 1】（4 分）

（1）质量控制　　（2）投资控制　　（3）合同管理　　（4）安全管理

（每个 1 分，共 4 分）

【问题 2】（5 分）

（1）软件需求分析阶段的成果不完整；（1 分）

还应包括：

（a）软件（初步）系统测试计划

（b）软件使用说明/用户手册初稿

（每条 1 分，满分 1 分）

（2）《软件需求规格说明书》没有通过评审；（1 分）

（3）项目计划编制完成后，没有批准，应批准后才能生效；（1 分）

（4）没有以软件需求规格说明为核心进行配置管理，分配基线。（1 分）

【问题 3】（5 分）

（1）监理工程师除了检查是否提交了设计文件外，还应从以下方面对设计文档进行内容审查。包括：

（a）审查设计说明书是否符合国家标准《计算机软件产品开发文件编制指南》中关于设

计说明书的编写标准；（答出编写合规得 1 分）

（b）审查设计说明书是否符合已会签的软件需求说明书、是否基本满足系统的业务需要。（答出与需求一致得 1 分）

（2）概要设计明书应审查的主要内容：

（a）总体设计（包含系统结构设计、系统流程设计）；

（b）接口设计；

（c）运行设计（环境配置）；

（d）系统数据结构设计（数据库设计）；

（e）系统出错处理设计。

（每点 1 分，满分 3 分）

【问题 4】（6 分）

（1）质量管理组织

（2）项目质量控制

（3）设计质量控制程序

（4）开发质量控制程序

（5）测试质量控制程序

（6）系统验收质量控制程序

（每条 1 分，共 6 分）

试题二（15 分）

阅读下列说明，回答问题 1 至问题 3，将解答填入答题纸的对应栏内。

【说明】

北京市 X 区政府拟建设一套综合性政务公开系统，向公众展示各部门政策发布及政务进展。该项目由系统集成公司 A 负责实施，信息系统监理公司 B 负责监理。该系统在整个建设过程中，发生如下事件：

【事件 1】实施人员在综合布线系统完成后，立即进行网络系统相连通电及调试，致使核心交换机被损坏。公司 A 项目管理人员已承担责任并及时更换了该设备，并希望现场监理不要报告业主，以维护承建单位和监理单位的信誉。监理出于多方考虑，接受了公司 A 的建议。

【事件 2】项目验收前，建设单位成立了验收委员会，任命区政府办公室主任张工担任验收委员会主任。验收过程中，将验收内容记录在了验收报告中，并由张工在验收报告上代表验收委员会进行了签字，证明验收内容属实，最后将验收报告交由 X 区区长决定是否通过验收。

【事件 3】验收委员会委托验收测试组依据合同进行验收测试过程中，业主要求临时增加一些测试内容，验收测试组拒绝了业主要求。测试合格后，验收委员会决定召开评审会，进行综合评价。

【问题 1】（5 分）

对于事件 1，针对网络系统安装调试时出现的问题，请分别指出承建方和监理方存在的问题。

【问题 2】（3 分）

对于事件 2，请指出其中的不适当之处。

【问题 3】（7 分）

（1）对于事件 3，针对业主提出的测试内容，验收测试组的做法是否正确？请说明原因。

（2）请说明验收过程的工作步骤。

试题二分析

本题重点考核验收阶段监理工作的技术要点。

【问题 1】

案例分析，针对事件 1，考核网络系统安装调试时承建方和监理方的工作内容。

【事件 1】 实施人员在综合布线系统完成后，立即进行网络系统相连通电及调试，致使核心交换机被损坏。公司 A 项目管理人员已承担责任并及时更换了该设备，并希望现场监理不要报告业主，以维护承建单位和监理单位的信誉。监理出于多方考虑，接受了公司 A 的建议——考生需仔细分析事件 1，核对综合布线完成后承建方和监理方双方各自的工作内容是否合理：

（1）立即进行网络系统相连通电及调试，致使核心交换机被损坏——直接网络系统相连通电及调试，是否合理？

（2）公司 A 项目管理人员已承担责任并及时更换了该设备并希望现场监理不要报告业主——是否合理？

（3）监理出于多方考虑，接受了公司 A 的建议——是否合理？

【问题 2】

细节题，针对事件 2，考核验收阶段的验收结论、验收报告内容。

【事件 2】 项目验收前，建设单位成立了验收委员会，任命区政府办公室主任张工担任验收委员会主任。验收过程中，将验收内容记录在了验收报告中，并由张工在验收报告上代表验收委员会进行了签字，证明验收内容属实，最后将验收报告交由 X 区区长决定是否通过验收——考生需仔细分析事件 2，核对验收阶段的验收报告、验收结论等内容。

验收报告：

在软件验收评审后，必须填写软件验收报告，详尽记录验收的各项内容、评价和验收结论，验收委员会全体成员应在验收报告上签字。

评委会根据验收准则，给出验收结论

（1）通过：同意通过验收的委员人数超过事先约定人数；

（2）不通过：同意通过验收的委员人数达不到通过的要求。

【问题 3】

（1）细节题，针对事件 3，考核验收测试内容。

【事件 3】 验收委员会委托验收测试组依据合同进行验收测试过程中，业主要求临时增加一些测试内容，验收测试组拒绝了业主要求。测试合格后，验收委员会决定召开评审会，进行综合评价——考生须仔细分析事件 3，核对验收测试是否符合要求。

验收测试的原则是符合"合同"的要求。

（2）问答题，考核验收过程的工作步骤。

参考答案

【问题 1】（5 分）

承建方问题：

（1）承建方违反操作规程，在综合布线系统完成后，未报监理方检查；

（2）承建方没经过三方同意，私自购买设备，并替换；

（3）承建方要求监理向业主隐瞒。

监理方问题：

（1）监理接受了承建方要求，向业主隐瞒；

（2）监理方没有履行职责，对该过程监理不到位。

（每条 1 分，共 5 分）

【问题 2】（3 分）

（1）验收报告中没有包括验收结论；

（2）验收委员会全体成员均应在验收报告上签字，不能由张工一人代签；

（3）决定系统是否通过验收是验收委员会的权限，X 区区长不属于验收委员会成员，不能决定验收是否通过。

（每点 1 分，共 3 分）

【问题 3】（7 分）

（1）验收测试组做法不对（1 分）

原因：不应该直接拒绝业主要求，应先判断业主要求是否在合同范围内（1 分）

（2）验收过程：

（a）提出验收申请；

（b）制订验收计划；

（c）成立验收委员会；

（d）进行验收测试和配置审计；

（e）进行验收评审；

（f）形成验收报告；

（g）移交产品。

（每点 1 分，满分 5 分）

试题三（15 分）

阅读下列说明，回答问题 1 至问题 3，将解答填入答题纸的对应栏内。

【说明】

X 大学准备建设一栋创新探索实验大楼，其中信息系统工程总投资额约 2000 万元，主要包括网络平台建设和机房建设。该项目涉及计算机设备、网络设备、通信设备的采购和集成。

【事件 1】建设单位拟通过公开招标方式选取网络平台建设的承建单位，建设单位在编写招标文件时列出了网络基础平台搭建应采购的设备及系统，包括：传输设备、布线系统、网络服务器和网络操作系统、数据存储系统。项目要求在网络服务器群的后端采用光纤通道连接成高速网络,实现网络服务器与存储设备之间的多对多连接。

【事件2】在系统设计阶段,监理工程师与建设单位共同对承建方提交的设计方案及项目实施计划进行审核和确认。建设单位在选择服务器的操作系统时,要求具有受控访问环境(用户权限级别),能够审计特性,跟踪所有的"安全事件",在电源故障或其他紧急情况可提供自保护和自恢复。

【问题1】(4分)

对于事件1,请从候选答案中选择一个正确选项,将该选项编号填入答题纸对应栏内。

(1)从投资控制的角度,为了最大限度地保护业主的投资,监理工程师把关主要设备的价格时,应力求:

候选答案:A. 与当时最新的市场行情相符　　　B. 与市场平均价格相符

　　　　　　C. 不高于当地最高价格　　　　　　D. 与建设单位预算相符

(2)根据建设单位对信息存储的要求,该实验大楼应采用网络存储技术。

候选答案:A. SAN　　　　　B. NAS　　　　C. SSD　　　　D. SCSI

【问题2】(5分)

请将下面(1)~(5)处的答案填写在答题纸的对应栏内。

事件1中,监理工程师审核标书中的采购清单时,发现网络基础平台的设备清单中尚欠缺的两种设备是:__(1)__、__(2)__。

信息网络系统建设过程中常用的监理控制方法包括评估、网络仿真、__(3)__、__(4)__和__(5)__。

【问题3】(6分)

对于事件2,请从候选答案中选择一个正确选项,将该选项编号填入答题纸对应栏内。

(1)项目实施计划的内容至少包括项目实施进度计划、_____、人力资源的协调和分配。

候选答案:A. 项目验收标准　　　　　　　　B. 质量保证目标

　　　　　　C. 风险登记册　　　　　　　　　D. 物力资源的协调和分配

(2)审核系统设计方案时,监理单位应建议建设单位的操作系统至少达到_____级别的安全标准。

候选答案:A. A　　　　B. B1　　　　C. C2　　　　D. D

(3)在企业内部网与外部网之间,用来检查网络请求分组是否合法,保护网络资源不被非法使用的技术是_____。

候选答案:A. 差错控制技术　　　　　　　　B. 流量控制技术

　　　　　　C. 防火墙技术　　　　　　　　　D. 防病毒技术

试题三分析

【问题1】

细节题,针对事件1,考核招标阶段的监理内容。

【事件1】建设单位拟通过公开招标方式选取网络平台建设的承建单位,建设单位在编写招标文件时列出了网络基础平台搭建应采购的设备及系统,包括:传输设备、布线系统、网络服务器和网络操作系统、数据存储系统。项目要求在网络服务器群的后端采用光纤通道连接成高速网络，实现网络服务器与存储设备之间的多对多连接——考生须仔细分析事件1，核对招标阶段的监理内容和SAN和NAS的特点。

（1）在系统招标阶段，监理应重视如下内容：

①总体技术方案的适用性。

②主要设备价格应与当时最新的市场行情相符。

（2）存储技术SAN和NAS的特点对比。

【问题2】

细节题，针对事件1，考核网络基础平台的构成和信息网络系统建设过程中常用的监理控制方法。

【事件1】建设单位拟通过公开招标方式选取网络平台建设的承建单位，建设单位在编写招标文件时列出了网络基础平台搭建应采购的设备及系统，包括：传输设备、布线系统、网络服务器和网络操作系统、数据存储系统。项目要求在网络服务器群的后端采用光纤通道连接成高速网络，实现网络服务器与存储设备之间的多对多连接——考生须仔细分析事件1，明确网络基础平台的内容和信息网络系统建设过程中常用的监理控制方法。

网络基础平台的组成：由传输设备、交换设备、网络接入设备、布线系统、网络服务器和操作系统、数据存储和系统组成。

信息网络系统建设过程中常用的监理控制方法包括评估、网络仿真、现场旁站、抽查测试和网络性能测试。

【问题3】

细节题，针对事件2，考核系统设计阶段的监理内容。

【事件2】在系统设计阶段，监理工程师与建设单位共同对承建方提交的设计方案及项目实施计划进行审核和确认。建设单位在选择服务器的操作系统时，要求具有受控访问环境（用户权限级别），能够审计特性，跟踪所有的"安全事件"，在电源故障或其他紧急情况可提供自保护和自恢复——考生须仔细分析事件2，明确项目实施计划的内容、审核设计方案时的监理要点和网络安全内容：

（1）项目实施计划的内容至少包括：项目实施进度计划、人力资源的协调与分配、物力资源的协调与分配。

（2）审核系统设计方案时，监理单位应建议建设单位的操作系统至少达到C2级的安全标准。

（3）在企业内部网与外部网之间，用来检查网络请求分组是否合法，保护网络资源不被非法使用的技术是防火墙技术。

参考答案

【问题1】（4分）

（1）A　　（2）A

（每个2分，共4分）

【问题 2】(5 分)

(1) 交换设备　　　　(2) 网络接入设备

(3) 现场旁站 (或旁站)　　(4) 抽查测试 (或抽查)

(5) 网络性能测试 (测试)

(每空 1 分，共 5 分，(1) ～ (2) 无顺序要求，(3) ～ (5) 无顺序要求)

【问题 3】(6 分)

(1) D　　(2) C　　(3) C

(每个 2 分，共 6 分)

试题四 (15 分)

阅读下列说明，回答问题 1 至问题 3，将解答填入答题纸的对应栏内。

【说明】

某电信项目建设单位甲通过公开招标选择单位乙为承建单位，承担某大型信息网络系统工程的实施任务，并委托监理单位丙对项目实施全过程监理。该工程涉及机房建设、系统集成和应用软件开发等内容。在建设过程中，发生了如下事件：

【事件 1】单位丙制订了监理规划。在监理规划中写明，单位丙的工作任务之一是做好与建设单位、承建单位的协调工作，建立项目监理汇报制度，定期或不定期向甲单位提供监理报告。

【事件 2】为了检验程序的正确性，监理工程师对单位乙的测试方案、测试用例及测试数据等内容进行了重点监控。

【事件 3】单位丙监督单位乙严格按照工程设计阶段所制订的进度计划、质量保证计划等进行开发工作。由于工期紧张，开发完成后，单位丙进行了集成和确认测试。

【问题 1】(5 分)

针对事件 1，请说明单位丙向单位甲提供的监理报告的种类有哪些。

【问题 2】(7 分)

(1) 针对事件 2，请说明软件测试监理的方法有哪些。

(2) 针对事件 2，监理方在软件测试监理过程中主要审核哪些内容？

【问题 3】(3 分)

针对事件 3，监理单位的做法是否正确？为什么？

试题四分析

本题重点考核信息系统实施阶段的监理内容。

【问题 1】

问答题，针对事件 1，考核监理报告的种类。

【问题 2】

问答题，针对事件 2，考核软件测试监理的方法和审查内容。

【问题 3】

细节题，针对事件 3，考核实施阶段监理内容。

【事件 3】单位丙监督单位乙严格按照工程设计阶段所制订的进度计划、质量保证计划等进行开发工作。由于工期紧张，开发完成后，单位丙进行了集成和确认测试。——考生须仔细分析事件 3，核对软件测试阶段监理的工作是否符合要求。

监理单位在软件测试阶段主要检查承建单位是否按照设计中制订的规范与计划进行测试，切忌由监理单位进行单元、集成或确认测试而取代开发方的内部测试。

参考答案

【问题 1】（5 分）

（1）定期的监理周报、月报；

（2）不定期监理工作报告；

（3）监理通知和回复；

（4）日常的监理文件；

（5）监理作业文件。

（每点 1 分，共 5 分）

【问题 2】（7 分）

（1）软件测试监理的方法有：

（a）定期审查软件测试的工程活动和工作进度；

（b）根据实际需要对软件测试工程活动进行跟踪、审查和评估；

（c）对软件测试工程活动和产品进行评审和审核，并报告结果。

（3 分，每条 1 分）

（2）审核内容：

（a）软件测试工程任务的准备就绪和完成准则得到满足；

（b）软件测试符合规定的标准和需求；

（c）已完成所需的测试；

（d）检测出的问题和缺陷已建立文档，并被跟踪和处理；

（e）通过软件测试，软件产品符合软件需求的要求；

（f）在软件产品提交前，依据软件基线验证了用来管理和维护软件的文档。

（每点 1 分，满分 4 分）

【问题 3】（3 分）

监理单位的做法不正确（1 分）

原因：

（1）监理单位主要检查承建单位是否按照规范和计划进行测试；（1 分）

（2）监理单位不能代替开发方进行内部测试。（1 分）

试题五（10 分）

阅读下列说明，回答问题 1 至问题 2，将解答填入答题纸的对应栏内。

【说明】

某单位甲进行企业信息化工程建设，主要包括网络基础平台的建设、综合布线系统的建设、网络安全平台的建设等工作，甲以邀请招标的方式委托了监理公司单位丙承担该工程项目的监理工作。施工前，丙与甲及承建单位乙一起制订了《工程计划书》，详细规定了各阶段完成的主要工作。在建设过程中，为了保证工期按期完成，乙在网络设备加电测试完成后，制定了网络的模拟建网测试方案，甲要求丙对测试方案严格审查，找出错误的地方。

【问题 1】（5 分）

针对以上案例，请说明监理工程师需要检查模拟测试方案的哪些关键内容。

【问题 2】（5 分）

作为监理工程师，请判断以下有关网络测试的描述是否正确（填写在答题纸的对应栏内，正确的选项填写"√"，不正确的选项填写"×"）：

（1）加电测试包括：设备自检、缺省配置下的软件运行状况监测。　　　　（　　）

（2）模拟测试是先安装设备，然后分散配置。　　　　　　　　　　　　（　　）

（3）监理方不仅对测试过程进行监控，而且亲自实施测试。　　　　　　（　　）

（4）建设方对回归测试的过程、结果进行确认，并决定测试是否完成。　（　　）

（5）监理方重点评审承建方提交的系统联调方案、系统测试方案，组织完成设备安装、系统初验。　　　　　　　　　　　　　　　　　　　　　　　　　　　　（　　）

试题五分析

本题重点考核信息系统工程网络测试内容。

【问题 1】

问答题，考核模拟测试方案的内容。

【问题 2】

细节题，考核实施阶段监理内容。

加电测试包括：设备自检、缺省配置下的软件运行状况检测。

模拟测试环境中，根据已确定参数集中配置网络设备，而不是先安装设备，然后分散配置。

监理方与业主方和承建单位共同实施测试，监理工程师对测试过程进行监控。

监理方对回归测试的过程、结果进行确认，并决定测试是否完成。

监理方将重点评审承建方提交的系统联调方案、系统测试方案、组织完成设备安装、系统初验。

参考答案

【问题 1】（5 分）

（1）主干交换机之间的连接可靠性、冗余性；

（2）各配线间交换机与主干交换机的连通性；

（3）各楼宇 PC 与中心服务器之间的连通性；

（4）系统软件的更新能力及系统配置信息的存储和回载；

（5）系统软件、支撑软件和应用软件的测试。

（每条 1 分，共 5 分）

【问题 2】（5 分）

（1）√　　（2）×　　（3）×　　（4）×　　（5）√

（每个 1 分，共 5 分）

第5章 2018上半年信息系统监理师上午试题分析与解答

试题（1）

信息系统工程是指信息系统的新建、升级、改造工程。其中，__（1）__是用于信息处理、传输、交换和分发的信息化基础设施。

（1）A．信息资源系统　　　　　　　　B．信息网络系统
　　　C．信息应用系统　　　　　　　　D．信息整合系统

试题（1）分析

参考《信息系统监理师教程》1.2.1节[①]。

信息网络系统是以信息技术为主要手段进行信息处理、传输、交换和分发的计算机网络系统。信息资源系统是以信息技术为主要手段建立的信息资源采集、存储、处理的资源系统。信息应用系统是指以信息技术为主要手段建立的各类业务管理的应用系统。

参考答案

（1）B

试题（2）

在信息系统生命周期中，__（2）__阶段的任务是确定信息系统必须完成的总目标，确定项目的可行性、导出实现项目目标应该采取的策略及系统必须完成的功能。

（2）A．系统分析　　B．系统设计　　C．系统实施　　D．系统维护

试题（2）分析

主要区分系统分析与系统设计的区别。系统分析时期的任务包括确定信息系统必须完成的总目标，确定工程的可行性，导出实现工程目标应该采取的策略及系统必须完成的功能。系统设计的主要目的就是为下一阶段的系统实施制定蓝图，包括总体设计（提供信息系统的概括的解决方案）和详细设计（把系统总体设计的结果具体化）。

参考答案

（2）A

试题（3）

根据 GB/T 28827.1—2012《信息技术服务运行维护第1部分：通用要求》给出的运行维护服务能力模型，运行维护服务能力的四个关键要素不包括__（3）__。

（3）A．过程　　　　　B．资源　　　　　C．技术　　　　　D．环境

试题（3）分析

出自 GB/T 28827.1—2012《信息技术服务运行维护第1部分：通用要求》运行维护服务能力的四个关键要素包括：人员、资源、技术和过程。

[①] 本章所提的《信息系统监理师教程》，全国计算机技术与软件专业技术资格（水平）考试指定用书，清华大学出版社出版。

参考答案

（3）D

试题（4）

　　　（4）　不属于人工智能的应用。

（4）A. 人工控制　　　　B. 机器视觉　　　　C. 人脸识别　　　　D. 无人驾驶

试题（4）分析

人工控制是由人来掌握对象不使其任意活动或超出范围，或使其按控制者的意愿活动。

参考答案

（4）A

试题（5）

关于物联网的描述，不正确的是：　（5）　。

（5）A. 物联网架构中网络层负责物物之间信息传输

　　　B. 物联网利用射频自动识别（RFID）等技术，进行信息交换与通信

　　　C. 物联网是架构在现有互联网或下一代公网或专网基础上的联网应用

　　　D. 智慧物流、智能家居、智能交通等属于物联网的应用

试题（5）分析

物联网从架构上面可以分为感知层、网络层和应用层。

感知层：负责信息采集和物物之间的信息传输。信息采集的技术包括传感器、条码和二维码、RFID 射频技术、音视频等多媒体信息。

物联网不是一种物理上独立存在的完整网络，而是架构在现有互联网或下一代公网或专网基础上的联网应用和通信能力。

当前物联网的应用有：智能微尘、智能电网、智慧物流、智能家居、智慧农业等。

参考答案

（5）A

试题（6）

　　　（6）　是继 IP 技术之后的广域网传输技术，利用数据标签引导数据包在开放的通信网络上进行高速、高效传输，在一个无连接的网络中引入连接模式，减少了网络复杂性。

（6）A. FTP　　　　B. MPLS　　　　C. TCP/IP　　　　D. ATM

试题（6）分析

参考《信息系统监理师教程》14.1.2 节。

MPLS 满足题目要求。帧中继是较古老的分组交换技术的改进，ATM 是信元交换技术，TCP/IP 采用非面向连接的服务方式。

参考答案

（6）B

试题（7）

局域网中，　（7）　具有良好的扩展性和较高的信息转发速度，能适应不断增长的网络应用需要。

（7）A．令牌环网　　　　　　　　　　　B．共享式以太网

　　　　C．交换式局域网　　　　　　　　D．光纤分布式数据接口网（FDDI）

试题（7）分析

参考《信息系统监理师教程》14.1.2 节。

局域网可以分为共享式局域网和交换式局域网。共享式局域网通常是共享高速传输介质，如以太网、令牌环网、光纤分布式数据网。随着计算机网络技术的高速发展，人们对信息量的需求越来越大，共享式局域网已经不能满足信息传输与交换的要求。交换式网络具有良好的扩展性和很高的信息转发速度，能够适应不断增长的网络应用的需要。

参考答案

（7）C

试题（8）

　　（8）　不属于综合布线设备。

（8）A．新风系统　　　B．信息插座　　　C．电气保护设备　　　D．适配器

试题（8）分析

参考《信息系统监理师教程》14.1.2 节。

综合布线设备包括配线架、电缆、信息插座、适配器、线槽、调解设备、电器保护设备和测试设备。

参考答案

（8）A

试题（9）

网络基础平台是信息系统的载体，是整个信息化体系中最底层的系统，在选择核心路由器时，以下描述不正确的是：　（9）　。

（9）A．有足够的可扩展的槽位和端口　　　B．关键部位不支持热插拔

　　　　C．支持大容量组播线速转发　　　　D．首选多协议路由器平台

试题（9）分析

参考《信息系统监理师教程》16.2.2 节。

核心路由器必须是高端多协议路由器平台，应支持 RIP、OSPF、BGP、IS-IS 等多种路由方式。可扩展的槽位和端口应足够，以保护用户的投资。应支持关键部位的冗余设置和热插拔。

参考答案

（9）B

试题（10）

关于汇聚层交换机的描述，不正确的是：　（10）　。

（10）A．体系结构应采用集中式处理结构，加大处理能力

　　　　B．体系结构应采用高密度、二/三层全线速接口

　　　　C．出于可靠性设计考虑，电源系统应采用 n+1 冗余热备份

　　　　D．管理系统方面支持 RMON、基于 Web 的管理

试题（10）分析

参考《信息系统监理师教程》16.2.2 节。

汇聚层设备的体系结构应采用分布式处理结构，采用模块化设计。

参考答案

（10）A

试题（11）

　　（11）　不属于网络基础平台的组成部分。

（11）A．布线系统　　　　　　　　　　B．网络操作系统

　　　　C．网络接入　　　　　　　　　　D．远程计算与事务处理

试题（11）分析

参考《信息系统监理师教程》14.1.2 节和 14.1.3 节。

网络基础平台包括：传输、交换、网络接入、网络互连、网络测试、布线系统、网络服务器、网络操作系统。远程计算与事务处理属于网络服务平台的内容。

参考答案

（11）D

试题（12）

云服务中的公共云使得多个客户可共享一个服务提供商的系统资源，他们无须架设任何设备及配备管理人员，便可享有专业的 IT 服务。我们平常使用的网上相册，属于公共云中的　（12）　类别。

（12）A．SaaS　　　　　B．PaaS　　　　　C．IaaS　　　　　D．DaaS

试题（12）分析

考查公共云三大类别的基础概念：SaaS（软件即服务）、PaaS（平台即服务）、IaaS（基础设施即服务）。网上相册属于 SaaS。

参考答案

（12）A

试题（13）

信息系统安全保障体系应当涉及信息系统的各个组成部分。　（13）　实施需要用到市场上常见的网络安全产品，包括 VPN、防火墙等。

（13）A．设施安全　　　B．平台安全　　　C．运行安全　　　D．管理安全

试题（13）分析

参考《信息系统监理师教程》14.1.4 节。

平台安全实施需要用到市场上常见的网络安全产品，主要包括 VPN、物理隔离系统、防火墙、入侵检测和漏洞扫描系统等。

参考答案

（13）B

试题（14）

为确保局域网网络传输安全可靠，综合布线工作完成后应进行布线系统测试，其

中，　(14)　不属于非屏蔽双绞线（电缆）测试内容。

（14）A. 收发功率测试　　　B. 回波损耗　　　C. 链路长度　　　D. 近端串扰

试题（14）分析

参考《信息系统监理师教程》17.6.1 节。

UTP——非屏蔽双绞线（电缆）测试项目包括：接线图、链路长度、衰减、近端串扰 NEXT 损耗、连线长度、衰减量、近端串扰、SRL、远端串扰、回波损耗、特性阻抗、衰减串扰比。收发功率测试是光缆测试内容。

参考答案

（14）A

试题（15）

为应对灾难，X 金融信息云服务提供商的数据存储系统将数据在异地站点保存，与公司的日常办公地点相隔离。这个异地恢复站点可以将服务器、数据、应用程序与主服务器同步运行，这样的恢复站点称为　(15)　。

（15）A. 冷站　　　　B. 温站　　　　C. 热站　　　　D. 基站

试题（15）分析

参考《信息系统监理师教程》14.1.2 节。

热站：服务器、数据、应用程序与主服务器随时同步运行。冷站：只有用于信息处理的基础物理环境（如电线、空调、地板等），灾难发生时，所有设备必须运送到站点上，从基础开始安装。温站：用于信息处理的网络连接和一些外围设备进行部分配置。基站：与移动电话终端之间进行信息传递的无线电收发信电台。

参考答案

（15）C

试题（16）

机房是计算机网络系统的中枢，机房建设直接影响整个系统的安全稳定运行。主机房内的空气含尘浓度，在表态条件下测试，每升空气中大于或等于 0.5μm 的尘粒数，应少于　(16)　粒。

（16）A. 18000　　　　B. 24000　　　　C. 30000　　　　D. 32000

试题（16）分析

参考《信息系统监理师教程》16.5.1 节。

主机房内的空气含尘浓度，在表态条件下测试，每升空气中大于或等于 0.5μm 的尘粒数，应少于 18000 粒。

参考答案

（16）A

试题（17）

X 通信运营商为新城建设勘探暗敷管路现场条件时，发现一处露天场地具有腐蚀性，需绝缘隔离，该处周边无电磁干扰。管路设计时，该地段管材应选用　(17)　。

（17）A. 混凝土管（水泥管）　　　　　　　　B. 硬聚乙烯塑料管（PVC 管）

        C．厚壁钢管　　　　　　　　　　　D．普通碳素钢电线套管

试题（17）分析

参考《信息系统监理师教程》16.5.2.3 节。

暗敷管路的管材选用时，硬聚乙烯塑料管（PVC 管）在有腐蚀或需绝缘隔离的地段使用较好，不宜在有压力和电磁干扰较大的地方使用。

参考答案

（17）B

试题（18）

X 广播电视中心新建智能转播室，隐蔽工程中机房暗管外径为 60mm，其转弯处的曲率半径不应小于该管外径的___（18）___。

（18）A．4 倍　　　　　　B．6 倍　　　　　　C．8 倍　　　　　　D．10 倍

试题（18）分析

参考《信息系统监理师教程》17.5.2 节。

暗管转变的曲率半径不应小于该管外径的 6 倍，如暗管外径大于 50mm 时，不应小于 10 倍。

参考答案

（18）D

试题（19）

访问限制是重要的网络安全防范措施。___（19）___不属于访问限制的方法。

（19）A．入侵检测　　　　B．密码　　　　　　C．用户口令　　　　D．访问权限设置

试题（19）分析

参考《信息系统监理师教程》14.1.4 节。

访问限制的主要方法有用户口令、密码和访问权限设置。

参考答案

（19）A

试题（20）

在网络安全系统中，___（20）___不属于入侵检测系统的功能。

（20）A．支持攻击特征信息的集中式发布

      B．支持攻击取证信息的分布式上载

      C．使用安全分析软件对整个内部系统进行安全扫描

      D．提供对监视引擎和检测特征的定期更新服务

试题（20）分析

参考《信息系统监理师教程》16.4.2 节。

ABD 是入侵监测系统的功能；C 是漏洞扫描系统的功能。

参考答案

（20）C

试题（21）

　　　（21）　不属于专业监理工程师的职责。

（21）A．负责编制监理规划中本专业部分以及本专业监理实施方案

　　　　B．负责本专业的测试审核、单元工程验收

　　　　C．负责管理监理项目部的日常工作，并定期向监理单位报告

　　　　D．负责本专业工程量的核定，审核工程量的数据和原始凭证

试题（21）分析

　　参考《信息系统监理师教程》5.1.2 节。

　　专业监理工程师的职责：

　　①负责编制监理规划中本专业部分以及本专业监理实施方案；

　　②按专业分工并配合其他专业对工程进行抽检、监理测试或确认见证数据，负责本专业的测试审核、单元工程验收，对本专业的子系统工程验收提出验收意见；

　　③负责本专业工程量的核定，审核工程量的数据和原始凭证；

　　……

　　C 为总监理工程师的职责。

参考答案

　　（21）C

试题（22）

　　云服务器提供一种简单高效、安全可靠、处理能力可弹性伸缩的计算服务。　　（22）　不属于云服务器关键技术。

（22）A．虚拟化技术　　　　　　　B．模块化数据中心

　　　　C．分布式存储　　　　　　　D．资源调度

试题（22）分析

　　参考《云上运维及应用实践教材——基础篇》（高等教育出版社）P21。

　　云服务器关键技术有三个：虚拟化技术、分布式存储、资源调度。

参考答案

　　（22）B

试题（23）

　　关于软件项目需求分析的描述，不正确的是：　　（23）　。

（23）A．需求分析阶段研究的对象是软件项目的用户要求

　　　　B．需求分析的目标是深入描述软件的功能和性能

　　　　C．只有确切描述的软件需求才能成为软件设计的基础

　　　　D．需求分析阶段成果包括确认测试计划、集成测试计划等

试题（23）分析

　　参考《信息系统监理师教程》22.1 节。

　　需求分析阶段研究的对象是软件项目的用户要求。需求分析的目标是深入描述软件的功能和性能。只有经过确切描述的软件需求才能成为软件设计的基础。需求分析阶段成果有：

项目开发计划、软件需求说明书、软件质量保证计划、软件配置管理计划、软件（初步）确认测试计划、用户使用说明书初稿。集成测试计划为软件设计阶段成果。

参考答案

（23）D

试题（24）

软件评审分为内部评审和外部评审。在成立评审委员会进行外部评审时，其中评审委员会成员不包括　__（24）__。

（24）A．质量管理人员　　　　　　　　B．软件技术专家

　　　 C．业主单位代表　　　　　　　　D．配置管理人员

试题（24）分析

参考《信息系统监理师教程》19.5.4 节。

评审委员会成员一般包括：软件专家组成员、质量管理人员、科研计划管理人员、开发组成员、业主单位代表。

参考答案

（24）D

试题（25）

在软件生命周期内所产生的各种管理文档和技术文档源代码列表和可执行代码以及运行所需的各种数据均需要纳入配置管理库进行管理，配置管理库中不包含　__（25）__。

（25）A．开发库　　　　 B．受控库　　　　 C．知识库　　　　 D．产品库

试题（25）分析

参考《信息系统监理师教程》19.3.2 节。

配置管理库包括开发库、受控库、产品库。

参考答案

（25）C

试题（26）

根据软件项目的规模等级和安全性关键等级，软件测试可由不同机构组织实施，由承建单位组织进行的测试不包括　__（26）__。

（26）A．单元测试　　　 B．集成测试　　　 C．确认测试　　　 D．验收测试

试题（26）分析

参考《信息系统监理师教程》19.4.4 节。

系统测试应由业主单位组织、成立联合测试组（一般由专家组、业主单位、软件评测单位、承建单位联合组成测试组）实施测试。

参考答案

（26）D

试题（27）

软件测试方法可分为白盒测试法和黑盒测试法。黑盒测试法可以发现的软件问题不包含　__（27）__。

　（27）A．代码冗余　　　　　　　　　B．系统功能错误
　　　　C．界面错误　　　　　　　　　D．浏览器兼容性问题

试题（27）分析

参考《信息系统监理师教程》19.4.3 节。

黑盒测试是一种从软件需求出发，根据软件需求规格说明设计测试用例，并按照测试用的要求运行被测程序的测试方法。它较少关心程序内部的实现过程，侧重于程序的执行结果。黑盒测试着重验证软件功能和性能的正确性。而白盒测试需要运行程序，并能在运行过程中跟踪程序的执行路径。

参考答案

（27）A

试题（28）

软件维护一般分为纠错性维护、适应性维护和完善性维护。　（28）　不属于适应性维护。

（28）A．为提高性能而做的修改　　　B．硬件配置的变化
　　　　C．数据格式或文件结构的改变　D．软件支持环境的改变

试题（28）分析

参考《信息系统监理师教程》19.6.1 节。

适应性维护包括：

1）影响系统的规则或规律的变化；

2）硬件配置的变化；

3）数据格式或文件结构的改变；

4）软件支持环境的改变。

A 为完善性维护的内容。

参考答案

（28）A

试题（29）

　（29）　不属于面向对象软件开发方法的特点。

（29）A．自底向上的归纳　　　　　　B．线性模式
　　　　C．自顶向下的分解　　　　　　D．以对象模型为基础

试题（29）分析

参考《信息系统监理师教程》19.9.2 节。

面向对象的软件开发方法的特点：

1）自底向上的归纳；

2）自顶向下的分解；

3）基础是对象模型。

参考答案

（29）B

试题（30）

在 UML 视图中描述系统的物理网络布局的是　　（30）　　。

（30）A．用例视图　　　　　　　　　　　B．逻辑视图
　　　 C．实现视图　　　　　　　　　　　D．部署视图

试题（30）分析

参考《信息系统监理师教程》19.9.11 节。

UML 视图：用例视图、逻辑视图、实现视图、过程视图、部署视图。其中描述系统的物理网络布局为部署视图，又叫物理视图。

参考答案

（30）D

试题（31）

为全面加强国家电子政务工程建设项目管理，保证工程建设质量，提高投资效益。国家发改委于 2007 年制定并施行《国家电子政务工程建设项目管理暂行办法》，即中华人民共和国国家发展和改革委员会第　　（31）　　号令。

（31）A．50　　　　　　B．55　　　　　　C．60　　　　　　D．65

试题（31）分析

中华人民共和国国家发展和改革委员会第 55 号令《国家电子政务工程建设项目管理暂行办法（2007 年）》。

参考答案

（31）B

试题（32）

　　（32）　　不属于立项阶段的主要工作内容。

（32）A．立项申请　　　　　　　　　　　B．立项审批
　　　 C．招投标及合同签订　　　　　　　D．资源规划

试题（32）分析

参考《信息系统监理师教程》2.2.1 节。

立项阶段的主要工作：1）立项准备；2）立项申请；3）立项审批；4）招投标及合同签订。资源规划属于立项后的工作。

参考答案

（32）D

试题（33）

项目管理是信息系统项目建设单位、承建单位、监理单位的共同基础，以下描述不正确的是：　　（33）　　。

（33）A．项目监理单位为保证信息系统工程项目按合同顺利实施而设立
　　　 B．工程监理本身也是项目，它伴随信息系统工程项目的存在而存在
　　　 C．"四控、三管、一协调"是监理单位重点涉及的项目管理要素
　　　 D．监理单位负责立项后的项目监理，不介入到项目的招投标工作中

试题（33）分析

参考《信息系统监理师教程》2.3.2 节。

项目监理单位与项目管理相关内容。项目监理单位是为保证信息系统工程项目按合同顺利实施而存在和开展活动的。工程监理本身也是项目，它是伴随信息系统工程项目这一主项目的存在而存在的。"四控、三管、一协调"为监理单位在信息系统工程主项目中重点涉及的项目管理要素。如果建设单位与监理单位更早地合作，监理单位也可能与立项有关。这时监理单位很可能是以咨询单位的身份介入信息系统工程项目的招投标等立项活动。

参考答案

（33）D

试题（34）

关于监理工作程序，按照工作顺序划分，不正确的是：　　(34)　　。

（34）A．选定监理单位，签订监理合同，组建监理项目组，实施监理业务

　　　　B．签订监理合同，组建监理项目组，编制监理计划，实施监理业务

　　　　C．选择监理单位，三方会议，签订监理合同，组建监理项目组

　　　　D．组建监理项目组，实施监理业务，参与工程验收，提交监理文档

试题（34）分析

参考《信息系统监理师教程》1.2.3 节。

监理工作程序：1）选择监理单位；2）签订监理合同；3）三方会议；4）组建监理项目组；5）编制监理计划；6）实施监理业务；7）参与工程验收；8）提交监理文档。

参考答案

（34）C

试题（35）

关于信息系统工程的描述，不正确的是：　　(35)　　。

（35）A．信息系统工程项目属于技术密集型项目

　　　　B．信息系统工程项目可视性差，而且在度量和检查方面难度较高

　　　　C．信息系统工程在实施过程中不断面对用户需求变更

　　　　D．信息系统工程的设计与实施必须分离，由不同的系统集成商承担

试题（35）分析

参考《信息系统监理师教程》1.4.1 节。

建筑工程和信息系统工程的区别：

①技术浓度：前者是劳动密集，后者是技术密集；

②可视性：前者可视性、可检查性强，后者可视性差，度量和检查难度高；

③设计独立性：前者设计由设计单位承担，施工由施工单位按照设计图纸施工。后者设计与实施通常由一个系统集成商（承建单位）承担；

④前者一旦施工开始，设计图纸变更较小。后者常常不断面对用户变更问题。

参考答案

（35）D

试题（36）

建设单位选定监理单位后，应当与其签订监理合同，监理合同内容主要包括___（36）___。

①监理业务内容

②建设单位的权利和义务

③承建单位的违约责任

④监理费用的计取和支付方式

⑤监理单位的违约责任

⑥承建单位的义务

（36）A．①②③④　　　B．①③④⑥　　　C．①②④⑤　　　D．②③④⑥

试题（36）分析

参考《信息系统监理师教程》1.2.3 节。

监理合同与承建单位无关。一旦选定监理单位，建设单位与监理单位应签订监理合同，合同内容主要包括：

1）监理业务内容；

2）双方的权利和义务；

3）监理费用的计取和支付方式；

4）违约责任及争议的解决方法；

5）双方约定的其他事项。

参考答案

（36）C

试题（37）

监理体系建设的内容不包括___（37）___。

（37）A．业务体系　　　　　　　　B．质量保证体系

　　　 C．技术体系　　　　　　　　D．管理体系

试题（37）分析

参考《信息系统监理师教程》4.1 节。

监理体系建设包括：业务体系建设、质量体系建设和管理体系建设。

参考答案

（37）C

试题（38）

监理工作的风险类别中不包含___（38）___风险。

（38）A．技术资源　　 B．工作技能　　 C．管理　　 D．进度

试题（38）分析

参考《信息系统监理师教程》4.2.1 节。

监理工作的风险类别包括行为责任风险、工作技能风险、技术资源风险、管理风险。

参考答案

（38）D

试题（39）

　　___（39）___ 起着承接监理任务的作用。

　　（39）A．监理规划　　　　　　　　　B．监理大纲
　　　　　 C．监理实施细则　　　　　　　 D．经营方针

试题（39）分析

　　参考《信息系统监理师教程》5.2 节。

　　监理大纲的作用是为监理单位的经营目标服务，起着承接监理任务的作用。

参考答案

　　（39）B

试题（40）

　　监理实施细则的编制需要做到"可行、有效、细致、全面"，真正起到指导监理工程师实际工作的作用。以下关于监理实施细则的描述，不正确的是：___（40）___。

　　（40）A．监理实施细则是由专业监理工程师进行编写，由总监理工程师审核
　　　　　 B．监理实施细则用于承接监理任务，帮助建设单位审查监理单位的能力
　　　　　 C．制定监理实施细则中的监理流程时，需考虑工程实际情况、切实可行
　　　　　 D．监理实施细则包括工程专业特点、监理流程、监理控制要点及目标等

试题（40）分析

　　参考《信息系统监理师教程》5.2 节和 5.4.3 节。

　　监理实施细则的内容中写道：监理实施细则是由专业监理工程师进行编写，由总监理工程师审核。无论哪种专业，都要包含四个方面的内容：工程专业特点、监理流程、监理的控制要点及目标、监理单位法及措施。监理大纲的目标是为建立单位的经营目标服务，起着承接监理任务的作用，用于建设单位审查监理单位的能力。

参考答案

　　（40）B

试题（41）

　　属于监理规划主要内容的是：___（41）___。

　　①工程项目概况　　　　　　　　　②监理的范围、内容与目标
　　③监理流程　　　　　　　　　　　④监理依据、程序、措施及制度
　　⑤监理控制要点

　　（41）A．①②③　　　　 B．②④⑤　　　　 C．①③⑤　　　　 D．①②④

试题（41）分析

　　参考《信息系统监理师教程》5.3.3 节。

　　监理规划的内容包括工程项目概况；监理的范围、内容与目标；监理项目部的组织结构与人员配备；监理依据、程序、措施及制度；监理工具和设施。③和⑤是监理实施细则的内容。监理实施细则的主要内容包括工程专业的特点、监理流程、监理的控制要点及目标、监理单位法及措施。

参考答案

（41）D

试题（42）

关于信息工程项目质量控制的描述，不正确的是：__(42)__。

（42）A. 对于不同的工程内容应采取统一的质量控制流程

　　　　B. 依据验收规范等，督促承建单位实现合同约定的质量目标

　　　　C. 对项目的系统集成、开发、培训等进行全面质量控制

　　　　D. 对承建单位的人员、设备、方法等因素进行全面质量监察

试题（42）分析

参考《信息系统监理师教程》6.1.4 节。

质量控制要实施全面控制：

1）对于不同的工程内容应采取不同的质量控制方法；

2）以信息系统工程建设及验收规范、工程质量验收及评审标准等为依据，督促承建单位全面实现承建合同约定的质量目标；

3）对承建单位的人员、设备、方法、环境等因素进行全面的质量监察，督促承建单位的质量保证体系落实到位；

4）对工程项目的系统集成、应用系统开发、培训等进行全面的质量控制，监督承建单位的质量保证体系落实到位，加强作业程序管理，实现工程建设的过程控制。

参考答案

（42）A

试题（43）

项目的质量控制体系以__(43)__的质量保证体系为主体。

（43）A. 建设单位　　　B. 承建单位　　　C. 监理单位　　　D. 三方共同

试题（43）分析

参考《信息系统监理师教程》6.2.2 节。

项目的质量控制体系以承建单位的质量保证体系为主体，在项目开始实施之前由承建单位建立，监理单位对组织结构、工序管理、质量目标、自测制度等要素进行检查。

参考答案

（43）B

试题（44）

在信息系统工程设计阶段，监理的质量控制重点不包含：__(44)__。

（44）A. 设置阶段性质量控制点，实施跟踪控制

　　　　B. 进行设计过程跟踪，及时发现质量问题

　　　　C. 审查承建单位提交的总体设计方案，确保满足建设单位的需求

　　　　D. 协助建设单位制定项目质量目标规划和安全目标规划

试题（44）分析

参考《信息系统监理师教程》6.3.3 节。

设计阶段的质量控制：

1）协助建设单位制订项目质量目标规划和安全目标规划；

2）对各种设计文件，提出设计质量标准；

3）进行设计过程跟踪，及时发现质量问题，并及时与承建单位协调解决；

4）审查阶段性设计成果，提出监理意见；

5）审查承建单位提交的总体设计方案，确保总体方案中已包括了建设单位的所有需求。

A 是实施阶段的质量控制要点。

参考答案

（44）A

试题（45）

在项目实施阶段，承建单位对所发生的质量事故未进行处理就继续进行，__（45）__有权下达停工令。

（45）A．公司总监　　　　　　　　B．总监理工程师

　　　　C．监理工程师　　　　　　　D．质量工程师

试题（45）分析

参考《信息系统监理师教程》6.3.4 节。

实施阶段的质量控制：协助建设单位对严重质量隐患和质量问题进行处理。在必要的情况下，监理单位可按合同行使质量否决权，在下述情况下，总监理工程师有权下达停工令：对已发生的质量事故未进行处理和提出有效的改进措施就继续进行的情况。

参考答案

（45）B

试题（46）

在某工程网络计划中，工作 E 有两项紧后工作，这两项紧后工作的最早开始时间和最晚开始时间分别为第 15 天和第 18 天，工作 E 的最早开始时间和最迟开始时间分别为第 6 天和第 9 天，如果工作 E 的持续时间为 9 天，则工作 E 的__（46）__。

（46）A．总时差为 3 天　　　　　　B．自由时差为 1 天

　　　　C．总时差为 2 天　　　　　　D．自由时差为 2 天

试题（46）分析

参考《信息系统监理师教程》7.4.2 节。

工作的总时差等于工作的两个完成时间之差，或等于工作的两个开始时间之差。

E（总时差）=9–6=3（天）

自由时差是指不延误紧后工作开工的前提下，工作的机动时间，等于该工作的紧后工作的最早开始时间减去该工作最早完成时间所得之差。

E（自由时差）=15–（6+9）=0（天）

参考答案

（46）A

试题（47）

项目经理小王首先审核项目进度计划，确定了合理定额，然后进行进度预测分析和进度统计，小王正在采取 __（47）__ 措施进行进度控制。

（47）A. 组织　　　　　B. 技术　　　　　C. 合同　　　　　D. 信息管理

试题（47）分析

参考《信息系统监理师教程》20.4.2 节。

进度控制的措施如下。

1）组织措施。落实工程进度控制部的人员组成，具体控制任务和管理职责分工；进行项目分解，按项目结构、进度阶段、合同结构多角度划分，并建立编码体系；确立进度协调工作制度；对干扰和风险因素进行分析。

2）技术措施。审核项目进度计划，确定合理定额，进行进度预测分析和进度统计。

3）合同措施。分段发包，合同期与进度协调。

4）经济措施。保证预算内资金供应，控制预算外资金。

5）信息管理措施。实行进度动态比较，提供比较报告。

参考答案

（47）B

试题（48）

等价类划分法属于 __（48）__ 。

（48）A. 白盒测试　　　B. 灰盒测试　　　C. 黑盒测试　　　D. 静态测试

试题（48）分析

软件测试技术主要包括白盒测试技术和黑盒测试技术，等价类划分是一种重要的、常用的黑盒测试用例设计方法。

参考答案

（48）C

试题（49）

监理工程师检查项目的进度网络图时，发现某一路径用虚线表示，则该路径属于 __（49）__ 。

（49）A. 重点工作　　　B. 虚拟工作　　　C. 临时工作　　　D. 次要工作

试题（49）分析

进度网络图中，为了绘图方便，会引入一种额外的、特殊的活动，叫虚活动，用虚线表示。虚活动不消耗时间，也不消耗资源。

参考答案

（49）B

试题（50）

当项目的工程进度严重偏离计划时，总监理工程师应及时签发 __（50）__ ，并组织监理工程师进行原因分析、研究措施。

（50）A.《工程实施进度动态表》　　　　　　B.《监理通知》

　　　　C.《工程延期申请表》　　　　　　　　D.《变更申请》

试题（50）分析

参考《信息系统监理师教程》7.3.2 节。

发现工程进度严重偏离计划时，总监理工程师应及时签发《监理通知》，并组织监理工程师进行原因分析、研究措施。

参考答案

（50）B

试题（51）

进度、费用、质量是工程项目管理的三个重要目标，当 SPI＞1.0 而 CPI＜1.0 时，表示项目的 __（51）__ 。

（51）A．进度超前，费用节余   B．进度滞后，费用节余

            C．进度超前，费用超支   D．进度滞后，费用超支

试题（51）分析

参考《信息系统监理师教程》8.2.5 节。

进度业绩指标 SPI=实绩值/计划值，（SPI＞1.0 表示进度提前，SPI＜1.0 表示进度滞后）

费用业绩指标 CPI=实绩值/消耗值，（CPI＞1.0 表示费用节约，CPI＜1.0 表示费用超支）

参考答案

（51）C

试题（52）

关于成本控制原则的描述，不正确的是：__（52）__ 。

（52）A．投资控制不能脱离技术管理和进度管理独立存在，相反要在成本、技术、进度三者之间进行综合平衡

         B．成本控制的目的是保证各项工作要在它们各自的预算范围内进行

         C．成本控制的基本方法是各部门定期上报其费用报告，总监理工程师对其进行费用审核

         D．成本控制的基础是事先对项目进行费用预算。

试题（52）分析

参考《信息系统监理师教程》20.5.3 节。

成本控制的原则：

1）投资控制不能脱离技术管理和进度管理独立存在，相反要在成本、技术、进度三者之间进行综合平衡。及时和准确的成本、进度和技术跟踪报告，是项目经费管理和成本控制的依据。

2）成本控制就是要保证各项工作要在它们各自的预算范围内进行。投资控制的基础是事先就对项目进行的费用预算。

3）成本控制的基本方法是规定各部门定期上报其费用报告，再由控制部门对其进行费用审核，以保证各种支出的合理性，然后再将已经发生的费用与预算相比较，分析其是否超支，并采取相应的措施加以弥补。

参考答案

（52）C

试题（53）

某项目采用先估计各个独立工作的费用，然后再汇总估计出整个项目的总费用，这种估算方法是__（53）__。

（53）A．参数建模　　　　　　　　B．类比估计

　　　　C．从下向上估计　　　　　　D．工具计算

试题（53）分析

参考《信息系统监理师教程》8.3.2 节。

从下向上的估计法：这种技术通常首先估计各个独立工作的费用，然后再汇总从下往上估计出整个项目的总费用。

参考答案

（53）C

试题（54）

信息系统工程竣工验收之后，项目的工程竣工结算由__（54）__汇总编制。

（54）A．建设单位　　　　　　　　B．监理单位

　　　　C．承建单位　　　　　　　　D．参建单位

试题（54）分析

参考《信息系统监理师教程》8.5.3 节。

项目竣工结算，由建设单位汇总编制，项目竣工结算必须内容完整、核对准确、真实可靠。

参考答案

（54）A

试题（55）

关于工程变更控制的说法，不正确的是：__（55）__。

（55）A．对变更申请快速响应

　　　　B．明确界定项目变更的目标

　　　　C．变更由监理单方确认

　　　　D．防止变更范围的扩大化

试题（55）分析

参考《信息系统监理师教程》9.2 节。

变更控制的基本原则：对变更申请快速响应、任何变更都要得到三方确认、明确界定项目变更的目标、防止变更范围的扩大化、三方都有权提出变更、加强变更风险以及变更效果的评估、及时公布变更信息、选择冲击最小的方案。

参考答案

（55）C

试题（56）

关于变更控制的描述，不正确的是：　（56）　。

（56）A．变更申请单位向监理工程师提出变更要求，提交书面工程变更建议书

　　　　B．工程变更建议书应在预计可能变更的时间之前一周提出

　　　　C．变更的合理性应考虑是否会影响工作范围、成本、质量和时间

　　　　D．项目监理根据项目实际情况，有权驳回变更申请

试题（56）分析

参考《信息系统监理师教程》9.3 节。

变更申请单位向监理工程师提出变更要求，提交书面工程变更建议书。

工程变更建议书应在预计可能变更的时间之前 14 天提出。

评价项目变更合理性应考虑的内容包括变更是否会影响工作范围、成本、质量和时间进度。

监理机构应了解实际情况，对于完全无必要的变更，可以驳回申请，并给出监理意见。

参考答案

（56）B

试题（57）

监理人员在进行需求变更管理时，不正确的管理措施是：　（57）　。

（57）A．变更的内容应符合有关规范、规程和技术标准

　　　　B．变更文件必须表述准确、图示规范

　　　　C．变更的内容应及时反映在实施方案中

　　　　D．分包项目的需求变更由分包商提交监理单位签认

试题（57）分析

参考《信息系统监理师教程》9.4.1 节。

需求设计变更、洽商过程的管理措施如下。

　　……

3）需求设计变更、洽商记录的内容应符合有关规范、规程和技术标准。

4）需求设计变更、洽商记录填写的内容必须表述准确、图示规范。

5）需求设计变更、洽商的内容应及时反映在实施方案中。

6）分包项目的需求设计变更、洽商应通过总承建单位办理。

参考答案

（57）D

试题（58）

合同履行管理的重点是　（58）　。

（58）A．合同分析　　　　　　　　　　B．合同控制

　　　　C．合同监督　　　　　　　　　　D．项目索赔管理

试题（58）分析

参考《信息系统监理师教程》10.2.2 节。

履约管理的依据——合同分析；履约管理的方式——合同控制；履约管理的保证——合同监督；履约管理的重点——项目索赔管理。

参考答案

（58）D

试题（59）

合同索赔是在信息系统工程合同履行中，当事人一方由于另一方未履行合同所规定的义务而遭受损失时，向另一方提出赔偿要求的行为。关于索赔的描述，不正确的是：　（59）　。

（59）A．合同索赔的依据是国家有关的法律、法规和项目所在地的地方法规等

B．合同索赔的依据是本项目的合同文件、合同履行过程中与索赔事件有关的凭证等

C．反索赔是承建单位向建设单位提出的索赔

D．索赔是合同管理的重要环节，是合同双方利益的体现

试题（59）分析

参考《信息系统监理师教程》10.3.1 节。

监理单位处理费用索赔应依据下列内容。

1）国家有关的法律、法规和信息系统工程项目所在地的地方法规，如《中华人民共和国合同法》等。

2）国家、部门和地方有关信息系统工程的标准、规范和文件。

3）本项目的实施合同文件，包括招投标文件、合同文本及附件等。

4）实施合同履行过程中与索赔事件有关的凭证，包括来往文件、签证及更改通知；各种会谈纪要；实施进度计划和实际实施进度表、实施现场项目文件、产品采购等。

反索赔是指建设单位向承建单位提出的索赔。

项目索赔的特征：索赔是合同管理的重要环节；索赔是合同双方利益的体现。

参考答案

（59）C

试题（60）

关于知识产权保护的描述，不正确的是：　（60）　。

（60）A．信息系统工程的知识产权问题，应该在有关合同中规定并加以管理

B．知识产权保护能防止纠纷产生，使得在专利等方面的纠纷防患于未然

C．监理对知识产权保护的管理，应该坚持全过程的管理

D．监理主要针对承建单位的最终成果进行知识产权管理

试题（60）分析

参考《信息系统监理师教程》10.6.2 节和 10.6.3 节。

知识产权保护的意义：能防止纠纷产生，与其他企业在专利等方面的纠纷必须防患于未然。

知识产权保护的监理：信息系统工程在需求方案、集成方案、选型采购、软件设计等方面涉及较多的知识产权问题，这些问题应该在有关合同中规定，并加以管理。知识产权保护

的管理，应该坚持全过程的管理。树立为建设单位和承建单位维权的意识。

参考答案

（60）D

试题（61）

《中华人民共和国网络安全法》自　（61）　起施行。

（61）A．2018 年 1 月 1 日　　　　　　B．公布之日

　　　C．2017 年 6 月 1 日　　　　　　D．2015 年 5 月 31 日

试题（61）分析

参考中国政府网。

中华人民共和国主席令（第五十三号）《网络安全法》自 2017 年 6 月 1 日起施行。

参考答案

（61）C

试题（62）

在信息系统工程建设中，应对信息系统的应用环境进行风险分析与安全管理。应用环境安全管理的内容中不包括　（62）　。

（62）A．火灾控制　　　　　　　　　B．水灾探测

　　　C．备份电力系统　　　　　　　D．公开敏感信息

试题（62）分析

参考《信息系统监理师教程》11.3 节。

对于应用系统的监理，包括以下几个方面：1）火灾的控制；2）水灾探测；3）计算机机房，其中包括警报系统、备份电力系统等。

公开敏感的信息属于物理访问的安全管理内容。

参考答案

（62）D

试题（63）

保证信息系统工程项目的数据安全，应采取的措施不包括　（63）　。

（63）A．标签与识别　　　　　　　　B．介质与载体安全保护

　　　C．设置通信加密软件　　　　　D．数据监控和审计

试题（63）分析

参考《信息系统监理师教程》11.1.4 节。

为保证数据安全提供如下实施内容：介质与载体安全保护、数据访问控制、系统数据访问控制检查、标识与鉴别、数据完整性、数据可用性、数据监控和审计、数据存储与备份安全。设置通信加密软件属于通信安全的内容。

参考答案

（63）C

试题（64）～（66）

在信息工程中，监理单位工作过程中会形成很多类文档，其中　（64）　是总体类文

件，　(65)　是内部文件，　(66)　是综合性文件。

(64) A. 监理日志　　　　　　　　　　B. 监理月报

　　　 C. 设备开箱检验报告　　　　　 D. 监理总结报告

(65) A. 监理日志　　　　　　　　　　B. 监理月报

　　　 C. 设备开箱检验报告　　　　　 D. 监理总结报告

(66) A. 监理日志　　　　　　　　　　B. 监理月报

　　　 C. 设备开箱检验报告　　　　　 D. 工程进度计划

试题 (64) ~ (66) 分析

参考《信息系统监理师教程》12.4.5 节。

监理文件列表：总体类文档包含监理规划、监理实施细则、监理总结报告等；内部文件包含监理日志；综合类文件包含监理月报、监理周报、评审会议纪要等。设备开箱检验报告属于项目实施阶段的监理表格。

参考答案

(64) D　(65) A　(66) B

试题 (67)

监理单位的组织协调工作涉及与建设单位、承建单位等多方关系，它贯穿于信息系统工程建设的全过程，贯穿于监理活动的全过程。　(67)　不属于监理工程师在组织协调过程应坚持的原则。

(67) A. 公平、公正、独立　　　　　　 B. 诚信、守法

　　　 C. 科学　　　　　　　　　　　　 D. 及时

试题 (67) 分析

参考《信息系统监理师教程》13.2.1 节。

组织协调的基本原则：1）公平、公正、独立原则；2）守法原则；　3）诚信原则；4）科学的原则。

参考答案

(67) D

试题 (68)

会议是把项目有关各方的负责人或联系人团结在一起的重要机制。以下关于项目监理例会的描述，不正确的是：　(68)　。

(68) A. 由工程监理单位总监理工程师组织与主持

　　　 B. 会议纪要需三方负责人签认，发放到项目有关各方

　　　 C. 监理例会的议题包含检查和通报项目进度计划完成情况

　　　 D. 承建单位参会人员为项目经理、技术负责人及有关专业人员

试题 (68) 分析

参考《信息系统监理师教程》13.3.1 节。

会议纪要经总监理工程师签认，发放到项目有关各方，并应有相关签收手续。

参考答案

（68）B

试题（69）

关于信息系统工程建设组织协调的描述，不正确的是：　（69）　。

（69）A．组织协调包括建设单位、承建单位多方的协调问题

　　　 B．组织协调包括监理单位内部和外部之间的协调

　　　 C．组织协调依据合同进行，不包含非合同因素的协调

　　　 D．组织协调工作的目标是使项目各方充分合作，有效执行合同

试题（69）分析

参考《信息系统监理师教程》13.1 节和 13.3 节。

组织协调包括多方的协调问题，也包括监理单位内外部之间的协调。把信息系统工程建设项目作为一个系统来看，组织协调的对象分为系统内部的协调和系统外部的协调两部分。系统外部的协调又可分为具有合同因素的协调和非合同因素的协调。

组织协调工作的目标是使项目各方充分合作，有效执行承建合同。

参考答案

（69）C

试题（70）

某项目由于设计方案的概算结果超过投资估算结果，应由　（70）　主持紧急召开监理专题会议来协调解决。

（70）A．监理工程师　　　　　　　　　B．总监理工程师

　　　 C．公司总监　　　　　　　　　　 D．建设单位项目负责人

试题（70）分析

参考《信息系统监理师教程》13.3.1 节。

监理专题会议是为解决专门问题而召开的会议，由总监理工程师或授权监理工程师主持。

参考答案

（70）B

试题（71）

The information is circulated through communication processes. 　（71）　 is not included in Work Performance Information.

（71）A．The status of deliverables

　　　 B．Implementation status for change requests

　　　 C．Forecasted estimates to complete

　　　 D．Work performance report

试题（71）分析

考核点：信息管理——工作绩效信息。

工作绩效信息通过沟通过程进行传递。绩效信息可包括可交付成果的状态、变更请求的落实情况及预测的完工尚需估算。

（参考 PMBOK 第 5 版 P90）

Work performance information is circulated through communication processes. Examples of performance information are status of deliverables, implementation status for change requests, and forecasted estimates to complete.

参考答案

（71）D

试题（72）

　　__（72）__　is not included in Information Security Risk Assessment Process.

（72）A．Establishing information security risk criteria

　　　 B．Identifying the information security risks

　　　 C．Formulating an information security risk treatment plan

　　　 D．Analysing the information security risk

试题（72）分析

考核点：信息安全风险评估包括建立和维护信息安全风险的准则、识别信息安全风险和分析信息安全风险。

制订信息安全风险处置计划属于信息安全风险处置的内容。

（参考 ISO27001—2013 版）

参考答案

（72）C

试题（73）

　　__（73）__　is not included in Perform Integrated Change Control Process.

（73）A．Defining subsidiary plans

　　　 B．Approving changes

　　　 C．Managing changes to deliverables

　　　 D．Reviewing all change requests

试题（73）分析

实施整体变更控制包括：审查所有变更请求，批准变更，管理对可交付成果、组织过程资产、项目文件和项目管理计划的变更，并对变更处理结果进行沟通的过程。

制订项目管理计划的工作内容包括：定义、准备和协调所有子计划，并把它们整合为一份综合项目管理计划。

（参考 PMBOK 第 5 版 P63）

参考答案

（73）A

试题（74）

Every documented change request needs to be either approved or rejected by a responsible individual, usually　__（74）__．

（74）A．the project sponsor　　　　　　　B．an individual

    C．any stakeholder   D．quality controller

试题（74）分析

    每项记录在案的变更请求都必须由一位责任人批准或否决，这个责任人通常是（项目发起人或项目经理）。

    （参考 PMBOK 第 5 版 P96）

参考答案

    （74）A

试题（75）

    ___（75）___ in not included in Control Quality input documents.

    （75）A．Project management plan   B．Project documents

            C．Quality problems report   D．Work performance data

试题（75）分析

    控制质量的输入包括：项目管理计划、质量测量指标、质量核对单、工作绩效数据（包括：实际技术性能、实际进度绩效、实际成本绩效）、批准的变更请求、可交付成果、项目文件（包括但不限于：协议、质量审计报告和变更日志、过程文档）、组织过程资产。质量问题报告属于质量控制的输出。

    （参考 PMBOK 第 5 版）

参考答案

    （75）C

第6章　2018上半年信息系统监理师下午试题分析与解答

试题一（共20分）

阅读下列说明，回答问题1至问题4，将解答填入答题纸的对应栏内。

【说明】

X省交通厅拟建设省级智慧交通信息管理系统，聘请A公司作为该信息系统的监理机构。

【事件1】 在软件开发过程中，承建单位表示，会在需求分析阶段编制《软件需求规格说明》《数据库设计说明》，在设计阶段编制《软件功能设计说明》，在测试阶段编制《测试计划》，在系统交付后的维护阶段编制《用户手册》和《操作手册》。

【事件2】 承建单位提交了《软件需求规格说明》，章节包括：背景说明、对功能需求的规定、对输入输出要求的说明、对数据管理能力的说明、对运行环境的规定。监理工程师审查通过。系统交付测试时，交通厅发现系统难以负载海量数据、故障频发，导致系统无法上线，据此认为监理工程师对需求分析不完整负有直接责任并要求追责。

【事件3】 监理工程师在验收测试阶段认真检查了承建单位的测试方案、测试过程。

【问题1】（4分）

针对事件1，作为监理工程师，你是否同意承建单位的文档编制计划？为什么？

【问题2】（5分）

针对事件2：

（1）请指出监理工程师审核《软件需求规格说明》的错漏之处。

（2）交通厅针对监理工程师对需求分析不完整负有直接责任的问题进行追责，你是否认同？为什么？

【问题3】（5分）

针对事件3，请指出监理工程师在测试阶段的质量控制过程中，除了测试方案和测试过程，还应监理哪些内容？

【问题4】（6分）

关于在信息网络系统过程控制中常用的监理方法，从候选答案中选择一个正确选项，将该选项编号填入答题纸对应栏内（候选答案可重复选择）。

___（1）___：验证承建方的网络设计方案是否能够满足业主方的需要。

___（2）___：主要适用于网络设备的选型和采购。

___（3）___：对于某些网络的连通性和通信质量进行一定比率的测试。

___（4）___：比较适合于网络综合布线的质量控制。

___（5）___：通过必要的网络测试工具，对网络的性能进行测试。

___（6）___：用于某些关键网络设备的质量保证。

A．评估　B．网络仿真　C．现场旁站　D．抽查测试/测试　E．网络性能测试

试题一分析

本题重点考核监理工程师在监理过程中使用的监理技术和方法。

【问题 1】

针对案例的问答题，重点考核考生对《信息系统监理师教程》[1]21.8 节，表 21-2 中的软件生命周期各个阶段的文档编制要求的理解和掌握程度。

【问题 2】

针对案例的问答题，重点考核作为监理工程师，针对需求分析说明书的监理工作及质量控制要点（参考《信息系统监理师教程》20.3.5 节）。

【问题 3】

针对案例的问答题，考核考生对测试阶段质量控制监理内容的掌握程度，具体包括：测试方案、测试工具、测试环境、测试过程、测试问题报告、回归测试、测试报告（参考《信息系统监理师教程》20.3.7 节）。

【问题 4】

选择题，考核信息网络系统控制过程常用的监理方法的定义（参考《信息系统监理师教程》14.2.2 节）。

参考答案

【问题 1】（5 分）

不同意（1 分）

原因如下。

（1）数据库设计说明的文档应在设计阶段编制，（1 分）不是在需求阶段。（1 分）

（2）测试计划应在需求分析及设计阶段进行编制，（1 分）不是在测试阶段才编制。（1 分）

（3）用户手册、操作手册不应在系统交付后提供，（1 分）应在测试阶段开展前完成。（1 分）

（每条 2 分，满分 4 分）

【问题 2】（5 分）

（1）《软件需求规格说明》的内容缺少：

a）对性能的规定。（1 分）

b）对故障处理要求的说明。（1 分）

（2）不认可交通厅对监理单位直接责任的追责要求。（1 分）

原因：监理方不直接进行需求分析工作，不承担需求分析的直接责任，监理单位只承担监理服务的相应责任。（2 分）

【问题 3】（4 分）

（1）测试工具

（2）测试环境

（3）测试问题报告

（4）回归测试

---

[1] 本章所提的《信息系统监理师教程》，全国计算机技术与软件专业技术资格（水平）考试指定用书，清华大学出版社出版。

（5）测试报告

（每条 1 分，满分 4 分）

【问题 4】（6 分）

（1）B（2）A（3）D（4）C（5）E（6）D

（每个 1 分，共 6 分）

试题二（共 15 分）

阅读下列说明，回答问题 1 至问题 3，将解答填入答题纸的对应栏内。

【说明】

X 新能源集团的信息网络系统建设工程进入收尾工作。各分项工程除视频会议系统外全部初验合格，视频会议系统计划本周内完成初验。机房内的网络系统经过安装调试并试运行后，正常连续运行 2 个月。空调全部摆放到位，验收时将加电启动。其他条件也符合集成合同及信息安全的要求。

【事件 1】 承建单位认为已经满足工程验收的前提条件，要求下周验收。

【事件 2】 在对网络基础平台进行验收时，监理工程师对网络性能列出的审查要素如下：

网络性能	具体审查要素
网络整体性能	
服务器整体性能	
系统整体压力测试验收	

【事件 3】 综合布线系统验收时，监理工程师对交接间、设备间、工作区的建筑和环境条件进行了仔细的检查。

【问题 1】（5 分）

对于事件 1，作为监理工程师，你认为是否可以启动验收工作？为什么？

【问题 2】（5 分）

对于事件 2，请填写每项性能的具体审查要素。

【问题 3】（5 分）

对于事件 3，请判断下列几项检查是否正确（填写在答题纸的对应栏内，正确的选项填写"√"，不正确的选项填写"×"）：

（1）机柜、机架的垂直偏差最大达到 5mm。　　　　　　　　　　　　　　　（　　）

（2）交接间、设备间提供了 220V 单相带地电源插座。　　　　　　　　　　（　　）

（3）电缆桥架及线槽水平度每米偏差均未超过 2mm。　　　　　　　　　　（　　）

（4）经检验的器材做了记录，检查后的器件摆放在一起，不合格的器件贴上了明显标识。　　　　　　　　　　　　　　　　　　　　　　　　　　　　　（　　）

（5）电缆的电气性能抽检时，从本批量电缆的任意两盘中各截出 50m 长度进行抽样测试。　　　　　　　　　　　　　　　　　　　　　　　　　　　　　（　　）

试题二分析

本题重点考核监理工程师在验收阶段的审查内容和关键技术。

【问题1】

针对案例的问答题，重点考核考生对工程验收的前提条件的掌握程度（参考《信息系统监理师教程》18.1.1 节）。

工程验收必须符合下列要求：

（1）所有建设项目按照批准设计方案全部建成，并满足使用要求；

（2）各个分项工程全部初验合格；题中视频会议还未进行初验；

（3）各种技术文档和验收资料完备，符合集成合同的内容；

（4）系统建设和数据处理符合信息安全的要求；

（5）外购的操作系统、数据库、中间件、应用软件和开发工具符合知识产权相关政策法规的要求；

（6）各种设备经加电试运行，状态正常，正常连续运行时间应大于 3 个月；

（7）经过用户同意。

【问题2】

针对案例的问答题，重点考核监理工程师在对网络基础平台进行验收时，需要审查网络性能的哪些指标和要素（参考《信息系统监理师教程》18.2 节）。

【问题3】

细节判断题，参考《信息系统监理师教程》18.5.2 节。

（1）机柜、机架安装完毕后，垂直偏差应不大于 3mm。

（2）交接间、设备间应提供 220V 单相带地电源插座。

（3）电缆桥架及线槽水平度每米偏差不应超过 2mm。

（4）经检验的器材应做好记录，不合格的器材应单独存放，以备核查与处理。

（5）电缆的电气性能抽验应从本批量电缆中的任意三盘中各截出 100m 长度，加上工程中所选用的接插件进行抽样测试，并做测试记录。

参考答案

【问题1】（5分）

不可以启动验收工作（1分）。

因为工程验收的前提条件如下。

（1）各个分项工程全部初验合格。视频会议系统还未进行初验。（1分）

（2）各种设备经加电试运行，状态正常。目前空调还未加电试运行。（1分）

（3）机房系统安装调试、试运行后，正常连续运行时间不够。（1分）应大于 3 个月，目前只运行 2 个月。（1分）

【问题2】（5分）

网络整体性能：网络连通性能、网络传输性能、网络安全性能、网络可靠性能、网络整体性能。

服务器整体性能：服务器设备连通性能、服务器设备提供的网络服务、服务器设备的可靠性能、服务器设备的压力测试。

系统整体压力测试验收：网络压力测试、系统运行监控测试。

（答对 1 个要素 1 分，满分 5 分）

【问题 3】（5 分）

（1）× （2）√ （3）√ （4）× （5）×

（每个 1 分，共 5 分）

试题三（共 15 分）

阅读下列说明，回答问题 1 至问题 3，将解答填入答题纸的对应栏内。

【说明】

某公司新落成的信息产业园，在建设前通过招标的方式，确定了项目的监理单位和承建单位，监理单位派小王担任项目现场的监理工程师。项目建设内容包括机房建设、网络建设、应用系统建设等。

【事件 1】在实施阶段，监理单位配合甲方对承建单位的实施质量和进度进行监督把控，对发现的项目质量问题及时协调相关方配合解决。在此期间，监理单位征得甲方同意后，改派小李到项目现场担任监理工程师。

【事件 2】为保证应用系统建设内容能够达到建设要求，承建单位完成了集成测试和系统测试等工作。

【事件 3】在验收准备阶段，小李发现承建单位没有经过甲方和监理单位同意，自行更换了某一重要网络设备。

【问题 1】（5 分）

事件 1 中涉及了哪些监理内容？监理过程中还应该包括哪些监理内容？

【问题 2】（4 分）

针对事件 2，请从候选答案中选择一个正确选项，将该选项编号填入答题纸对应栏内。

（1）测试是信息系统工程的重要手段。

A．项目管理　　　 B．安全管理　　　 C．质量控制　　　 D．进度控制

（2）以下不是系统测试的准入条件。

A．完成并通过软件确认测试

B．软件系统可运行

C．所有软件产品都在配置管理控制下

D．具备软件系统测试环境

【问题 3】（6 分）

针对事件 3，请指出承建单位更换网络设备的做法存在什么问题？正确的做法是什么？

答案：承建单位自行更换网络设备不符合变更管理程序。（1 分）

正确的做法（要点）如下。

（1）承建单位提出更换设备的变更申请。

（2）监理单位对变更申请进行初审。

（3）三方（或 CCB）对变更申请进行审核，审核通过后才能变更。

（4）审核通过后对变更设备进行更换。

（5）对变更设备更换情况进行监督。

（6）对变更效果进行评估。

（每条 1.5 分，满分 6 分）

试题三分析

本题重点考核监理工程师主要工作内容。

【问题 1】

针对案例的问答题，重点考核监理工程师的核心工作内容：四控、三管、一协调。

【问题 2】

细节选择题，重点考核质量控制手段和系统测试的准入条件。

测试是信息系统工程质量控制最重要的手段之一（参考《信息系统监理师教程》6.4.2 节）。

系统测试进入条件（参考《信息系统监理师教程》23.1.2 节）：

（1）完成并通过软件确认测试；

（2）所有软件产品都在配置管理控制下；

（3）已经具备了软件系统测试环境。

【问题 3】

本题重点考核考生对变更控制的工作程序的掌握程度（参考《信息系统监理师教程》9.3 节）。

参考答案

【问题 1】（5 分）

事件 1 中涉及了质量控制、进度控制、变更控制、沟通协调。（每个 1 分，满分 3 分）

还应包括投资控制、合同管理、安全管理、信息管理。（每个 1 分，满分 2 分）

【问题 2】（4 分）

（1）C（2 分）

（2）B（2 分）

【问题 3】（6 分）

承建单位自行更换网络设备不符合变更管理程序。（1 分）

正确的做法（要点）如下。

（1）承建单位提出更换设备的变更申请。

（2）监理单位对变更申请进行初审。

（3）三方（或 CCB）对变更申请进行审核，审核通过后才能变更。

（4）审核通过后对变更设备进行更换。

（5）对变更设备更换情况进行监督。

（6）对变更效果进行评估。

（每条 1.5 分，满分 6 分）

试题四（共 15 分）

阅读下列说明，回答问题 1 至问题 3，将解答填入答题纸的对应栏内。

【说明】

某监理单位承担了一个信息系统工程全过程的监理工作。在应用系统建设过程中，由于工期紧张，成本有限，监理工程师按照承建单位的进度计划严格进行跟踪检查，并要求承建单位对 A、B、C、D 四个重要活动进行成本优化。监理工程师在检查承建单位项目经理的成本优化方案时，检查了如下网络图：（其中 T_A 表示正常工期，T_B 表示应急工期，C_A 表示正常成本，C_B 表示应急成本）。

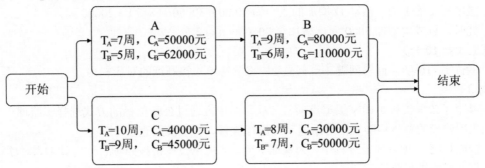

【问题 1】（6 分）

结合案例，如果按照正常工期估计，写出项目关键路径，并计算项目工期和项目总成本。

【问题 2】（4 分）

结合案例，如果全部活动均在它们各自的应急工期内完成，计算项目工期和项目总成本。

【问题 3】（5 分）

在正常工期下，如果将项目工期减少 1 周，则首先应该压缩哪个活动？为什么？压缩后项目总成本增加多少？

试题四分析

本题考核项目管理中进度管理、成本管理、成本控制方法及其内容。

【问题 1】

针对案例的问答题和计算题，重点考核监理工程师对项目关键路径、项目工期、项目总成本的计算方法的掌握程度（参考《信息系统监理师教程》20.4.5 节）。

【问题 2】

针对案例的问答题和计算题，重点考核监理工程师在应急工期内对项目工期、项目总成本的计算方法的掌握程度。

【问题 3】

针对案例的问答题和计算题，重点考核监理工程师对成本压缩技术的掌握程度。

参考答案

【问题 1】（6 分）

关键路径是 C-D，（2 分）项目总工期为 18 周，（2 分）总成本为 200 000 元。（2 分）

【问题 2】（4 分）

项目总工期为 16 周，（2 分）总成本为 267 000 元。（2 分）

【问题 3】（5 分）

工期减少 1 周，先压缩活动 C。（2 分）

原因：C 在关键路径上，其单位增加成本最小。（1 分）

进度每压缩 1 周，活动 A 增加的成本为 62 000–50000/（7–5）=6000 元。

进度每压缩 1 周，活动 B 增加的成本为 110 000–80000/（9–7）=10000 元。

进度每压缩 1 周，活动 C 增加的成本为 45 000–40000/（10–9）=5000 元。

进度每压缩 1 周，活动 D 增加的成本为 50 000–30000/（8–7）=20000 元。

此时，总成本增加 5000 元，增加至 205000 元（2 分）。

试题五（共 10 分）

阅读下列说明，回答问题 1 至问题 2，将解答填入答题纸的对应栏内。

【说明】

某电子政务工程是国家级重点项目，项目的甲方通过公开招标的方式选择了监理单位，按照工程建设的总体标准规范对承建单位进行监督、管理及检查。

【事件 1】在项目建设过程中，为保证进度，监理单位严格按照项目进度计划，对项目进度计划的实施进行监控。

【事件 2】在项目建设的生命周期内，监理单位对项目成本进行指导、监督、调节和限制，及时纠正偏差，把各项费用控制在计划成本的范围之内。

【问题 1】（6 分）

针对事件 1，请指出监理工程师如何针对进度计划的实施进行监控？

【问题 2】（4 分）

针对事件 2，请指出监理单位进行成本控制的内容。

试题五分析

本题考核监理工程师对进度计划和成本进行监控的主要内容。

【问题 1】

问答题，考核监理工程师如何对进度计划实施监控（参考《信息系统监理师教程》7.3.2 节）进度计划的实施监控。

（1）在实施计划过程中，监理工程师将对承建单位实际进度情况进行跟踪监督，并对实际情况做出记录。

（2）监理工程师应根据检查的结果对工程的进度进行分析和评价。

（3）如发现偏离，应及时报告总监理工程师，并有总监理工程师签发《监理通知》要求承包商及时采取措施，实现计划进度的安排。

（4）承包商应每两周报一份《工程实施进度动态表》，报告工程的实际进展情况。

【问题 2】

问答题，考核成本控制的主要内容（参考《信息系统监理师教程》8.4.2 节）：

（1）监控费用执行情况以确定与计划的偏差；

（2）确定所有发生的变化被准确记录在费用线上；

（3）避免不正确的、不合适的或者无效的变更反映在费用线上；

（4）股东权益改变的各种信息；

（5）寻找费用向正反两方面变化的原因，同时考虑与其他控制过程（范围、进度、质量）相协调。

参考答案

【问题 1】（6 分）

（1）对承建单位进度情况进行跟踪监督，并对实际情况做出记录；

（2）根据检查结果对进度进行分析和评价；

（3）发现偏离，及时报告总监理工程师，由总监理工程师签发《监理通知》，要求承建方采取措施。

（每条 2 分，共 6 分）

【问题 2】（4 分）

（1）监控费用执行情况以确定与计划的偏差；

（2）确定所有发生的变化被准确记录在费用线上；

（3）避免不正确的、不合适的或者无效的变更反映在费用线上；

（4）股东权益改变的各种信息；

（5）寻找费用向正反两方面变化的原因，同时考虑与其他控制过程（范围、进度、质量）相协调。

（每条 1 分，满分 4 分）

第7章 2018下半年信息系统监理师上午试题分析与解答

试题（1）

___(1)___ 是以信息技术为主要手段建立的信息采集、存储、处理的系统。

（1）A. 信息网络系统   B. 信息资源系统

      C. 信息应用系统   D. 信息安全系统

试题（1）分析

参考《信息系统监理师教程》[1]（简称：教程）1.2.1 节。信息系统工程是指信息化工程建设中的信息网络系统、信息资源系统、信息应用系统的新建、升级、改造工程。

信息网络系统是指以信息技术为主要手段建立的信息处理、传输、交换和分发的计算机网络系统。

信息资源系统是指以信息技术为主要手段建立的信息资源采集、存储、处理的资源系统。

信息应用系统是指以信息技术为主要手段建立的各类业务管理的应用系统。

参考答案

（1）B

试题（2）

在 ___(2)___ 阶段不仅包括系统分析、系统设计、系统实施，还包括系统验收等工作。

（2）A. 立项   B. 开发   C. 运维   D. 消亡

试题（2）分析

软件在信息系统中属较复杂的部件，可以借用软件的生命周期来表示信息系统的生命周期，软件的生命周期通常包括：可行性分析与项目开发计划、需求分析、概要设计、详细设计、编码、测试、维护等阶段，信息系统的生命周期可以简化为系统规划（可行性分析与项目开发计划）、系统分析（需求分析）、系统设计（概要设计、详细设计）、系统实施（编码、测试）、运行维护等阶段，为了便于论述针对信息系统的项目管理，信息系统的生命周期还可以简化为立项（系统规划）、开发（系统分析、系统设计、系统实施）、运维及消亡四个阶段，在开发阶段不仅包括系统分析、系统设计、系统实施、还包括系统验收等工作。

参考答案

（2）B

试题（3）

自然语言处理是计算机科学领域与 ___(3)___ 领域中的重要方向，研究实现人与计算机之间进行有效交互的各种理论和方法。

（3）A. 大数据   B. 人工智能   C. 互联网   D. 物联网

---

[1] 本章所提的《信息系统监理师教程》是全国计算机技术与软件专业技术资格（水平）考试指定用书，由清华大学出版社出版。

试题（3）分析

自然语言处理是计算机科学领域与人工智能领域中的重要方向，研究实现人与计算机之间进行有效交互的各种理论和方法。

参考答案

（3）B

试题（4）

路由器通过选择算法，为报文或分组选择最合适的路径属于___(4)___的工作内容。

（4）A．物理层　　　　　B．数据链路层　　　　C．网络层　　　　D．表示层

试题（4）分析

网络层：路由器通过选择算法，为报文或分组通过通信子网选择最合适的路径。物理层：集线器或中继器利用传输介质提供物理连接，实现比特流的透明传输。数据链路层：交换机或网桥负责建立和管理节点间的链路，通过各种控制协议，将有差错的物理信道变为无差错的、能可靠传输数据帧的数据链路。表示层：处理用户信息的表示问题，如编码、数据格式转换和加密解密。

参考答案

（4）C

试题（5）

___(5)___属于 DNS 服务器选型时需考虑的功能。

（5）A．支持集中和分布式域名解析

　　　B．支持前端 Web mail 系统与核心系统分离

　　　C．支持分布式并行处理和独立列队处理

　　　D．支持页面高速缓存

试题（5）分析

参考教程 16.3.1 节。DNS 服务器选型应考虑下述功能：（1）支持负载均衡策略；（2）提供主机健康检查和网络健康检查功能；（3）支持集中和分布式域名解析；（4）支持多 ISP 接入应用；（5）易管理性；（6）与不同操作系统和网络环境的兼容性。

B 和 C 为电子邮件服务器选型时考虑的，D 为 WWW 服务器选型时考虑的。

参考答案

（5）A

试题（6）

接入层交换机的功能不包括：___(6)___。

（6）A．支持组播，可以满足多媒体和视频流的要求

　　　B．支持 SNMP、RMON 等网关协议，支持远程管理

　　　C．支持全套广域网络接口和高密度以太网络接口

　　　D．支持 IEEE 802.1P，使得 QoS 有保证

试题（6）分析

参考教程 16.2.2 节。接入层交换机直接连接用户，其主要功能是为最终用户提供网络接

入，所以要具有高性能、高端口密度且易于安装的特性。另外，还应检查接入层交换机是否具备下述功能：

（1）能够适应恶劣的工作环境，比如高温、高温度、高尘土等环境。

（2）因为接入层设备数量较多，所以要求设备既能满足建设网络的要求，又要有很高的性价比。

（3）相对于 VoIP 要做到透明的程度，对 VoIP 的网络线路不能产生影响。

（4）支持组播，可以满足多媒体和视频流的要求。

（5）支持 SNMP、RMON 等网管协议，支持远程管理。

（6）支持 IEEE 802.1P，使得 QoS 有保证。

（7）可以利用基于 802.1Q VLAN 中继线路架构在任何端口创建 VLAN 中继线路，因而可以保障构筑跨骨干的 VPN 的功能。

（8）所有端口支持 802.1x 用户认证功能。

C 属于路由器的功能。

参考答案

（6）C

试题（7）

TCP/IP 协议中，__(7)__ 属于应用层协议。

（7）A．ICMP   B．IMAP   C．ARP   D．IP

试题（7）分析

ICMP 是互联网控制信息协议，IP 是互联网协议，二者属于网络层。IMAP 是因特网信息访问协议，属于应用层。ARP 是地址解析协议，属于数据链路层。

参考答案

（7）B

试题（8）

一般采用 Web 技术和 SOA 架构，向用户提供多租户、可定制的组件、工作流等的服务属于__(8)__。

（8）A．IaaS   B．PaaS   C．DaaS   D．SaaS

试题（8）分析

云计算服务提供的资源层次，分为 IaaS、PaaS、SaaS 等三种服务类型。

SaaS（软件即服务）向用户提供应用软件、组件、工作流等虚拟化软件的服务。SaaS 一般采用 Web 技术和 SOA 架构，通过 Internet 向用户提供多租户、可定制的应用能力。

参考答案

（8）D

试题（9）

移动终端被用户随身携带，具有唯一号码等特性使得移动应用可以满足衣食住行吃喝玩乐等需求，这属于移动互联网的__(9)__的特性。

（9）A．接入移动性   B．时间碎片性

C. 生活相关性　　　　　　　　D. 终端多样性

试题（9）分析

移动终端被用户随身携带，具有唯一号码，与移动位置关联等特性使得移动应用可以进入人们的日常生活，满足衣食住行吃喝玩乐等需求。

参考答案

（9）C

试题（10）

　　　　（10）　不属于防火墙技术。

（10）A. 分组过滤　　　　　　　B. 应用网关

　　　　C. 代理服务器　　　　　　D. 网闸

试题（10）分析

参考教程 14.1.4 节。网络安全主要包括以下几方面。

（1）防火墙技术，防止网络外部"敌人"的侵犯。目前，常用的防火墙技术有分组过滤、代理服务器和应用网关。

（2）数据加密技术，防止"敌人"从通信信道窃取信息。目前，常用的加密技术主要有对称加密算法（如 DES）和非对称加密算法（如 RSA）。

（3）入侵监测和漏洞扫描技术。

（4）物理隔离技术，如网闸。

（5）访问限制，主要方法有用户口令、密码、访问权限设置等。

参考答案

（10）D

试题（11）

　　　　（11）　不属于网络传输系统。

（11）A. 综合布线系统（PDS）　　　B. 同步数字序列（SDH）

　　　　C. 有线电视网（CATV）　　　D. 光纤分布式数据接口（FDDI）

试题（11）分析

参考教程 14.1.2 节。常用的传输系统主要有：DWDM（波分复用）、综合布线系统（PDS）、同步数字序列（SDH）、准同步数字序列（PDH）、数字微波传输系统、VSAT 数字卫星通信系统及有线电视网（CATV）等。光纤分布式数据接口（FDDI）属于数据交换技术。

参考答案

（11）D

试题（12）

市场上的存储产品中，　（12）　通常配置作为文件服务的设备，将分布、独立的数据整合为大型、集中化管理的数据中心，以便于对不同主机和应用服务器进行访问的技术。

（12）A. 磁带库　　　B. 磁盘阵列　　　C. NAS　　　D. SAN

试题（12）分析

参考教程 14.1.2 节。数据存储和备份设备：市场上的存储产品主要有磁盘阵列、磁带机与磁带库、光盘库、SAN 和 NAS 等，其中 SAN 和 NAS 是目前存储技术的主流。NAS 是一种将分布、独立的数据整合为大型、集中化管理的数据中心，以便于对不同主机和应用服务器进行访问的技术。NAS 的解决方案通常配置作为文件服务的设备。

参考答案

（12）C

试题（13）

关于机房工程施工监理的描述，不正确的是：___（13）___。

（13）A. 审查承建方的工程实施组织方案，尤其要重点审查是否有保证施工质量的措施

B. 控制好施工人员的资质，坚持持证上岗

C. 贯彻国家和行业规范，及时发现并纠正违反规范的做法

D. 施工完成后，及时测试，以保证施工质量

试题（13）分析

参考教程 17.3.1 节。在机房工程施工监理中，要把握好以下四个重点：

（1）审查好承建方的工程实施组织方案，尤其要重点审查是否有保证施工质量的措施；

（2）控制好施工人员的资质，坚持持证上岗；

（3）认真贯彻《建筑智能化系统工程实施及验收规范》，及时发现并纠正违反规范的做法；

（4）深入现场落实"随装随测"的要求，以保证施工质量，加快施工进度。

参考答案

（13）D

试题（14）

在机房和综合布线工程实施过程中，关于金属线槽安装要求，不正确的是：___（14）___。

（14）A. 在建筑物中预埋线槽可为不同尺寸，按一层或两层设置，应至少预埋两根以上

B. 线槽应平整，无扭曲变形，内壁无毛刺，各种附件齐全

C. 拉线盒盖应能开启，并与地面齐平，盒盖处应采取防水措施

D. 线槽直埋长度超过 5m 宜设置拉线盒，以便于布放缆线和维修

试题（14）分析

参考教程 17.5.1 节。金属线槽安装要求：

（1）线槽应平整，无扭曲变形，内壁无毛刺，各种附件齐全。

（2）线槽接口应平整，接缝处紧密平直，槽盖装上后应平整、无翘脚，出线口的位置准确。

（3）线槽的所有非导电部分的铁件均应相互连接和跨接，使之成为一个连续导体，并做好整体接地。

（4）线槽安装应符合《高层民用建筑设计防火规范》（GB50045—1995）的有关部门规定。

（5）在建筑物中预埋线槽可为不同尺寸，按一层或两层设置，应至少预埋两根以上，线槽截面高度不宜超过 25mm。

（6）线槽直埋长度超过 6m 或在线槽路由交叉、转变时宜设置拉线盒，以便于布放缆线和维修。

（7）拉线盒盖应能开启，并与地面齐平，盒盖处应采取防水措施。

（8）线槽宜采用金属管引入分线盒内。

参考答案

（14）D

试题（15）

关于管道安装隐蔽工程监理的要求，不正确的是： （15） 。

（15）A. 过线盒、箱处须用支架或管卡加固

　　　　B. 在路径上每根暗管的转弯角可以有"S"弯，不应有"Z"弯出现

　　　　C. 暗管宜采用金属管，预埋在墙体中间的暗管内径不宜超 50mm

　　　　D. 明敷管路连接应采用丝扣连接或压扣式管连接，暗埋管应采用焊接

试题（15）分析

参考教程 17.5.2 节。管道安装要求：

（1）过线盒、箱处须用支架或管卡加固。

（2）管路敷设前应检查管路是否畅通，内侧有无毛刺；毛刺吹洗。明敷管路连接应采用丝扣连接或压扣式管连接；暗埋管应采用焊接；管路敷设应牢固畅通，禁止做拦腰管或拌管；管子进入箱盒处顺直，在箱盒内露出长度小于 5mm。

（3）暗管宜采用金属管，预埋在墙体中间的暗管内径不宜超过 50mm。

（4）暗管的转弯角度应大于 900，在路径上每根暗管的转弯角不得多于两个，并不应有"S""Z"弯出现。

参考答案

（15）B

试题（16）

组建 VPN 专用网络的技术机制不包括 （16） 。

（16）A. 透明包传输　　　　　　　　B. 数据安全性

　　　　C. 隧道机制　　　　　　　　　D. QoS 保证

试题（16）分析

参考教程 14.1.4 节。VPN 技术机制包括：（1）不透明包传输；（2）数据安全性；（3）QoS 保证；（4）隧道机制。

参考答案

（16）A

试题（17）

　　（17）　不属于漏洞扫描系统的功能和性能要素。

（17）A. 支持对电子邮件附件的病毒防治

　　　　B. 支持与入侵监测系统的联动

　　　　C. 支持灵活的事件和规则自定义功能

　　　　D. 支持快速检索事件和规则信息的功能

试题（17）分析

参考教程 16.4.2 节。漏洞扫描系统的功能和性能要素主要包括：

（1）支持与入侵监测系统的联动。

（2）支持灵活的事件和规则自定义功能，允许用户修改和添加自定义检测事件和规则，支持事件查询。

（3）支持快速检索事件和规则信息的功能，方便用户通过事件名、详细信息、检测规则等关键字对事件进行快速查询。

A 属于网络防病毒系统的功能和性能要素。

参考答案

（17）A

试题（18）

软件需求分析阶段的成果不包括　　（18）　　。

（18）A．软件（初步）确认测试计划　　　　B．软件需求说明书

　　　　C．用户使用说明书初稿　　　　　　　D．集成测试计划

试题（18）分析

参考教程 22.1.4 节和 22.1.8 节。需求分析阶段成果有：（1）项目开发计划；（2）软件需求说明书；（3）软件质量保证计划；（4）软件配置管理计划；（5）软件（初步）确认测试计划；（6）用户使用说明书初稿。

软件设计阶段成果：（1）概要设计说明书；（2）数据库设计说明书；（3）用户手册；（4）软件概要设计说明书（数据库设计部分可单列一册）；（5）软件详细设计说明书；（6）软件编码规范；（7）集成测试计划。

参考答案

（18）D

试题（19）

某公司已将软件管理和工程文档化、标准化，并综合成该组织的标准软件过程；所有项目均使用经批准、裁剪的标准软件过程来开发和维护软件。说明该公司已达到 CMMI 的　　（19）　　。

（19）A．第二级可重复级　　　　　　　　B．第三级已定义级

　　　　C．第四级已定量管理级　　　　　　D．第五级优化级

试题（19）分析

参考教程 19.9.1 节。考核软件过程能力成熟度，参见 CMM 模型概要表。

参考答案

（19）B

试题（20）

　　（20）　　不属于软件配置管理过程需满足的要求。

（20）A．有效性　　　　B．可见性　　　　C．可控性　　　　　D．及时性

试题（20）分析

参考教程 19.3.3 节。软件配置管理项是该软件的真正实质性材料，因此必须保持正确性、

完备性和可追踪性。任何软件配置管理项都必须做到"文实相符、文文一致"，以满足"有效性""可见性"和"可控性"要求。

参考答案

（20）D

试题（21）

测试团队需在信息系统集成项目的 　(21)　 阶段完成集成测试计划。

（21）A．需求分析　　　　　　　　　　B．软件详细设计

　　　 C．软件概要设计　　　　　　　　D．软件编码

试题（21）分析

参考教程 19.4.4 节。测试组织的测试工作进程表。

参考答案

（21）C

试题（22）

根据软件项目的规模等级和安全性等级，软件测试可由不同机构组织实施。集成测试通常由 　(22)　 组织实施。

（22）A．承建单位　　B．监理单位　　C．业主单位　　D．设计单位

试题（22）分析

参考教程 19.4.4 节。软件测试应由独立于软件设计开发的人员进行，根据软件项目的规模等级和安全性关键等级，软件测试可由不同机构组织实施。

（1）软件单元测试由承建单位自行组织，一般由软件开发组实施测试。

（2）软件集成测试由承建单位自行组织，软件开发组和软件测试组联合实施测试。

（3）软件确认测试由承建单位自行组织，软件测试组实施测试。

（4）系统测试应由业主单位组织，成立联合测试组（一般由专家组、业主单位、软件评测单位、承建单位等联合组成测试组）实施测试。

参考答案

（22）A

试题（23）

　(23)　 属于适应性维护。

（23）A．软件支持环境的改变，如操作系统、编译器或实用程序的变化等

　　　 B．为改善性能而作的修改，如提高运行速度、节省存储空间等

　　　 C．为便于维护而做的修改，如为了改进易读性而增加一些注释等

　　　 D．为扩充和增强功能而做的修改，如扩充解题范围和算法优化等

试题（23）分析

参考教程 19.6 节。适应性维护：为适应软件运行环境改变而作的修改。环境改变的主要内容包括：软件支持环境的改变，如操作系统、编译器或实用程序的变化等。

完善性维护：

（1）为扩充和增强功能而做的修改，如扩充解题范围和算法优化等；

（2）为改善性能而作的修改，如提高运行速度、节省存储空间等；

（3）为便于维护而做的修改，如为了改进易读性而增加一些注释等。

参考答案

（23）A

试题（24）

面向对象系统分析的模型不包括　（24）　。

（24）A. 用例模型　　　　　　　　　B. 类-对象模型

　　　　C. 对象-关系模型　　　　　　D. 客户-服务器模型

试题（24）分析

面向对象系统分析的模型由用例模型、类-对象模型、对象-关系模型和对象-行为模型组成。

参考答案

（24）D

试题（25）

面向对象系统设计的内容不包括　（25）　。

（25）A. 用例设计　　　B. 原型设计　　　C. 类设计　　　　D. 子系统设计

试题（25）分析

面向对象系统设计基于系统分析得出的问题域模型，用面向对象方法设计出软件基础架构和完整的类结构，以实现业务功能。

面向对象系统设计包括用例设计、类设计和子系统设计等。

参考答案

（25）B

试题（26）

信息系统项目实施过程中往往会出现进度滞后，投资超预算等情况，这说明该项目需加强　（26）　。

（26）A. 安全管理　　　B. 项目管理　　　C. 知识管理　　　D. 信息管理

试题（26）分析

参考教程 2.1.1 节。在信息系统集成项目中，其重要性更为突出，主要原因有：

（1）信息系统项目往往大到事关国家生死存亡，小到事关单位兴衰成败；

（2）信息系统项目需求往往在还没有完全搞清楚需求就付诸实施，并且在实施过程中一再修改；

（3）信息系统项目往往不能按预定进度执行；

（4）信息系统项目的投资往往超预算；

（5）信息系统的实施过程可视性差；

（6）信息系统的项目管理，尤其信息系统项目监理，往往不被重视。

参考答案

（26）B

试题（27）

某单位设立售前服务、开发、集成、售后服务部等部门，项目任务分派到各部门，该单位组织结构为__（27）__。

（27）A．职能型　　　　　B．矩阵型　　　　　C．领域型　　　　　D．项目型

试题（27）分析

参考教程 2.2.3 节。单位组织结构的三种类型为职能型、领域型和矩阵型。

单位按职能类别划分部门，如设立售前服务、开发、集成、售后服务部等；项目任务分派到各职能部门。

单位按应用业务领域类别划分部门，如金融事业部、典型事业部、企业信息化事业部等；各领域事业部组织各自的项目组。

单位由职能部门和项目组构成。项目组人员来自不同职能部门，受职能部门和项目组双重领导。这种组织方式通常称为矩阵型。

参考答案

（27）A

试题（28）

范工为某信息系统项目的项目经理，其作为项目经理的权力不包括__（28）__。

（28）A．支配相应的项目资金

　　　B．发布或修改项目章程

　　　C．根据项目进展需要在紧急情况下进行随机处置

　　　D．按公司规定对失职人员进行处罚

试题（28）分析

参考教程 2.2.3 节。项目经理的权力包括：

（1）获取项目组人员及进行任务分配的权力；

（2）获取项目组所需环境条件的权力；

（3）支配相应的预算及资金权力；

（4）按公司规定奖励优秀员工的权力；

（5）按公司规定对失职、未完成任务等事或人进行处理甚至处罚的权力；

（6）根据项目进展需要在紧急情况下进行随机处置的权力。

参考答案

（28）B

试题（29）

__（29）__不属于项目进度计划中常用的工具和方法。

（29）A．甘特图　　　　　　　　　　B．关键路径法

　　　C．计划评审技术　　　　　　　D．挣值分析法

试题（29）分析

参考教程 2.2.6 节。建立进度计划常用的工具和方法有：

（1）甘特图；

（2）关键路径法（CPM）；

（3）计划评审技术（PERT）。

挣值分析法属于成本管理的工具。

参考答案

（29）D

试题（30）

信息系统项目的实施涉及主建单位、承建单位、监理单位三方，建设单位重点实施项目管理要素中的___（30）___和评估与验收管理。

（30）A．立项管理　　　　B．进度管理　　　　C．成本管理　　　　D．质量管理

试题（30）分析

参考教程 2.3.2 节。建设单位重点实施的是第 1 项"立项管理"与第 13 项"评估与验收管理"。

参考答案

（30）A

试题（31）

信息系统工程监理单位的主要任务是"四控、三管、一协调"，其中的"四控"内容不包括___（31）___。

（31）A．进度控制　　　　B．成本控制　　　　C．质量控制　　　　D.范围控制

试题（31）分析

参考教程 1.2.2 节。"四控、三管、一协调"的内容如下。

四控：质量控制、进度控制、投资控制、变更控制。

三管：合同管理、信息管理、安全管理。

一协调：沟通与协调。

参考答案

（31）D

试题（32）

某信息系统工程项目中，张工为建设单位项目管理负责人，李工为承建单位的项目经理，王工为监理方的总监理工程师，以下说法不正确的是：___（32）___。

（32）A．张工、李工、王工所代表的三方都要采用项目管理的方法完成在项目实施中负责的工作

　　　　B．项目监理过程中，因张工为业主单位项目管理负责人，所以对于张工的意见在监理工作中需认真执行

　　　　C．项目实施过程中，由于王工具有丰富的配置管理流程工作经验，因此承建方与之签订合同，让其负责梳理软件配置管理流程

　　　　D．项目验收阶段，建设单位、承建单位和监理单位成立验收委员会，并主持整个软件验收工作

试题（32）分析

监理工程师起到的是监督作用，配置管理流程只能为承建方进行编制。

参考答案

（32）C

试题（33）

以下说法正确的是：　__（33）__。

（33）A．监理单位编制监理工作计划，并与承建单位沟通、协商，征得承建单位批准

　　　B．建设单位、承建单位、监理单位的项目负责人参加三方项目经理会议

　　　C．总监理工程师可以指派或委托业绩突出的监理工程师来行使合同赋予监理单位的权限

　　　D．甲单位负责信息系统项目的验收并提交最终监理档案资料

试题（33）分析

参考教程 1.2.3 节。监理方编制监理工作计划，并与建设单位沟通、协商，征得建设单位确认。

召开三方项目经理会议，即由建设单位、承建单位、监理单位等各方任该项目主要负责人的管理者参加的会议，就工程实施与监理工作进行首次磋商。

信息系统工程实行总监理工程师负责制。总监理工程师行驶合同赋予监理单位的权限，全面负责受委托的监理工作。

监理单位与建设单位、承建单位一起，对所完成的信息系统项目进行验收。

参考答案

（33）B

试题（34）

现行的《信息化工程监理规范》是　__（34）__。

（34）A．GB/T 19668.1—2014　　　　B．GB/T 19668.1—2015

　　　C．GB/T 19668.1—2016　　　　D．GB/T 19668.1—2017

试题（34）分析

参考《信息化工程监理规范》GB/T 19668.1—2014。

参考答案

（34）A

试题（35）

　__（35）__ 仅适用于项目工作量不大且能精确计算、工期较短、风险不大的项目。

（35）A．可调价格合同　　　　　　B．总价合同

　　　C．单价合同　　　　　　　　D．成本加酬金合同

试题（35）分析

参考教程 10.1.2 节。总价合同仅适用于项目工作量不大且能精确计算、工期较短、技术不大复杂、风险不大的项目。

参考答案

（35）B

试题（36）

合同管理中，履约管理的重点是　　（36）　　。

（36）A．合同监督　　　B．档案管理　　　C．合同分析　　　D．索赔管理

试题（36）分析

参考教程 10.1.5 节。合同的履约管理内容：

（1）履约管理的依据——合同分析；

（2）履约管理的方式——合同控制；

（3）履约管理的保证——合同监督；

（4）履约管理的重点——项目索赔管理。

参考答案

（36）D

试题（37）

关于监理单位的权利和义务，不正确的是：　　（37）　　。

（37）A．按照监理合同取得监理收入

　　　B．不承建信息系统工程

　　　C．与承建单位合伙经营

　　　D．应维护建设单位和承建单位的合法权益

试题（37）分析

参考教程 4.1.3 节。监理单位的权利与义务：

（1）按照"守法、公平、公正、独立"的原则，开展信息系统工程监理工作，维护建设单位与承建单位的合法权益；

（2）按照监理合同取得监理收入；

（3）不承建信息系统工程；

（4）不得与被监理项目的承建单位存在隶属关系和利益关系，不得作为其投资者或合伙经营者；

（5）不得以任何形式侵害建设单位和承建单位的知识产权；

（6）在监理过程中因违犯国家法律、法规，造成重大质量、安全事故的，应承担相应的经济责任和法律责任。

参考答案

（37）C

试题（38）

监理工程师刘工按照正常的程序和方法对承建方开发过程进行了检查和监督，未发现任何问题，系统上线后，发现由于系统设计缺陷而导致无法满足实际应用要求。从风险角度，这种系统设计的风险属于　　（38）　　。

（38）A．行为责任风险　　　　　　B．工作技能风险

　　　C．技术资源风险　　　　　　D．环境风险

试题（38）分析

参考教程 4.2.1 节。即使监理工程师在工作中没有行为上的过错，仍然可能承受一些风险。例如在软件开发过程中，按照正常的程序和方法对开发过程进行了检查和监督，未发现任何问题，系统上线后，发现由于系统设计存在缺陷而导致不能满足实际应用的情况。由于人力、财力和技术资源的限制，监理无法对施工过程的所有部位，所有环节的问题都能及时进行全面细致的检查发现。

参考答案

（38）C

试题（39）

监理大纲的编制应在　（39）　完成。

（39）A．签定监理委托合同阶段　　　　B．监理招投标阶段

　　　C．监理项目部建立后　　　　　　D．监理责任明确后

试题（39）分析

参考教程 5.2 节。

监理大纲、监理规划和监理实施细则的主要区别

名称	编制对象	负责人	编制时间	编制目的	编制作用	编制内容		
						为什么	做什么	如何做
监理大纲	项目整体	公司总监	监理招标阶段	供建设单位审查监理能力	增强监理任务中标的可能性	重点	一般	无
监理规划	项目整体	项目总监	监理委托合同签订后	项目监理的工作纲领	对监理自身工作的指导、考核	一般	重点	重点
监理实施细则	某项专业监理工作	专业监理工程师	监理项目部建立、责任明确后	专业监理实施的操作指南	规定专业监理程序、方法、标准，使监理工作规范化	无	一般	重点

参考答案

（39）B

试题（40）

在编制监理实施细则时，　（40）　是最常用且易组织的方式。

（40）A．按信息系统工程中的专业分工编制

　　　B．按监理的工作内容编制

　　　C．按信息系统工程的阶段编制

　　　D．按信息系统工程建设控制的目标编制

试题（40）分析

参考教程 5.4.2 节。监理实施细则编制的方式：

第一种方式按照信息系统工程中的专业分工编制。

第二种方式按信息系统工程的阶段编制。

第三种方式按监理的工作内容编制。

第一种方式是最常用的方式，也是比较好组织的一种方式。

参考答案

（40）A

试题（41）

编制监理规划正确的步骤是　（41）　。

（41）A．项目规划目标的确认—规划信息的收集与处理—确定监理工作—工作分解

　　　 B．项目规划目标的确认—规划信息的收集与处理—工作分解—确定监理工作

　　　 C．规划信息的收集与处理—项目规划目标的确认—工作分解—确定监理工作

　　　 D．规划信息的收集与处理—项目规划目标的确认—确定监理工作—工作分解

试题（41）分析

参考教程 5.3.2 节。编制监理规划的步骤：

规划信息的收集与处理—项目规划目标的确认—确定监理工作—按照监理工作性质及内容进行工作分解。

参考答案

（41）D

试题（42）

关于质量控制的描述，不正确的是：　（42）　。

（42）A．信息系统工程项目实体、功能和使用价值的各方面都应当列入项目的质量目标范围

　　　 B．工程项目建设的每个阶段对工程项目质量的形成起着重要作用，对工程质量产生重要影响

　　　 C．质量控制贯穿全过程，监理单位的质量控制是针对项目实施过程的质量控制

　　　 D．监理工程师根据每个阶段的特点，确定各阶段质量控制的目标和任务

试题（42）分析

参考教程 6.1.1 节。质量控制是一个系统过程，贯穿全过程，监理单位的质量控制主要包括项目实施过程的质量控制以及项目实施结果与服务的质量控制。

参考答案

（42）D

试题（43）

三方协同的质量控制体系是信息工程项目成功的重要因素，项目的质量保证计划是在　（43）　的质量保证计划的基础上建立起来的。

（43）A．建设单位　　　 B．监理单位　　　 C．承建单位　　　 D．管理单位

试题（43）分析

参考教程 6.2.2 节。三方协同的质量控制体系是信息工程项目成功的重要因素，项目的质量保证计划是在承建单位的质量保证计划的基础上建立起来的。

参考答案

（43）C

试题（44）

关于质量控制点的说法，不正确的是：___（44）___。

（44）A. 针对应用软件开发项目，监理单位把需求获取作为一个质量控制点

　　　　B. 针对综合布线工程项目，监理单位把隐蔽工程的实施过程作为一个质量控制点

　　　　C. 为了保证项目质量，质量控制点的设置应固定不变

　　　　D. 为了保证项目质量，选择的质量控制点应该易于纠偏

试题（44）分析

参考教程 6.3.1 节。质量控制点的设置原则第四点：保持控制点设置的灵活性和动态性。

对于一些大型信息系统工程项目，由于建设规模庞大，建设周期较长，影响因素繁多，工程项目建设目标干扰严重，质量控制点设置并不是一成不变的，必须根据工程进展的实际情况，对已设立的质量控制点应随时进行必要的调整或增减。

参考答案

（44）C

试题（45）

关于项目实施阶段质量控制的描述，不正确的是：___（45）___。

（45）A. 阶段性实施结果未达到有关标准要求时,应该开具整改通知报总监理工程师后方能进行下一阶段工作

　　　　B. 进行工程各阶段分析，分清主次，抓住关键是阶段性工程结果质量控制的目的

　　　　C. 对工程质量有重大影响的软硬件,应审核承建单位提供的技术性能报告或者权威的第三方测试报告

　　　　D. 总监理工程师针对使用没有技术合格证的工程材料、擅自替换、变更工程材料的承建方有权下达停工令

试题（45）分析

参考教程 6.3.4 节。项目阶段性实施结果的质量控制基本步骤对该阶段实施结果进行必要的纠正。经纠偏后，应重新检查，达到质量标准才予以认可。坚持项目各阶段实施验收合格后，才准进入下阶段工程实施的原则。

参考答案

（45）A

试题（46）

关于过程质量控制的实施要点，不正确的是：___（46）___。

（46）A. 采用最新最先进设备时应设置质量控制点

　　　　B. 对后续工程实施质量和安全有重大影响的工序应设置质量控制点

　　　　C. 承建单位综合布线完成、网络通电测试合格后，通知监理单位进行测试检查

　　　　D. 凡质量、技术方面有法律效力的凭证，只能由总监理工程师一人签署

试题（46）分析

参考教程 4.3.4 节。布线系统完成后监理人员先签署认可后方能通电。

参考答案

（46）C

试题（47）

某网络计划，工作 A 后有三项紧后工作，这三项工作最早开始时间分别是第 24 天、第 26 天、第 29 天，最迟开始时间分别为第 27 天、第 28 天和第 29 天，工作 A 的最早开始时间为第 16 天，其持续时间为 4 天，则工作 A 的自由时差是 ___（47）___ 天。

（47）A. 9　　　　　B. 7　　　　　C. 6　　　　　D. 4

试题（47）分析

工作 A 和紧后工作的单代号图如下：

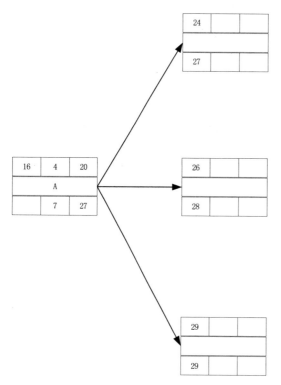

工作 A 的自由时差=Min（24,26,29）–20=24–20=4（天）。

参考答案

（47）D

试题（48）

某公司 ERP 项目网络图如下，该项目工期为 ___（48）___ 天。

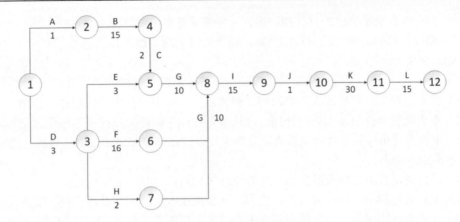

（48）A．88   B．89   C．90   D．91

试题（48）分析

关键路径的两种定义：

双代号网络中，关键路径是历时最长的路径。

此题关键路径为 D-F-G-I-J-K-L，所需时间=3+16+10+15+1+30+15=90 天。

参考答案

（48）C

试题（49）

有关建设单位、承建单位、监理单位三方进度控制的描述，不正确的是： ___（49）___ 。

（49）A．承建单位填写《项目进度计划报审表》，报送建设单位审核

　　　B．监理工程师审查进度计划的关键路径，并进行分析

　　　C．承建单位定期汇报《工程实施进度动态表》

　　　D．进度计划有重要的修改意见时承建单位应重新申报

试题（49）分析

参考教程 7.3.2 节。承建单位应根据工程建设合同的约定，按时编制项目总进度计划、季度进度计划、月进度计划或阶段作业计划，并按时填写《项目进度计划报审表》，报工程项目监理部审查。

监理工程师应审查进度计划的关键路径，并进行分析。

承包商每两周报一份《工程实施进度动态表》，报告工程的实际进展情况。

有重要的修改意见应要求承建单位重新申报。

参考答案

（49）A

试题（50）

监理工程师在实施阶段进度控制中所做的工作不包括： ___（50）___ 。

（50）A．审查承建单位的施工进度计划，确认满足项目控制进度计划的要求

　　　B．检查工程准备情况，如满足工程实施条件，签署开工通知

    C. 审查承建单位的进度控制报告，监督承建单位做好施工进度控制

    D. 研究制定预防工期索赔措施，做好处理工期索赔工作

试题（50）分析

参考教程 7.3.1 节。完成实施阶段进度控制任务，监理工程师应当做好以下工作：

（1）根据工程招标和实施准备阶段的工程信息，进一步完善项目控制进度计划；

（2）审查承建单位的施工进度计划，确认其可行性并满足项目控制性进度计划要求；

（3）审查承建单位的进度控制报告，监督承建单位做好施工进度控制，对施工进度进行跟踪，掌握施工动态；

（4）研究制定预防工期索赔措施，做好处理工期索赔工作；

（5）在施工过程中，做好对人力、物力、资金的投入控制工作及转换控制工作；

（6）开好进度协调会，及时协调各方关系，使工程施工顺利进行；

（7）及时处理承建单位提出的工期延期申请。

参考答案

（50）B

试题（51）

某工程项目，完工预算为 2000 万元。到目前为止，由于某些特殊原因，实际支出 800 万元，成本绩效指数为 0.8，假设后续不在发生成本偏差，则完工预算（EAC）为　(51)　万元。

（51）A. 2800　　　　B. 2500　　　　C. 2360　　　　D. 2160

试题（51）分析

在计算 EAC 时，通常用已经完工的实际成本 AC，加上剩余工作的完工尚需估算（ETC）。由于在本题中，强调前期是由于特殊原因导致，并且未来这种情况不会再发生，所以在计算 ETC 时，应采用基于非典型的偏差计算 ETC，即 ETC=BAC–EV。

EAC=ETC+AC=BAC–EV+AC=2000– 0.8×800 +800=2160。

参考答案

（51）D

试题（52）

关于成本控制的说法，不正确的是：　(52)　。

（52）A. 成本控制不能脱离技术管理和进度管理独立存在

    B. 成本控制的基础是事先对项目进行的成本预算

    C. 成本控制是对项目实际成本发生变动后的控制

    D. 成本控制保证各项工作要在它们各自的预算范围内进行

试题（52）分析

参考教程 8.4.1 节。成本控制涉及对各种能够引起项目成本变化因素的控制（事前控制）、项目实施过程的成本控制（事中控制）、项目实际成本变动的控制（事后控制），不是仅指对项目实际成本发生变动后的控制。

参考答案

（52）C

试题（53）

某系统集成公司正在对老客户某城市商业银行的新项目进行成本估算，公司以前做过相似的项目，作估算的个人或小组具有一定经验，但对该项目的具体特征、结构还不够了解。这种情况下，应当采用___（53）___进行估算。

（53）A．参数建模　　　　　　　　　B．类比估计
　　　　C．从下向上估计法　　　　　　D．从上往下估计法

试题（53）分析

参考教程 8.3.2 节。这些情况的类比估计是可靠的：先前的项目不仅在表面上而且在实质上和当前项目是类同的，作估算的个人或小组具有必要经验。参数建模法需要把项目的一些特征作为参数，CD 是累加估计法，需要有效了解项目需求、分解项目。

参考答案

（53）B

试题（54）

监理工程师小王正在审核某新零售信息系统工程的竣工结算，在深入实际、掌握数据的基础上，重点审核分析项目成本计划的执行情况。以下审核内容，不正确的是：___（54）___。

（54）A．工程设计的变更是否有设计部门和监理工程师的变更设计手续
　　　　B．核对竣工项目中的额外支出是否有设计部门和监理工程师的签证手续
　　　　C．根据批准的设计概算，审核竣工项目的实际成本是节约还是超支
　　　　D．根据批准的初步设计和成本计划，核对竣工项目中有无计划外工程增减

试题（54）分析

参考教程 8.5.4 节。根据批准的初步设计和项目建设成本计划，核对竣工项目有无计划外工程的增减，是否有监理工程师和承建单位双方的签证手续，而不是设计部门和监理工程师的签证手续。

参考答案

（54）B

试题（55）

由于信息系统工程新技术发展速度快、技术手段更新速度快，新系统工程在建设过程中变更频繁。下列情形中，___（55）___会造成信息系统工程变更。

①政府颁布了更严格的项目相关的新技术规范
②项目总体设计、需求分析不够周密详细
③由于新技术的出现、设计人员提出了新的设计方案
④监理单位组织机构调整，总监理工程师换人

（55）A．①②③　　　　　　　　　　B．②③④
　　　　C．①②④　　　　　　　　　　D．①③④

试题（55）分析

参考教程 9.1.2 节。建设单位由于机构重组原因造成业务流程变化，才可能导致信息系统工程变更，监理单位组织机构调整一般不影响信息系统工程变更。

参考答案

（55）A

试题（56）

某信息系统工程项目承建单位决定采用效率更高的公共构件库，预计 11 月 30 日变更在用的信息系统项目的技术方案，最晚应在 __(56)__ 向监理工程师提出变更要求，提交书面工程变更建议书。

（56）A．11 月 29 日　　　　　　　　B．11 月 23 日

　　　C．11 月 16 日　　　　　　　　D．11 月 10 日

试题（56）分析

参考教程 9.3.2 节。变更申请单位向监理工程师提出变更要求或建议，应在预计可能变更的时间之前 14 天提出，提交书面工程变更建议书。

参考答案

（56）C

试题（57）

现代工程管理通常使用变更控制系统控制项目变更。变更控制系统包括 __(57)__ 。

①配置管理　　　　　　　　　　②变更控制委员会

③项目竣工验收小组　　　　　　④变更沟通过程所产生的信息

（57）A．①②③　　　　　　　　　B．②③④

　　　C．①②④　　　　　　　　　D．①③④

试题（57）分析

参考教程 9.4.1 节。变更控制系统包括：一个变更控制委员会、配置管理、变更信息的沟通过程。

参考答案

（57）C

试题（58）

监理单位在信息系统工程监理过程中针对各类合同的管理须遵循合同管理原则，合同管理原则中不包括 __(58)__ 。

（58）A．及时索赔原则　　　　　　　B．实时纠偏原则

　　　C．充分协商原则　　　　　　　D．公正处理原则

试题（58）分析

参考教程 10.2.3 节。合同管理原则包括：事前预控原则、实时纠偏原则、充分协商原则、公正处理原则。

参考答案

（58）A

试题（59）

关于信息系统建设合同索赔的描述，不正确的是：__(59)__ 。

（59）A．索赔是建设单位、承建单位、监理单位三方的利益体现

  B．索赔属于正确履行合同的正当权利要求

  C．索赔的性质属于经济补偿行为，而不是惩罚

  D．发生不可抗力事件也可以发起索赔

试题（59）分析

  参考教程 10.3.1 节。索赔是合同双方的利益体现。

参考答案

  （59）A

试题（60）

  在信息系统建设项目监理的整个过程中，监理工程师必须对有关知识产权的内容进行检查、监督、保护。监理工程师的如下做法，不正确的是：　（60）　。

  （60）A．监督相关单位及时进行软件著作权登记

    B．注意保护外购软件的知识产权

    C．注意保护待开发软件的知识产权

    D．重点保护承建单位的知识产权权益

试题（60）分析

  参考教程 10.6.3 节。监理工程师需要对承建单位、建设单位的知识产权都要保护，重点保护建设单位的知识产权。

参考答案

  （60）D

试题（61）

  监理工程师有义务建议建设单位在信息系统安全管理上采取一定的措施和规划。下列建议中，　（61）　是不正确的。

  （61）A．便携式计算机中如果保存了敏感数据，应进行加密

    B．对于关键的任务应保证由一个人独立完成

    C．应当只授予操作人员为完成本职工作所需的最小授权

    D．机房、供电系统、备份介质存放地等重要区域应限制人员的进出

试题（61）分析

  参考教程 11.2.2 节。信息系统安全相关的人员管理制度中，应注意授权分散化，对于关键的任务应划分为多个功能，由不同的人完成。

参考答案

  （61）B

试题（62）

  系统部件因为自然老化等造成的自然失效，破坏了信息网络系统的　（62）　。

  （62）A．可用性   B．保密性   C．完整性   D．时效性

试题（62）分析

  参考教程 11.1.2 节。可用性也体现在生存性，即在随机破坏下系统的可用性。系统部件因为自然老化等造成的自然失效即造成系统的随机性破坏。

参考答案

（62）A

试题（63）

应用环境控制可降低业务中断的风险，监理工程师在某省电视台广电信息系统工程建设过程中，就建造过程中的计算机机房向建设单位提出的建议，不正确的是： __(63)__ 。

　　（63）A．计算机机房应建在地下室

　　　　　B．安装门禁系统，单一出入口

　　　　　C．使用不间断电源/发电机

　　　　　D．不公开敏感性设施的位置

试题（63）分析

参考教程 11.3.2 节。机房所在楼层不可安排在地下室，3～6 层为佳。

参考答案

（63）A

试题（64）

所有已评审通过的文件，如果在实际开发过程中承建单位需要变更某项内容，需经监理对其提出的变更内容和变更方案进行评审，并提出监理意见，经 __(64)__ 确认后方可实施。

　　（64）A．建设单位　　　B．承建单位　　　C．监理单位　　　D．上述三方

试题（64）分析

参考教程 12.4.2 节。工程项目变更评审通过的文档须经三方确认后实施。

参考答案

（64）D

试题（65）

总监理工程师组织编写工程监理月报时，汇报了工程概况、工程质量控制、工程进度控制、管理协调、下月监理计划，还欠缺 __(65)__ 的内容。

　　（65）A．监理依据　　　　　　　　B．监理总评价

　　　　　C．工程成本结算　　　　　　D．监理规划

试题（65）分析

参考教程 12.4.2 节。工程进度综述是工程监理总结报告的内容。工程成本结算是在完工后才进行的。

参考答案

（65）B

试题（66）

工程监理总结报告中，工程质量综述部分应包括 __(66)__ 。

　　①测试结论　　　　　　②质量事故

　　③工程变更　　　　　　④模块修改过程

　　（66）A．①②③　　　B．②③④　　　C．①②④　　　D．①③④

试题（66）分析

参考教程 12.4.2 节。工程质量综述综合分析质量控制情况，包括测试结论、质量事故、模块修改过程。工程变更属于工程进度综述的内容。

参考答案

（66）C

试题（67）

在信息系统工程监理活动中，监理人员只在核定的业务范围内开展相应的监理工作，这体现了信息系统工程建设组织协调的　（67）　原则。

（67）A．合规　　　　　　B．科学　　　　　　C．诚信　　　　　　D．公平

试题（67）分析

参考教程 13.2.1 节。对任何一个具有民事行为能力的单位或个人，起码的行为准则就是遵纪守法、依法办事、依法经营。在信息系统工程监理活动中，守法的具体体现在监理只在核定的业务范围内开展相应的监理工作等。

参考答案

（67）A

试题（68）

监理工程师在从事监理工作时，应同建设单位和承建单位建立良好的人际关系，还需要创造人际交往的条件。监理工程师小王采取积极的态度与项目经理加强交往、增加交往频率，这是通过　（68）　创造了良好的人际交往条件。

（68）A．外表的亲和度　　　　　　　　B．态度的类似性
　　　 C．需求的互补性　　　　　　　　D．时空上的接近

试题（68）分析

参考教程 13.3.3 节。地理距离的远近与交往的频繁，对于人际关系具有决定性的作用。与人为友必须主动拉近空间上的距离，并采取积极的态度加强交往，增加交往频率。

参考答案

（68）D

试题（69）

监理单位应在　（69）　阶段了解建设单位需求，协助建设单位确定招标方式，并对招标过程的组织提出建议。

（69）A．准备　　　　B．系统需求分析　　　C．系统设计　　　D．系统实施

试题（69）分析

参考教程 21.3 节。准备阶段业主单位根据已经确定的采购需求开展招标工作，监理单位在招标阶段应了解业主需求，协助业主确定招标方式。

参考答案

（69）A

试题（70）

某系统集成企业在项目实施阶段出现突发情况，引起进度问题。此时监理单位应通

过 （70） ，督促各方采取应急措施赶上进度要求，以便项目的开发能以预期进度完成。

（70）A. 监理日报　　　B. 监理周报　　　C. 监理月报　　　D. 监理专题会议

试题（70）分析

参考教程 13.3.1 节。专题会议是为解决专门问题而召开的会议，由总监理工程师或授权监理工程师主持。对于突发性变更事件引起的进度问题，监理单位应召开紧急协调会议，当面处理问题。

参考答案

（70）D

试题（71）

_____（71）_____ techniques are used to find ways to bring project activities that are behind into alignment with the plan by fast tracking or crashing the schedule for the remaining work.

（71）A. Schedule forecasts　　　　　B. Schedule compression

　　　 C. Change requests　　　　　　D. Data analysis

试题（71）分析

采用进度压缩技术，使进度落后的项目赶上计划，可以对剩余工作使用快速跟进或赶工方法。A 是进度预测；C 是变更需求；D 是数据分析。

参考答案

（71）B

试题（72）

Generally, the contract claim can be settled amicably through negotiation. If no compromise can be reached, the dispute can be settled by _____（72）_____.

（72）A. negotiation　　　　　　　　B. the court

　　　 C. lawyer　　　　　　　　　　D. arbitration

试题（72）分析

参考教程 10.3.1 节。索赔在一般情况下都可以通过协商友好解决，如果双方无法达成妥协，争议可通过仲裁解决。

参考答案

（72）D

试题（73）

The organizationshall undertake changein a planned and systematic manner,taking account of the review of the potentialconsequences of changes and taking action as necessary, to ensure the integrity of goods and services are maintained. This is called _____（73）_____.

（73）A. control of changes　　　　　B. control of plans

　　　 C. control of accounts　　　　　D. control of services

试题（73）分析

ISO9001:2015 8.6.6 变更控制。

变更控制即组织应有计划地和系统地进行变更，考虑对变更的潜在后果进行评价，采取必要的措施，以确保产品和服务完整性。

参考答案

（73）A

试题（74）

Much of the effort of cost control involves analyzing the relationship between the consumption of project funds and the work being accomplished for such expenditures. The key to effective cost control is the management of the approved ___（74）___.

（74）A．schedule baseline　　　　　B．cost baseline

　　　　C．cost output　　　　　　　　D．cost input

试题（74）分析

在成本控制中，应重点分析资金支出与相应完成的工作之间的关系。有效成本控制的关键在于管理经批准的成本基准。

参考答案

（74）B

试题（75）

The top management of a company will review the organization's management system, the management review will include consideration of:

（a）customerfeedback on quality

（b）processes performance and product conformity

The purpose of management review is ___（75）___.

（75）A．control of customers　　　　B．control of measurements

　　　　C．control of qualities　　　　　D．control of opportunities

试题（75）分析

ISO9001:2015 9.3 管理评审。

最高管理者应按策划的时间间隔评审质量管理体系，管理评审考虑质量管理体系绩效的信息，包括不符合与纠正措施、监视和测量结果、顾客反馈、过程绩效和产品的符合性、审核结果、外部供方等。进行管理评审的目的是更好地控制产品及服务质量。

参考答案

（75）C

第8章　2018下半年信息系统监理师下午试题分析与解答

试题一（20分）

阅读下列说明，回答问题1至问题4，将解答填入答题纸的对应栏内。

【说明】

某系统集成一级企业承接某银行的业务系统建设工作，软件开发、硬件采购、网络建设、系统集成工作均由该企业实施。该项目是银行重要系统。

【事件1】系统建设末期，所有建设项目按照批准的设计方案全部建成并满足使用要求，分项工程全部初验合格，技术文档和验收资料完备，设备型号与数量清点无误，验收时即可加电入网，软件已通过单元测试评审，源代码在开发人员本机上得到了妥善保存。系统建设符合集成合同、知识产权、信息安全的要求及规范。于是，承建单位和监理工程师商议后，决定于第二天即12月1日进行验收。

【事件2】考虑到本系统对数据及信息安全要求极高，建设单位发现数据存储和备份系统验收测试方案中只有存储系统 RAID 功能测试及存储系统的读写速度测试，建设单位认为该测试方案不完整，要求延期验收。

【事件3】几经磋商和调整，三方于12月20日组织了系统验收工作，验收小组共5人。在对软件进行验收测试时，发现3个严重 Bug，设计文档与程序相符但与需求文档不一致。验收小组成员对是否通过验收出现争议，组长决定投票表决，4人签字同意通过验收，1人坚决反对并拒绝在验收报告上签字。按照多数原则，组长决定软件系统最终通过验收。

【问题1】（5分）

针对事件1，请指出12月1日时该项目尚不满足哪些验收前提条件。

【问题2】（3分）

针对事件2，请补充数据存储和备份系统的验证点。

【问题3】（7分）

针对事件3，你认为验收组长是否应同意通过验收？请说明理由。

【问题4】（5分）

基于案例，请判断以下描述是否正确（填写在答题纸的对应栏内，正确的选项填写"√"，不正确的选项填写"×"）：

（1）验收的依据是合同及合同附件、有关技术说明文件及适用的标准。　　　（　　）

（2）验收阶段，承建单位需向建设单位和监理单位提交正式的验收申请。　　（　　）

（3）监理单位了解被验收软件的功能、质量特性和文档等方面的内容后，对验收申请报告进行审查，即可验收。　　（　　）

（4）验收中需要对验收工作的关键过程进行记录，记录验收过程中验收委员会提出的所有问题与建议，以及建设单位、监理单位及承建单位的解答和验收委员会对被验收软件

的评价。　　　　　　　　　　　　　　　　　　　　　　　　　　　　　　　　（　　）

　　（5）系统移交阶段的监理重点是确保文档及软件的完整、版本一致。　　（　　）

试题一分析

　　本题重点考查项目验收阶段监理方的工作内容和工作要点。

【问题1】

　　针对案例问答题，重点考查信息网络系统和软件验收的前提条件（参考《信息系统监理师教程》（本章简称：教程）18.1.1 节和 24.1.2 节）。

【问题2】

　　针对案例问答题，重点考查监理工作中数据存储和备份系统的验证工作要点（参考教程18.2.4 节）。

【问题3】

　　针对案例问答题，考查软件验收准则要求（参考教程 24.2.6 节）。

【问题4】

　　细节判断题，考核验收依据、验收时机、验收工作内容等相关知识点（参考教程 24.1 节）。

　　（1）验收的依据是合同及合同附件、有关技术说明文件及适用的标准。

　　（2）验收阶段，承建单位需向建设单位和监理单位提交正式的验收申请。

　　（3）业主单位及监理单位必须了解被验收软件的功能、质量特性和文档等方面的内容，对验收申请报告进行审查，提出处理意见。

　　（4）验收工作的全过程必须详细记录，记录验收过程中验收委员会提出的所有问题与建议，以及业主单位、监理单位及承建单位的解答和验收委员会对被验收软件的评价。

　　（5）系统移交阶段的监理重点是确保文档及软件的完整、版本一致。

参考答案

【问题1】（5 分）

　　（1）验收前未获得用户同意；

　　（2）设备未进行加电试运行；

　　（3）软件产品应置于配置管理下，不应仅在开发人员本机保存；

　　（4）软件未通过软件确认测试评审；

　　（5）软件未通过系统测试评审。

　　（每条 1 分，共 5 分）

【问题2】（3 分）

　　（1）数据加密功能；

　　（2）备份系统对重要数据的即时备份能力；

　　（3）备份管理软件功能测试；

　　（4）备份策略测试；

　　（5）支持备份方式。

　　（每条 1 分，满分 3 分）

【问题 3】（7 分）

不应该同意通过验收。（1 分）

理由：

（1）验收测试中发现了 3 个严重 Bug，超过建设单位事先约定的限定值；

（2）设计文档与需求文档不一致，不符合软件验收准则的要求；

（3）本系统属于重要系统，重要系统应由全体验收委员协商一致同意（一般系统需要 2/3 以上同意）；

（4）验收小组全体成员应在验收报告上签字。

（每条 2 分，满分 6 分）

【问题 4】（5 分）

（1）√　（2）√　（3）×　（4）×　（5）√

（每个 1 分，共 5 分）

试题二（14 分）

阅读下列说明，回答问题 1 至问题 3，将解答填入答题纸的对应栏内。

【说明】

某省拟建设覆盖全省的扶贫信息服务网络，开展扶贫对象信息采集、动态管理及扶贫资金项目管理。信息系统集成公司 A 中标，省扶贫办委托信息系统监理公司 B 开展监理工作。

【事件 1】A 公司按照标书要求采购服务器时，将 CPU 的速度和性能、内存容量和性能作为服务器选型的评定指标。

【事件 2】由于扶贫信息服务网络的数据机房是新建机房，与省政务平台机房不在一栋楼里，综合布线系统方案中，存放服务器、交换机、路由器等公用设备的地方，从地面到天花板保持了 2 米高度的无障碍空间，地板承重压力最大达到 $400kg/m^2$。B 公司监理工程师审查综合布线设计方案时，未通过该方案。

【问题 1】（5 分）

针对事件 1，A 公司在服务器选型时还应考虑哪些其他因素？

【问题 2】（4 分）

针对事件 2，请指出监理工程师未通过综合布线设计方案的原因。

【问题 3】（5 分）

请从候选答案中选择一个正确选项，将该选项编号填入答题纸对应栏内。

综合布线系统建设中，____(1)____ 负责连接管理子系统和设备间子系统，____(2)____ 的功能是将工作区信息插座与楼层配线间的 IDF 连接起来，____(3)____ 由 RJ-45 跳线与信息插座所连接的设备组成，____(4)____ 由交连、互联和 I/O 组成，____(5)____ 将各种供系统的多种不同设备互连起来。

A．工作区子系统　　　B．管理间子系统　　　C．垂直干线子系统

D．建筑群子系统　　　E．水平子系统　　　　F．设备间子系统

试题二分析

本题重点考查信息网络系统的监理相关工作内容。

【问题 1】

针对案例问答题，重点考查服务器选型时应考虑的因素（参考教程 14.1.2 节中的网络服务器）。

【问题 2】

针对案例细节题，重点考查监理工作中网络设备构建时的重点监理内容（参考教程 16.5.2 节中的设备间子系统设计）。

设备间空间（从地面到天花板）应保持 2.55m 高度的无障碍空间，地板承重压力不能低于 500kg/m²。建筑群子系统架空电缆布线时，从电线杆到建筑物的架空进线距离不应超过 30m，建筑物的电缆入口可以是穿墙的电缆孔或管道，入口管道的最小口径为 50mm。

【问题 3】

细节填空题，考查机房建设规范条款及内容（参考教程 14.1.2 节中的布线系统）。

管理间子系统由交连、互联和 I/O 组成，垂直干线子系统负责连接管理子系统和设备间子系统，设备间子系统将各种供系统的多种不同设备互连起来，水平子系统的功能是将工作区信息插座与楼层配线间的 IDF 连接起来，工作区子系统由 RJ-45 跳线与信息插座所连接的设备组成。

参考答案

【问题 1】（5 分）

(1) 总线结构和类型；

(2) 磁盘总量和性能；

(3) 容错性能；

(4) 网络接口性能；

(5) 服务器软件。

（每个 1 分，共 5 分）

【问题 2】（4 分）

(1) 设备间无障碍空间高度设计不合理（2 分），应为 2.55m；

(2) 设备间地板承重压力设计不合理（2 分），地板称重压力不能低于 500kg/m²。

【问题 3】（5 分）

(1) C　(2) E　(3) A　(4) B　(5) F

（每个 1 分，共 5 分）

试题三（16 分）

阅读下列说明，回答问题 1 至问题 3，将解答填入答题纸的对应栏内。

【说明】

某城市双创平台成立后，拟建设中小企业服务管理信息系统，主要工作计划如下：

工作代号	工作名称	紧前作业	历时
A	可行性分析		乐观时间：8 悲观时间：22 正常时间：12
B	需求分析	A	30
C	A 模块设计开发	B	乐观时间：10 悲观时间：18 正常时间：17
D	B 模块设计开发	B	28
E	设备采购	B	16
F	联调测试	C、D	8
G	集成测试	E、F	8
H	试运行	G	40
I	项目验收	H	4

【问题 1】（4 分）

请计算 A、C 两项工作的最可能的历时。

【问题 2】（8 分）

请补充完整该管理信息系统的双代号网络图。

【问题 3】（4 分）

请给出项目关键路径和项目总工期。

试题三分析

本题重点考查信息系统建设过程中的进度管理相关内容。

【问题 1】

针对案例问答题，重点考查考生是否掌握进度管理中活动历时的估算方法。

【问题 2】

针对案例问答题，重点考查考生对进度管理中的进图网络图技术的掌握程度。

【问题 3】

针对案例问答题，重点考查考生是否掌握进度管理中项目关键路径和总工期的计算方法。

参考答案

【问题 1】（4 分）

活动 A 最可能的历时：(8+22+4×12)/6=13 天。

活动 C 最可能的历时：(10+18+4×17)/6=16 天。

（每个 2 分，共 4 分）

【问题 2】（8 分）

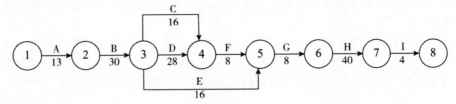

画对 B（1 分）

画对 C（1 分）

画对 D（1 分）

画对 E（1 分）

画对 F（1 分）

画对 G（1 分）

画对 H（1 分）

画对 I（1 分）

（C、D 可互换位置）

【问题 3】（4 分）

关键路径：A–B–D–F–G–H–I（2 分）

项目总工期：13+30+28+8+8+40+4=131 天（2 分）

试题四（15 分）

阅读下列说明，回答问题 1 至问题 3，将解答填入答题纸的对应栏内。

【说明】

某电子政务大数据平台项目，项目内容以应用软件系统开发为主，配套建设网络平台和机房，某信息系统工程监理单位承担了全过程的监理任务。

【事件 1】建设单位通过邀标方式确定该项目总承建单位为 A 单位。A 单位将应用软件开发工作分包给 B 单位，将机房建设工作分包给 C 单位。C 单位由于人员结构调整无法承担机房建设任务，又将机房建设工作分包给 D 单位。

【事件 2】设计阶段，承建单位提交了概要设计说明书、软件概要设计说明书、软件编码规范文档，监理审查文档后，指出设计阶段文档不全，需要补充。

【事件 3】为了保证机房建设质量，监理机构采取了现场旁站方式进行质量监控。

【问题 1】（6 分）

针对事件 1，请指出项目中不正确的做法，并说明理由。

【问题 2】（4 分）

针对事件 2，请补充在设计阶段欠缺的文档。

【问题 3】（5 分）

针对事件 3，请判断监理机构针对机房建设采取旁站方式是否合适？并指出哪些项目或工序适合现场旁站方式进行质量控制。

试题四分析

本题重点考查信息系统建设过程中在招投标、设计阶段监理工作的相关内容。

【问题 1】

针对案例问答题，重点考查系统建设过程中分包的相关管理规定（参考教程 21.6 节）。

【问题 2】

针对案例问答题，重点考查设计阶段监理工程师需要检查的重点内容（参考教程 22.1.8 节）。

【问题 3】

针对案例概念题，重点考查现场旁站方法的定义和适用范围（参考教程 6.4.3 节）。

参考答案

【问题 1】（6 分）

（1）A 单位不能把软件开发工作分包给 B 单位。（1 分）

理由：依照招投标法，（1 分）软件开发工作是项目的主体、核心建设内容，不能分包。（1 分）

（2）C 单位不能将机房建设工作再次分包给 D 单位。（1 分）

理由：依照招投标法，（1 分）已经分包出去的工作不能再次分包。（1 分）

【问题 2】（4 分）

（1）数据库设计说明书；

（2）用户手册；

（3）软件详细设计说明书；

（4）集成测试计划。

（每条 1 分，共 4 分）

【问题 3】（5 分）

合适（1 分）

适合采用旁站的项目或工序：

（1）出现问题后难以处理的关键过程或关键工序；

（2）与项目地域有直接关系的项目；

（3）网络综合布线；

（4）设备开箱检验；

（5）机房建设。

（每条 1 分，满分 4 分）

试题五（10 分）

阅读下列说明，回答问题 1 至问题 2，将解答填入答题纸的对应栏内。

【说明】

某应用系统建设项目通过公开招标，确定 A 单位为监理单位、B 单位为承建单位。

【事件 1】A 单位制定了监理规划。在监理规划中明确工作任务之一是做好与建设单位和承建单位的协调工作。

【**事件 2**】在计划阶段，监理工程师按照如下检查项评审了 B 单位提交的项目计划：

（1）计划内容是否包含范围、进度、成本、质量等必要内容。

（2）计划中是否明确对项目控制所必需的工作产品。

【**问题 1**】（4 分）

针对事件 1，请简述监理机构在沟通与协调过程中需遵循的原则。

【**问题 2**】（6 分）

基于事件 2，请补充监理工程师针对软件项目计划的其他检查项。

试题五分析

本题重点考查监理工作中沟通协调、软件计划检查相关知识点。

【**问题 1**】

问答题，重点考查监理机构在沟通与协调过程中需遵循的原则（参考教程 13.2 节）。

【**问题 2**】

针对案例问答题，重点考查监理工程师针对软件项目计划的检查点（参考教程 22.2.1 节）。

参考答案

【**问题 1**】（4 分）

（1）公平、公正、独立原则；

（2）守法原则；

（3）诚信原则；

（4）科学原则。

（每条 1 分，共 4 分）

【**问题 2**】（6 分）

（1）计划的制订和计划的内容是否满足标准、规范和合同要求；

（2）计划的合理性、可行性；

（3）确保计划通过正式评审；

（4）确保计划评审后得到修改和批准；

（5）验证计划是否可作为后续开发的依据；

（6）验证计划是否可作为后续进度控制的依据。

（每条 2 分，满分 6 分，其他合理答案酌情给分）

第9章　2019上半年信息系统监理师上午试题分析与解答

试题（1）

使计算机系统各个部件、相关的软件和数据协调、高效工作的是 ___(1)___ 。

（1）A．系统软件　　　B．管理软件　　　C．应用软件　　　D．中间件

试题（1）分析

参考《信息系统监理师教程》[1]19.1 节。

软件的分类，按软件的功能进行划分，系统软件是能与计算机硬件紧密配合在一起，使计算机系统各个部件、相关的软件和数据协调、高效工作的软件。例如，操作系统、数据库管理系统、设备驱动程序以及通信处理程序等。

参考答案

（1）A

试题（2）

在信息系统开发项目中， ___(2)___ 不属于需求分析阶段监理工作的质量控制要点。

（2）A．需求分析报告　　　　　　　B．初步用户手册

　　　C．系统接口说明　　　　　　　D．调研提纲

试题（2）分析

参考《信息系统监理师教程》22.1 节。

需求分析的质量控制要点包括：调研提纲、需求分析报告（包括业务流程图、数据流程图、软件规格说明书和初步用户手册）、软件规格说明书。

系统接口说明属于系统设计阶段的质量控制要点。

参考答案

（2）C

试题（3）

GB/T 28827.1-2012《信息技术服务运行维护第 1 部分：通用要求》中，运行维护服务能力模型包括人员、资源、技术、过程 4 个关键要素，其中 ___(3)___ 属于过程要素的内容。

（3）A．岗位结构　　　　　　　　　B．知识库

　　　C．信息安全管理　　　　　　　D．运行维护工具

试题（3）分析

过程要素包括服务级别管理、服务报告、事件管理、问题管理、信息安全管理等。

答案 A 岗位结构，属于人员要素。

答案 B 知识库、答案 D 运行维护工具，都属于资源要素。

---

[1] 本章提及的《信息系统监理师教程》是全国计算机技术与软件专业技术资格（水平）考试指定用书，由清华大学出版社出版。

参考答案

（3）C

试题（4）

人工智能的典型应用不包括＿＿(4)＿＿。

（4）A．3D 打印　　　B．人脸识别　　　C．无人驾驶　　　D．语音识别

试题（4）分析

3D 打印（3DP）即快速成型技术的一种，又称增材制造，它是一种以数字模型文件为基础，运用粉末状金属或塑料等可粘合材料，通过逐层打印的方式来构造物体的技术。

增材制造，融合了计算机辅助设计、材料加工与成型技术，以数字模型文件为基础，通过软件与数控系统将专用的金属材料、非金属材料以及医用生物材料，按照挤压、烧结、熔融、光固化、喷射等方式逐层堆积，制造出实体物品的制造技术。

参考答案

（4）A

试题（5）

＿＿(5)＿＿是物联网感知层中的信息采集技术。

（5）A．通信技术　　　B．射频技术　　　C．数据挖掘　　　D．解析技术

试题（5）分析

"射频技术"是物联网的感知层中的信息采集技术。

参考答案

（5）B

试题（6）

基于买方的购买历史及行为分析，进行针对性的信息推送，属于＿＿(6)＿＿的典型应用。

（6）A．智慧城市　　　B．云计算　　　C．物联网　　　D．大数据

试题（6）分析

大数据流计算与机器学习的结合，可以利用大数据技术提升购物体验，节省商家人力成本。

参考答案

（6）D

试题（7）

FTP 是 TCP/IP 协议中的＿＿(7)＿＿。

（7）A．简单邮件传输协议　　　　　　B．简单网络管理协议

　　　C．网络控制报文协议　　　　　　D．文件传输协议

试题（7）分析

FTP：文件传输协议；SMTP：简单邮件传输协议；SNMP：简单网络管理协议；ICMP：网络控制报文协议。

参考答案

（7）D

试题（8）

数字证书系统是计算机网络系统集成体系框架中 __(8)__ 平台的内容。

（8）A. 网络　　　　　　B. 安全　　　　　C. 通信　　　　　D. 应用

试题（8）分析

参考《信息系统监理师教程》14.1.1 节。

计算机网络系统的体系框架包括环境平台、数据库平台、服务平台、开发平台、网络平台、安全平台、用户平台、应用平台、网管平台和通信网。

其中，安全平台包括防火墙、入侵监测和漏洞扫描、网络防病毒、安全审计、数字证书系统等。

参考答案

（8）B

试题（9）

IEEE __(9)__ 是综合布线系统标准支持的以太网标准协议。

（9）A. 802.3　　　　　B. 802.5　　　　　C. 802.8　　　　　D. 802.11

试题（9）分析

参考《信息系统监理师教程》14.1.2 节。

IEEE 802.3：以太网标准协议；IEEE 802.5：令牌环协议；IEEE 802.8：光纤协议；IEEE 802.11：无线局域网协议。

参考答案

（9）A

试题（10）

__(10)__ 交换机采用交换能力较强的设备，连接子节点较多。

（10）A. 核心层　　　　B. 汇聚层　　　　C. 接入层　　　　D. 传输层

试题（10）分析

参考《信息系统监理师教程》16.2.2 节。

在信息网络系统的建设中，基于应用层次、处理能力和可靠性要求，一般将交换机分为核心交换机、汇聚层交换机和接入层交换机三类。

汇聚层设备是相对数据量比较大的地方，所以汇聚层的设备连接子节点比较多的地方，应配备交换和路由能力比较强的设备。

参考答案

（10）B

试题（11）

__(11)__ 不属于智慧城市的典型应用。

（11）A. 智能交通　　　B. 智慧旅游　　　C. 应急联动　　　D. 金税工程

试题（11）分析

金税工程是吸收国际先进经验，运用高科技手段结合我国增值税管理实际设计的高科技管理系统。该系统由一个网络和四个子系统构成基本框架。

参考答案

（11）D

试题（12）

如果将部门聚餐烤肉比作购买云计算服务，去饭店吃自助烤肉、去饭店直接吃烤肉、自己架炉子买肉烤着吃，分别对应　　(12)　　服务。

(12) A．PaaS、SaaS、IaaS　　　　　　　　B．SaaS、PaaS、IaaS

　　　C．SaaS、IaaS、PaaS　　　　　　　　D．PaaS、IaaS、SaaS

试题（12）分析

去饭店自助相当于使用饭店提供的烤肉平台，但肉仍然需要自己烤，属于 PaaS；去饭店直接吃肉，相当于直接享受最终应用服务，属于 SaaS；而自己准备所有工具和材料，属于 IaaS。

参考答案

（12）A

试题（13）

防火墙、入侵监测和漏洞扫描系统是保障　　(13)　　需要用到的网络安全产品。

(13) A．设施安全　　　B．平台安全　　　C．通信安全　　　D．应用安全

试题（13）分析

参考《信息系统监理师教程》14.1.4 节。

根据信息安全工程高级保障体系框架，我们可以把安全体系分为：实体安全、平台安全、数据安全、通信安全、应用安全、运行安全和管理安全其他层次。

平台安全泛指操作系统和通用基础服务安全，主要用于防范黑客攻击手段，目前市场上大多数安全产品均限于解决平台安全问题。

平台安全实施需要用到市场上常见的网络安全产品，主要包括 VPN、物理隔离系统（网闸）、防火墙、入侵监测和漏洞扫描系统、网络防病毒系统、信息防篡改系统、安全审计等系统。对于重要的信息系统应进行整体网络系统平台安全综合测试，模拟入侵与安全优化。

参考答案

（13）B

试题（14）

　　(14)　　不属于网络基础平台的传输技术。

(14) A．基于 IP 的语音传输（VoIP）　　　　B．准同步数字序列（PDH）

　　　C．波分复用（DWDM）　　　　　　　　D．同步数字序列（SDH）

试题（14）分析

参考《信息系统监理师教程》14.1.1 节。

基于 IP 的语音传输（VoIP）属于网络服务平台的内容。

数据传输是网络的核心技术之一。传输线路带宽的高低，不仅体现了网络的通信负载能力，也反映了网络建设的现代化水平。目前常用的传输系统主要有：波分复用（DWDM）、综合布线系统（PDS）、同步数字序列（SDH）、准同步数字序列（PDH）、数字微波传输系统、

VSAT 数字卫星通信系统及有线电视网（CATV）等。

参考答案

（14）A

试题（15）

使用不同的操作方式，灾难恢复所耗费的时间和成本有所不同。在 __(15)__ 方式下，系统恢复所需时间最长，成本最低。

（15）A. 全自动恢复　　　　B. 手动恢复　　　　C. 数据备份　　　　D. 半自动恢复

试题（15）分析

参考《信息系统监理师教程》14.1.2 节。

灾难恢复系统可根据操作方式分为以下三种，其达到的效果各有所不同。

1）全自动恢复系统

它配合区域集群等高可靠性软件，可在灾害发生时自动实现主应用端的应用切换到远程的副应用端，并把主应用端的数据切换到远程的副应用端。并且它在主应用端修复后，把在副应用端运行的应用，返回给主应用端，操作非常简单。在灾害发生时全自动恢复系统可达到不中断响应的切换，很好地保证了重要应用的继续性。

这种方法的优点是：大大地减少了系统管理员在灾害发生后的工作量。缺点是：一些次要因素，如服务器死机、通信联络中断等，也随时有可能引发主生产系统切换到副应用端的操作。

2）手动恢复系统

在这种应用中，如果主应用端全部被破坏，在副应用端利用手动方法把应用加载到服务器上，并且手动完成将主应用端的数据切换到远程的副应用端的操作，以继续开展业务处理。

这种方法的优点是：整个系统的安全性非常好，不会因为服务器或网卡损坏而发生误切换。缺点是：会产生一段时间的应用中断。

3）数据备份系统

在这种系统中，系统将主应用端的数据实时地备份到远地的存储器中。这样，一旦主应用端的存储设备遭到损坏时，远程的存储器中会保留事故发生前写入本地存储器的所有数据，使丢失数据造成的损失降到最低点。当主应用端的存储器恢复正常，并将远地存储器的数据回装入本地存储器之后，应用可恢复到故障前的状态。这个时间差异取决于服务器的缓存中丢失了多少数据。

与上述两种方式相比，该方式系统恢复所需时间最长，但成本最低。

参考答案

（15）C

试题（16）

机房建设内容包括 __(16)__ 。

①网络安全系统　　　　②屏蔽、防静电系统

③运行维护系统　　　　④保安系统

⑤专业空调通风系统　　⑥防雷接地系统

（16）A.①②③④　　　B.①②④⑤　　　C.③④⑤⑥　　　D.②④⑤⑥

试题（16）分析

参考《信息系统监理师教程》16.5.1 节。

机房建设所涉及系统包括：

（1）机房装修系统；

（2）机房布线系统（网络布线、电话布线、DDN、卫星线路等布线）；

（3）机房屏蔽、防静电系统（屏蔽网、防静电地板等）；

（4）机房防雷接地系统；

（5）机房保安系统（防盗报警、监控、门禁）；

（6）机房环境监控系统；

（7）机房专业空调通风系统；

（8）机房网络设备的分区和布置；

（9）机房照明及应急照明系统；

（10）机房 UPS 配电系统；

（11）机房消防系统。

参考答案

（16）D

试题（17）

隐蔽工程的管路设计采用明敷槽道方式时，不正确的是　（17）　。

（17）A. 为了防尘、防潮或防火，槽道均应采取密闭措施加以保护

　　　B. 无孔托盘式槽道，距离地面的高度不低于 2.2m

　　　C. 在吊顶内敷设槽道时，槽道顶部距顶棚的距离应小于 0.3m

　　　D. 电缆竖井中安装的槽道，可以适当降低保护高度

试题（17）分析

参考《信息系统监理师教程》16.5.2.3 节。

在智能化建筑中因客观条件等限制，只能采用明敷槽道方式时，应注意其吊装高度。有孔托盘式或梯架式槽道在屋内水平敷设时要求距离地面高度，一般不低于 2.5m；无孔托盘式槽道可降低为不小于 2.2m，在吊顶内敷设槽道时不受此限，可根据吊顶的装设要求来确定，但要求槽道顶部距顶棚或其他障碍物之间的距离不应小于 0.3m。

参考答案

（17）C

试题（18）

在机房和综合布线工程实施过程中，关于线槽内的配线要求，不正确的是　（18）　。

（18）A. 同一线槽内包括绝缘在内的导线截面积总和应不超过内部截面积的 40%

　　　B. 缆线的布放应平直，不得产生扭绞、打圈等现象

　　　C. 缆线布放，在牵引过程中，吊挂缆线的支点相隔间距不应大于 1.5m

　　　D. 缆线布放后，在两端贴上线缆标签，以表明起始和终端位置

试题（18）分析

参考《信息系统监理师教程》17.5.1 节。

隐蔽工程线槽内配线要求：

（1）在同一线槽内包括绝缘在内的导线截面积总和应该不超过内部截面积的 40%。

（2）缆线的布放应平直，不得产生扭绞、打圈等现象，不应受到外力的挤压和损伤。

（3）缆线在布放前两端应贴有标签，以表明起始和终端位置，标签书写应清晰、端正和正确。

（4）缆线布放，在牵引过程中，吊挂缆线的支点相隔间距不应大于 1.5m。

参考答案

（18）D

试题（19）

____（19）____不属于 VPN 采用的网络技术及机制。

（19）A．数据安全性　　　B．透明包传输　　　C．QoS 保证　　　D．隧道机制

试题（19）分析

参考《信息系统监理师教程》14.1.4 节。

组建 VPN 技术机制：（1）不透明包传输；（2）数据安全性；（3）QoS 保证；（4）隧道机制。

参考答案

（19）B

试题（20）

____（20）____不属于漏洞扫描系统的功能和性能要素。

（20）A．提供多种方式对监视引擎和检测特征的定期更新服务

　　　B．支持快速检索事件和规则信息的功能

　　　C．支持与入侵监测系统的联动

　　　D．提供安全事件统计概要报表，并按照风险等级进行归类

试题（20）分析

参考《信息系统监理师教程》16.4.2 节。

答案 A 为入侵监测系统的功能和性能要素。

漏洞扫描系统的功能和性能要素主要包括：

（1）定期或不定期地使用安全性分析软件对整个内部系统进行安全扫描，及时发现系统的安全漏洞、报警并提出补救建议。

（2）支持与入侵监测系统的联动。

（3）检测规则应与相应的国际标准漏洞相对应，包括 CVE、BugTrap、WhiteHats 等国际标准漏洞库。

（4）支持灵活的事件和规则自定义功能，允许用户修改和添加自定义检测事件和规则，支持事件查询。

（5）支持快速检索事件和规则信息的功能，方便用户通过事件名、详细信息、检测规则

等关键字对事件进行快速查询。

（6）可以按照风险级别进行事件分级。

（7）控制台应能提供事件分析和事后处理功能，应具有对报警事件的源地址进行地址解析、分析主机名、分析攻击来源的功能。

（8）传感器应提供 TCP 连接的检测报警能力。

（9）提供安全事件统计概要报表，并按照风险等级进行归类。

参考答案

（20）A

试题（21）

　　(21)　属于总监理工程师的岗位职责。

（21）A．编制监理实施方案

　　　　B．做好监理日记和有关的监理记录

　　　　C．对工程进行抽检及监理测试

　　　　D．主持编写工程项目监理规划

试题（21）分析

参考《信息系统监理师教程》5.1.2 节。

总监理工程师的职责：主持编写工程项目监理规划及审批监理实施方案。

专家的职责：（1）对本工程监理工作提供参考意见；（2）为相关监理组的监理工作提供技术指导；（3）参与对工程的重大方案的评审。

答案 B 为监理员的职责。

参考答案

（21）D

试题（22）

以应用范围划分，云计算的应用不包含　(22)　。

（22）A．公有云　　　　B．私有云　　　　C．混合云　　　　D．集成云

试题（22）分析

从应用范围来看，云计算的应用层次分为：公有云、私有云和混合云。

集成云的概念不存在。

参考答案

（22）D

试题（23）

　　(23)　是需求分析阶段完成的文档。

（23）A．概要设计说明书　　　　　　　　B．软件质量保证计划

　　　　C．数据库设计　　　　　　　　　　D．软件编码规范

试题（23）分析

参考《信息系统监理师教程》22.1.4 节。

需求分析阶段的成果有：项目开发计划、软件需求说明书、软件质量保证计划、软件配

置管理计划、软件（初步）确认测试计划、用户使用说明书初稿。

软件设计阶段（概要设计阶段完成时）的成果有：概要设计说明书、数据库设计说明书、用户手册、软件概要设计说明书（数据库设计部分可单列一册）、软件详细设计说明书、软件编码规范、集成测试计划。

参考答案

（23）B

试题（24）

按照 GB/T 16260《软件工程产品质量》标准，软件质量不包括___（24）___。

（24）A．内部质量　　　B．服务质量　　　C．外部质量　　　D．使用质量

试题（24）分析

按照 GB/T 16260《软件工程产品质量》标准，软件质量分为内部质量、外部质量、使用质量。

参考答案

（24）B

试题（25）

软件配置管理通过标识产品的组成元素、管理和控制变更、验证、记录和报告配置信息，来控制产品的进化和___（25）___。

（25）A．可靠性　　　B．安全性　　　C．连续性　　　D．完整性

试题（25）分析

软件配置管理通过标识产品的组成元素、管理和控制变更、验证、记录和报告配置信息，来控制产品的进化和完整性。

参考答案

（25）D

试题（26）

___（26）___是为了评价和改进产品质量、识别产品的缺陷和问题而进行的活动。

（26）A．需求分析　　　B．软件设计　　　C．软件测试　　　D．软件维护

试题（26）分析

软件测试是为了评价和改进产品质量、识别产品的缺陷和问题而进行的活动。

参考答案

（26）C

试题（27）

《软件集成测试计划》的编写在___（27）___阶段完成。

（27）A．软件概要设计　　　　　　　B．软件详细设计

　　　　C．软件编码　　　　　　　　　D．软件测试

试题（27）分析

参考《信息系统监理师教程》19.4.4 节。

在软件概要设计阶段，完成集成测试计划，开始设计确认测试用例，编写确认测试说明。

参考答案

（27）A

试题（28）

软件维护包含更正性维护、适应性维护、预防性维护、完善性维护。__（28）__属于完善性维护。

（28）A．使软件产品能够在变化后的环境中继续使用

　　　B．在软件产品中的潜在错误成为实际错误前进行完善

　　　C．改进交付后产品的性能和可维护性

　　　D．为改善性能而做的修改

试题（28）分析

参考《信息系统监理师教程》19.6.1 节。

完善性维护包括：

（1）为扩充和增强功能而做的修改，如扩充解题范围和算法优化等；

（2）为改善性能而做的修改，如提高运行速度、节省存储空间等；

（3）为便于维护而做的修改，如为了改进易读性而增加一些注释等。

参考答案

（28）D

试题（29）

类库、构件、模板和框架是软件开发过程中常用的几种提高软件质量、降低开发工作量的软件复用技术。__（29）__是面向对象的类库的扩展，并由一个应用相关联构件家族构成，这些构件协同工作形成了它的基本结构骨架。

（29）A．构件　　　　B．模式　　　　C．框架　　　　D．模板

试题（29）分析

参考《信息系统监理师教程》19.9.10 节。

框架是面向对象的类库的扩展，框架由一个应用相关联构件家族构成，这些构件协同工作形成了框架的基本结构骨架，并在此基础上通过构件的组合进一步构建一个完整的应用系统。

参考答案

（29）C

试题（30）

__（30）__描述了系统的功能，由系统、用例和角色三种元素组成。

（30）A．用例图　　　B．对象图　　　C．序列图　　　D．状态图

试题（30）分析

参考《信息系统监理师教程》19.9.11 节。

UML 提供了九种不同的图，分为静态图和动态图两大类。

（1）静态图包括：用例图、类图、对象图、组件图和配置图。

（2）动态图包括：序列图、状态图、协作图和活动图。

用例图（Use Case Diagram），描述系统的功能，由系统、用例和角色（Actor）三种元素组成。

对象图（Object Diagram），是类图的示例，类图表示类和类与类之间的关系，对象图则表示在某一时刻这些类的具体实例以及这些实例之间的具体连接关系，可以帮助人们理解比较复杂的类图。

序列图（Sequence Diagram），面向对象系统中对象之间的交互表现为消息的发送和接收。序列图反映若干对象之间的动态协作关系，即随着时间的流逝，消息是如何在对象之间发送和接收的。

状态图（State Diagram），用来描述对象、子系统、系统的生命周期。通过状态图可以了解一个对象可能具有的所有状态、导致对象状态改变的事件，以及状态转移引发的动作。

参考答案

（30）A

试题（31）

项目管理不是万能的，在信息系统集成项目中不能做到__（31）__。

（31）A．促使信息系统项目按预定进度执行

　　　B．降低信息系统项目投资超出预算的风险

　　　C．提高信息系统实施过程的可视性

　　　D．防止信息系统项目出现需求变更

试题（31）分析

参考《信息系统监理师教程》2.1.1 节。

信息系统项目需求变更几乎是必然的、不可避免的，通过项目管理能做到的是防止项目需求在没有完全搞清的情况下就付诸实施，并且在实施过程中一再修改导致项目范围不可控。

项目管理的重要性原因有：信息系统项目往往不能按预定进度执行；信息系统项目的投资往往超预算；信息系统的实施过程可视性差等。

参考答案

（31）D

试题（32）

作为一个大型信息系统建设项目的项目经理，应当具备__（32）__的能力。

①人善任　②应急处置　③推过揽功　④善于运用所掌握的权力

（32）A．①②④　　　　B．①②③　　　　C．①③④　　　　D．②③④

试题（32）分析

参考《信息系统监理师教程》2.2.3 节。

1）项目经理要具有的能力：

（1）判断与决策能力——洞察事物敏锐、逻辑思维清晰、反应快速、判断准确、决策果断。

（2）用人能力——知人善任，能鼓动，能劝说，能协调，能听取大家意见，有充分调动

自己的副手乃至项目组内每位员工的积极性和能力，使之在最需要且又能充分展示各自长处的岗位上发挥出来，形成团组协同效应。

（3）专业技术能力——精通（至少是熟练掌握）本专业技术。

（4）应变应急处置能力——在重大变化和突发事件发生时镇定自若，不慌不乱，能驾驭复杂情况，采取有效应对措施化险为夷，转危为安。

（5）不断学习和不断创新的能力。

（6）善于运用所掌握权力的能力。

2）项目经理要具有人格的魅力：坚忍不拔、以身作则、推功揽过。

参考答案

（32）A

试题（33）

项目管理是信息系统项目三方（建设单位、承建单位、监理单位）均采用的方法。在信息系统项目管理要素中，由建设单位重点实施的是　（33）　。

（33）A．合同管理与文档管理　　　　B．成本管理与进度管理

　　　　C．立项管理与验收管理　　　　D．采购管理与外包管理

试题（33）分析

参考《信息系统监理师教程》2.3.2 节。

建设单位重点实施的是"立项管理"与"评估与验收管理"，并密切关注 14 要素中的其他 12 项管理要素，并提出相关的意见。

参考答案

（33）C

试题（34）

信息系统项目监理活动的主要内容被概括为"四控、三管、一协调"，其中的"三管"不包括　（34）　。

（34）A．合同管理　　　B．信息管理　　　C．质量管理　　　D．安全管理

试题（34）分析

参考《信息系统监理师教程》1.2.2 节。

"三管"包括：合同管理、信息管理、安全管理。

"质量"属于"四控"的内容。

参考答案

（34）C

试题（35）

在监理工作程序中，应在　（35）　之前确定总监理工程师。

（35）A．选择监理单位　　　　　　　B．签订监理合同

　　　　C．组织监理前的三方会议　　　D．编制监理计划

试题（35）分析

参考《信息系统监理师教程》1.2.3 节。

监理工作程序的顺序是: 选择监理单位→签订监理合同→三方会议→组建监理项目组→编制监理计划→实施监理业务→参与工程验收→提交监理文档。

组建监理项目组时, 要确定一名总监理工程师, 所以该项工作应在编制监理计划之前进行。

参考答案

(35) D

试题 (36)

信息系统工程有着不同于其他工程建设的诸多特点, 其建设合同内容较为复杂, 但不包括　(36)　。

(36) A. 监理单位的权利和义务

　　 B. 承建单位的权利和义务

　　 C. 承建单位提交各阶段项目成果的期限

　　 D. 建设单位提交有关基础资料的期限

试题 (36) 分析

参考《信息系统监理师教程》10.1.4 节。

信息系统工程合同的主要内容包括: 甲乙双方的权利义务, 承建单位提交各阶段项目成果的期限, 建设单位提交有关基础资料的期限。

工程合同的甲乙双方是建设单位和承建单位, 与监理单位无关。

参考答案

(36) A

试题 (37)

《信息系统工程监理暂行规定》中规定了监理单位的权利与义务。信息系统工程监理单位应遵循的行为准则中, 不包括　(37)　。

(37) A. 独立　　　　 B. 科学　　　　 C. 保密　　　　 D. 高效

试题 (37) 分析

参考《信息系统监理师教程》4.1.3 节。

监理单位行为准则包括: 守法、公正、独立、科学、保密, 不包括高效。

参考答案

(37) D

试题 (38)

在某金融安全信息系统建设中, 由于监理工程师小王不了解金融风险相关知识, 未发现本应发现的问题和隐患, 未能有效履行监理责任。该事项属于　(38)　风险。

(38) A. 过程　　　　 B. 工作技能　　　 C. 技术资源　　　 D. 管理

试题 (38) 分析

参考《信息系统监理师教程》4.2.1 节。

监理工程师由于在某些方面工作技能不足, 尽管履行了合同职责, 但并未发现本应发现的问题和隐患, 属于工作技能风险。

参考答案

（38）B

试题（39）

为投标某行业大数据智能平台建设项目，某信息系统监理公司总监在投标书中编制了__（39）__，重点阐述监理目的，初步规划将采取的监理措施。

（39）A．监理大纲　　　　　　　　　B．监理规划

　　　C．监理合同　　　　　　　　　D．质量保证计划

试题（39）分析

参考《信息系统监理师教程》5.2 节。

监理大纲是监理项目投标书内容的重要组成部分，目的是使建设单位信服，采用本监理单位制定的监理方案，能够圆满实现建设单位的投资目标和建设意图，进而赢得竞争投标的胜利。

参考答案

（39）A

试题（40）

某综合性信息系统建设工程中，通信工程专业监理工程师编制了详尽的监理实施细则，内容包括：监理流程、监理的控制要点和目标、计划采用的监理技术和工具、针对工程异常情况的监理措施。如果你是总监理工程师，审核时应指出该监理实施细则还必须补充__（40）__。

（40）A．监理人员的责任范围　　　　B．通信工程的专业特点

　　　C．信息系统的监理目标　　　　D．信息系统的工程概况

试题（40）分析

参考《信息系统监理师教程》5.4.3 节。

监理实施细则包括工程专业的特点、监理流程、监理的控制要点及目标、监理单位法及措施。其中目标及特点均为本专业的目标和特点，不是整个信息系统的监理目标和特点。

答案 A、C、D 都是监理规划的内容。

参考答案

（40）B

试题（41）

某信息网络系统建设工程监理项目，项目总监编制了__（41）__作为指导整个监理项目工作的纲领性文件。该文件描述了监理项目部对工程的哪些阶段进行监理、说明了监理工作具体做什么、列出了监理工作在本项目中要达到的效果。

（41）A．监理规划　　　　　　　　　B．监理大纲

　　　C．监理日志　　　　　　　　　D．监理实施细则

试题（41）分析

参考《信息系统监理师教程》5.3.1 节。

监理项目的纲领性文件是监理规划，监理规划中描述监理的范围、内容及目标。

参考答案

（41）A

试题（42）

信息系统工程建设过程是人的智力劳动过程，下列说法不正确的是__（42）__。

（42）A．智力劳动受个人的影响很大，要控制质量，首先要控制人

　　　　B．监理单位要保证对承建单位项目组人事权的控制，否则无法控制质量

　　　　C．监理单位要审查承建单位的过程质量控制体系，减少个人随意性

　　　　D．承建单位要建立有效的文档管理体系，减小人员流动带来的损失

试题（42）分析

参考《信息系统监理师教程》6.1.4 节。

监理单位对承建单位的人员控制并不是人事权的控制，而主要通过审查项目主要负责人是否具有信息产业部颁发的项目经理证书，以保证项目经理的素质。

参考答案

（42）B

试题（43）

在某工程建设过程中，承建单位制定了一套质量保证体系，包括建立健全专职质量管理机构、实现管理业务标准化、实现管理流程程序化、配备必要的资源条件、建立一套灵敏的质量信息反馈系统。监理工程师检查后，认为该体系还必须包括制订明确的__（43）__。

（43）A．质量方针　　　　　　　　　B．质量目标

　　　　C．质量计划　　　　　　　　　D．质量标准

试题（43）分析

参考《信息系统监理师教程》6.2.2 节。

承建单位的质量保证体系必须包括制订明确的质量计划。质量目标、质量标准是合同中约定的，质量方针是企业自行制定的纲领性口号。

参考答案

（43）C

试题（44）

某信息系统工程对质量控制特别重视，多次召开三方会议讨论质量控制方案，建设单位、承建单位、监理单位对质量控制点的设置和处理策略产生了分歧。下列说法正确的是__（44）__。

（44）A．质量控制点的设置应面面俱到、细密周全

　　　　B．质量控制点关系全局，牵一发而动全身，不能随意更改

　　　　C．监理单位应根据自身的技术能力确定要检查的质量控制点

　　　　D．三方应根据项目的具体情况，制定各自的质量控制措施

试题（44）分析

参考《信息系统监理师教程》6.3.1 节。

答案 A：质量控制点设置时应突出重点，放置在工程项目建设活动中的关键时刻和关键部位。

答案 B：质量控制点不是一成不变的，应保持灵活性、动态性。

答案 C：监理单位应根据监理目标确定要检查的质量控制点，与自身能力无关。

答案 D：三方共同从事质量控制，但控制点的侧重不同，应各自制定质量控制措施。

参考答案

（44）D

试题（45）

在某信息网络系统建设项目的机房工程实施过程中，因工期紧张，项目经理与监理工程师协商后，决定通过优化工序的方式进行赶工。下列做法不正确的是　（45）　。

（45）A．对主要硬件设备开箱查验，并按所附技术说明书及装箱清单验收

　　　　B．上一阶段验收合格，经现场监理工程师的代表签认，进入下一阶段

　　　　C．书面审查屏蔽线合格证、抽检报告后，监理工程师批准安装

　　　　D．综合布线完成，经监理工程师测试后，与计算机网络系统相连通电

试题（45）分析

参考《信息系统监理师教程》6.3.4 节。

关键过程质量控制的实施要点：

（1）制订阶段性质量控制计划，是实施阶段性质量控制的基础。

阶段性质量控制计划包括：确定控制内容，技术质量标准，检验方法及手段，建立阶段性质量控制责任制和质量检查制度。

（2）进行工程各阶段分析，分清主次，抓住关键是阶段性工程结果质量控制的目的。

工程各阶段分析是指从众多影响工程质量的因素中，找出对特定工程阶段重要的或关键的质量特征特性指标起支配性作用或具有重要影响的主要因素，以便在工程实施中对那些主要因素制定出相应的控制措施和标准，开展对工程实施过程中关键质量的重点控制。

（3）设置阶段性质量控制点，实施跟踪控制是工程质量控制的有效手段。

质量控制点是实施质量控制的重点。在实施过程中的关键过程或环节及隐蔽工程；实施中的薄弱环节或质量变异大的工序、部位和实施对象；对后续工程实施或后续阶段质量和安全有重大影响的工序、部位或对象；实施中无足够把握的、实施条件困难或技术难度大的过程或环节；在采用新技术或新设备应用的部位或环节都应设置质量控制点等。

（4）严格进行各过程间的交接检查。

主要项目工作各阶段（包括布线中的隐蔽作业）须按有关验收规定经现场监理人员检查、签署验收。如综合布线系统的各项材料，包括插座、屏蔽线及 RJ-45 插头等，应经现场监理检查、测试，未经测试不得往下进行安装。又如在综合布线系统完成后，未经监理工程师测试、检查，不得与整个计算机网络系统相连或通电等。对于重要的工程阶段，专业质量监理工程师还要亲自进行测试或技术复核。

坚持项目各阶段实施验收合格后，才准进行下阶段工程实施的原则，由实施、开发单位进行检测或评审后，并认为合格后才通知监理工程师或其代表到现场或机房、实验室会同检验。合格后由现场监理工程师或其代表签署认可后，方能进行下一阶段的工作。

综合上述分析，综合布线系统的屏蔽线未经测试不得安装，答案C错误。

参考答案

（45）C

试题（46）

监理单位有责任协助建设单位对严重质量隐患和质量问题进行处理，必要时可以按合同行使否决权。总监理工程师在 __（46）__ 情况下应对承建单位果断下达停工令。

①实施、开发中出现质量异常情况

②承建单位使用盗版软件

③隐蔽作业未经现场监理人员查验自行封闭

④擅自变更设计及开发方案自行实施、开发

（46）A. ①②④   B. ②③④   C. ①③④   D. ①②③

试题（46）分析

参考《信息系统监理师教程》6.3.4节。

协助建设单位对严重质量隐患和质量问题进行处理。

在必要的情况下，监理单位可按合同行使质量否决权，在下述情况下，总监理工程师有权下达停工令：

（1）实施、开发中出现质量异常情况，经提出后承建单位仍不采取改进措施者；或者采取的改进措施不力，还未使质量状况发生好转趋势者。

（2）隐蔽作业（指综合布线及系统集成中埋入墙内或地板下的部分）未经现场监理人员查验自行封闭、掩盖者。

（3）对已发生的质量事故未进行处理和提出有效的改进措施就继续进行者。

（4）擅自变更设计及开发方案自行实施、开发者。

（5）使用没有技术合格证的工程材料、没有授权证书的软件，或者擅自替换、变更工程材料及使用盗版软件者。

（6）未经技术资质审查的人员进入现场实施、开发者。

监理工程师遇到工程中有不符合要求情况严重时，可报总监理工程师下达停工令。

结合上述情况，答案①的描述不准确。在出现质量异常，经提出后仍不采取改进措施，或者采取的改进措施不力，未使质量状况发生好转趋势的情况下，要下达停工令。

参考答案

（46）B

试题（47）

某电子政务工程各活动实施计划如下表，项目工期是 __（47）__ 天。

工作代码	紧前工作	完成时间估计（天）		
		乐观时间	平均时间	悲观时间
A		2	3	4
B	A	4	7	22
C	A	2	3	4

续表

工作代码	紧前工作	完成时间估计（天）		
		乐观时间	平均时间	悲观时间
D	B	4	7	16
E	B、C	3	5	13
F	D	2	3	4
G	E、F	2	3	10
H	E	3	6	9
I	G、H	2	3	4

（47）A. 21　　　　　　　B. 25　　　　　　　C. 30　　　　　　D. 31

试题（47）分析

参考《信息系统监理师教程》7.4 节。

首先计算出每个任务 PERT 估算值，PERT ＝（O+4ML+P）/6

工序	A	B	C	D	E	F	G	H	I
PERT 估算值	3	9	3	8	6	3	4	6	3

网络图如下：

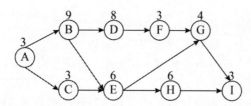

关键路径 A-B-D-F-G-I，总工期为 30 天。

参考答案

（47）C

试题（48）

某工程活动路径图如下所示，弧上的标记为活动编码及需要的完成时间，该工程的关键路径为　（48）　。

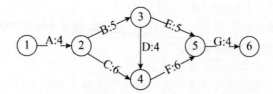

（48）A. A-B-E-G　　　B. A-C-F-G　　　　C. A-C-D-E-G　　　D. A-B-D-F-G

试题（48）分析

关键路径是历时最长的路径，所以此题关键路径为 A-B-D-F-G。

参考答案

（48）D

试题（49）

进度控制过程是个周期性的循环过程，一个完整的进度控制过程为__（49）__。

（49）A．编制进度计划→检查进度计划→分析进度计划→实施进度计划

　　　　B．分析进度计划→编制进度计划→实施进度计划→检查进度计划

　　　　C．编制进度计划→实施进度计划→调整进度计划→分析进度计划

　　　　D．分析进度计划→编制进度计划→检查进度计划→实施进度计划

试题（49）分析

参考《信息系统监理师教程》7.1.2 节。

进度控制过程是个周期性的循环过程，完整的进度控制过程分 4 个阶段：编制进度计划—实施进度计划—检查与调整进度计划—分析与总结进度计划。

参考答案

（49）C

试题（50）

监理工程师审查承建单位施工进度计划属于__（50）__工作。

（50）A．准备阶段　　　　B．设计阶段　　　　C．实施阶段　　　　D．验收阶段

试题（50）分析

参考《信息系统监理师教程》7.3.1 节。

实施阶段进度控制任务，监理工程师应当做好以下工作：

（1）根据工程招标和实施准备阶段的工程信息，进一步完善项目控制性进度计划，并据此进行实施阶段进度控制。

（2）审查承建单位的施工进度计划，确认其可行性并满足项目控制性进度计划。

（3）审查承建单位进度控制报告，监督承建单位做好施工进度控制，对施工进度进行跟踪，掌握施工动态。

（4）研究制定预防工期索赔措施，做好处理工期索赔工作。

参考答案

（50）C

试题（51）

有关成本控制描述，不正确的是__（51）__。

（51）A．项目成本控制是项目实施过程中,通过项目成本计划管理尽量使项目实际发生的成本控制在预算范围之内

　　　　B．项目实际成本变动的控制属于事中控制

　　　　C．成本控制不能脱离技术管理和进度管理独立存在

　　　　D．成本预算的审核目的是发现并纠正错误，以及控制成本和造价

试题（51）分析

参考《信息系统监理师教程》8.4.1 节。

项目成本控制工作是在项目实施过程中，通过项目成本管理尽量使项目实际发生的成本控制在预算范围之内。

项目实际成本变动的控制属于事后控制。

成本控制不能脱离技术管理和进度管理独立存在，相反要在成本、技术、进度三者之间做综合平衡。

成本预算的审核目的是发现纠正错误，从而起到控制成本和造价。

参考答案

（51）B

试题（52）

成本控制的内容不包括　（52）　。

（52）A．监控费用执行情况以确定与计划的偏差

　　　 B．确定所有发生的变化被准确记录在费用线上

　　　 C．建设单位权益改变的各种信息

　　　 D．不正确的或无效的变更也应反映在费用线上

试题（52）分析

参考《信息系统监理师教程》8.4.1 节。

成本控制的内容：

（1）监控费用执行情况以确定与计划的偏差；

（2）确定所有发生的变化被准确记录在费用线上；

（3）避免不正确的、不合适的或者无效的变更反映在费用线上；

（4）建设单位权益改变的各种信息。

参考答案

（52）D

试题（53）

某拟建项目财务净现金流如下表所示，进行该项目财务评价时，可得出　（53）　的结论。

年	1	2	3	4	5	6	7	8	9	10
净现金流量（万元）	−1400	−1200	200	400	600	600	600	600	600	800

（53）A．净现值大于零，项目不可行　　　　B．净现值大于零，项目可行

　　　 C．净现值小于零，项目可行　　　　　D．净现值等于零，项目不可行

试题（53）分析

参考《信息系统监理师教程》8.2.4 节。

根据项目历年净现金流逐步累加，第 8 年开始为正数：

$200+400+600+600+600+600+600+800-1400-1200>0$，NPV$>$0，项目可行。

参考答案

（53）B

试题（54）

关于竣工结算的描述，不正确的是　　（54）　　。

（54）A. 竣工项目中计划外工程的增加，必须审核是否有监理和承建单位双方的签字手续

　　　　B. 工程设计的变更应有设计单位和监理工程师的变更手续

　　　　C. 对各账目和统计资料进行完整性和准确性审核

　　　　D. 对报废工程应减少审核时间，尽量核实其他主要开支

试题（54）分析

对报废工程要进行认真审核，要尽量回收利用减少损失。

参考答案

（54）D

试题（55）

　　（55）　　不属于信息系统工程变更的原因。

（55）A. 项目外部环境发生变化

　　　　B. 项目成本估算不够周密详细

　　　　C. 新技术的出现，设计人员提出了新的设计方案

　　　　D. 建设单位由于机构重组等原因造成业务流程的变化

试题（55）分析

造成信息系统工程变更的原因有以下几个方面：

（1）项目外部环境发生变化；

（2）项目总体设计，项目需求分析不够周密详细，有一定的错误或者遗漏；

（3）新技术的出现、设计人员提出了新的设计方案或者新的实现手段；

（4）建设单位由于机构重组等原因造成业务流程的变化。

参考答案

（55）B

试题（56）

关于变更控制工作程序的描述，正确的是　　（56）　　。

（56）A. 变更的初审→变更分析→接受变更申请→确定变更方法→监控变更的实施→变更效果评估

　　　　B. 接受变更申请→确定变更方法→变更的初审→变更分析→监控变更的实施→变更效果评估

　　　　C. 接受变更申请→变更的初审→变更分析→确定变更方法→监控变更的实施→变更效果评估

　　　　D. 接受变更申请→变更分析→确定变更方法→变更的初审→监控变更的实施→变更效果评估

试题（56）分析

参考《信息系统监理师教程》9.3 节。

变更控制的工作程序：接受变更申请→变更的初审→变更分析→确定变更方法→监控变

更的实施—变更效果评估。

参考答案

（56）C

试题（57）

关于项目复工的描述，正确的是__(57)__。

（57）A．项目暂停是建设单位原因时，监理工程师及时签发"复工报审表"

　　　　B．项目暂停是承建单位原因时，监理工程师及时签发"监理通知单"

　　　　C．项目暂停是承建单位原因时，应填写"复工报审表"，由监理工程师签发审批意见

　　　　D．承建单位在接到同意复工的指令后，才能继续实施

试题（57）分析

参考《信息系统监理师教程》9.4.4 节。

复工办法如下：

（1）如项目暂停是由于建设单位原因，或非承建单位原因时，监理工程师应在暂停原因消失，具备复工条件时，及时签发"监理通知单"，对承建单位发出复工指令；

（2）如项目暂停是由于承建单位原因，承建单位在具备复工条件时，应填写"复工报审表"报项目监理部审批，由总监理工程师签发审批意见；

（3）承建单位在接到同意复工的指令后，才能继续实施。

参考答案

（57）D

试题（58）

关于分包合同的描述，不正确的是__(58)__。

（58）A．分包单位可以在分包项目的范围内再分包一次

　　　　B．分包单位需要有符合国家规定的注册资本，且有相应的专业技术人员

　　　　C．承建单位不得将其承包的全部建设项目肢解后分别转包给第三人

　　　　D．信息系统工程主体结构的实施必须由承建单位自行完成

试题（58）分析

参考《信息系统监理师教程》10.1.2 节。

分包合同管理时也有相应的禁止性规定，这些禁止性规定包括：

（1）禁止转包。所谓转包是指承建单位将其承包的全部信息系统工程建设项目倒手转让给第三人，使该第三人实际上成为该建设项目新的承建单位的行为。承建单位也不得将其承包的全部建设项目肢解以后以分包的名义分别转包给第三人。

（2）禁止将项目分包给不具备相应资质条件的单位。所谓相应的资质条件是指，一有符合国家规定的注册资本；二有相应的专业技术人员；三有相应的技术装备；四符合法律、法规规定的其他条件。

（3）禁止再分包。承建单位只能在其承包项目的范围内分包一次，分包人不得再次向他人分包。

（4）禁止分包主体结构。信息系统工程主体结构的实施必须由承建单位自行完成，不得向他人分包，否则签订的合同属于无效合同。

参考答案

（58）A

试题（59）

关于索赔程序的描述，不正确的是 ___（59）___ 。

（59）A. 监理单位在收到承建单位递交的索赔报告及有关资料后，如在约定时间内未予答复，承建单位必须延期等待监理单位签字认可

      B. 发出索赔意向通知后约定时间内，向建设单位和监理单位提出延长工期和补偿经济损失的索赔报告及有关资料

      C. 索赔事件发生约定时间内，向建设单位和监理单位发出索赔意向通知

      D. 当索赔事件持续进行时，承建单位应当阶段性向监理单位发出索赔意向

试题（59）分析

参考《信息系统监理师教程》10.3.3 节。

索赔的程序：

（1）索赔事件在发生约定时间内，向建设单位和监理单位发出索赔意向通知；

（2）在发出索赔意向通知后的约定时间内，向建设单位和监理单位提出延长工期和补偿经济损失的索赔报告和有关资料；

（3）监理单位在收到承建单位送交的索赔报告及有关资料后，于约定时间内给予答复，或要求承建单位进一步补充索赔理由和证据；

（4）监理单位在收到承建单位送交的索赔报告和有关资料后约定时间内未予答复或未对承建单位作进一步要求，视为该索赔已经认可；

（5）当索赔事件持续进行时，承建单位应当阶段性向监理单位发出索赔意向，在索赔事件约定时间内，向监理单位送交索赔的有关资料和最终索赔报告。

参考答案

（59）A

试题（60）

知识产权保护的监理应该坚持全过程的管理，管理措施不包括 ___（60）___ 。

（60）A. 树立为建设单位和承建单位维权的意识

      B. 监督承建单位实施知识产权管理制度

      C. 实施知识产权保护的监理措施

      D. 监督建设单位制定知识产权管理制度

试题（60）分析

参考《信息系统监理师教程》10.6.3 节。

知识产权保护的监理，应该坚持全过程的管理：

（1）树立为建设单位和承建单位维权的意识；

（2）建议建设单位制定知识产权管理制度；

（3）监督承建单位实施知识产权管理制度；

（4）实施知识产权保护的监理措施。

参考答案

（60）D

试题（61）

信息系统实施安全管理制度不包括　__(61)__　。

（61）A．计算机信息网络系统质量保证制度

　　　B．计算机信息网络系统工作人员人事管理制度

　　　C．计算机信息网络系统工作人员循环任职制度

　　　D．计算机信息网络系统各工作岗位的工作职责

试题（61）分析

参考《信息系统监理师教程》11.2.3 节。

通常情况下信息系统实施安全管理的有关制度包括：

（1）计算机信息网络系统出入管理制度；

（2）计算机信息网络系统各工作岗位的工作职责、操作规程；

（3）计算机信息网络系统升级、维护制度；

（4）计算机信息网络系统工作人员人事管理制度；

（5）计算机信息网络系统安全检查制度；

（6）计算机信息网络系统应急制度；

（7）计算机信息网络系统信息资料处理制度；

（8）计算机信息网络系统工作人员安全教育、培训制度；

（9）计算机信息网络系统人员循环任职、强制休假制度等。

参考答案

（61）A

试题（62）

在信息系统安全管理中，　__(62)__　不属于信息系统应用环境监控的对象。

（62）A．互联网　　　　　　B．电源　　　　　　C．地面　　　　　　D．空间状态

试题（62）分析

参考《信息系统监理师教程》11.3.2 节。

应用环境控制可降低业务中断的风险。监控的项目包括电源、地面及空间状态。互联网属于架构安全管理。

参考答案

（62）A

试题（63）

关于信息网络系统可用性的描述，不正确的是　__(63)__　。

（63）A．部分线路后节点失效后，系统仍然能够提供一定程度的服务

　　　B．随机性破坏和网络拓扑结构对系统可用性的影响

　　C．要求信息不被泄露给未授权的人，信息不致受到各种原因的破坏

　　D．信息系统的部件失效情况下，满足业务性能要求的程度

试题（63）分析

参考《信息系统监理师教程》11.1.2 节。

以信息网络系统为例：

（1）可用性体现在：

①抗毁性，指系统在人为破坏下的可用性；

②生存性，是在随机破坏下系统的可用性；

③有效性，是一种基于业务性能的可用性。

（2）保密性要求信息不被泄露给未授权的人。

（3）完整性要求信息不致受到各种原因的破坏。

综合上述分析，答案 C 是保密性和完整性的要求。

参考答案

（63）C

试题（64）

　　　（64）　不属于工程监理日报的内容。

（64）A．工程进度　　　B．工程质量　　　C．合同管理　　　D．监理计划

试题（64）分析

参考《信息系统监理师教程》12.4.2 节。

工程监理日报由监理工程师根据实际需要每日编写，主要针对近期的工程进度、工程质量、合同管理及其他事项进行综合分析，并提出必要的意见。

监理评价属于月报内容。

参考答案

（64）D

试题（65）

　　　（65）　不属于工程验收监理报告的内容。

（65）A．监理工作统计　　　　　　　　B．工程竣工准备工作综述

　　　C．测试结果与分析　　　　　　　D．验收测试结论

试题（65）分析

参考《信息系统监理师教程》12.4.2 节。

监理工作统计，属于工程监理总结报告中的内容。

工程监理验收报告，是信息工程项目验收阶段产生的主要监理文件，此阶段的主要监理工作是监督合同各方做好竣工准备工作，组织三方对工程系统进行验收测试，以检验系统及软硬件设备等是否达到设计要求。验收采用定量或定性分析方法，针对问题进行分析和研究，最后提出监理报告，因此工程监理验收报告的主体应该是验收测试结论与分析，必须包含以下几个要素。

（1）工程竣工准备工作综述。

评估集成商准备的技术资料、文档、基础数据等是否准确、齐全，其他竣工准备工作是否完备。

（2）验收测试方案与规范。

组织三方确定验收测试方案、测试案例、测试工具的使用等。

（3）测试结果与分析。

依照验收测试方案实施测试得到的测试结果描述，包括业务测试和性能测试；对原始测试结果必要的技术分析，包括各种分析图表、文字说明等。

（4）验收测试结论。

根据测试结果分析对各项指标是否达到工程设计要求做综合性说明，对工程中存在或可能存在的问题进行分析和归纳，以及确定需要返工修改的部分；对返工修改部分回归测试的情况。

参考答案

（65）A

试题（66）

工程合同评审表属于　（66）　文件。

（66）A．项目前期阶段监理　　　　　　　　B．项目设计阶段监理

　　　　C．项目实施阶段监理　　　　　　　　D．项目验收阶段监理

试题（66）分析

参考《信息系统监理师教程》12.4.5 节中的监理单位产出文档列表。

监理单位产出文档列表

序号	分类	文 件 名 称	文 件 编 号
1	总体类文件	监理单位案	公司缩写-JL-101-****-###
2		监理合同	公司缩写-JL-102-****-###
3		监理规划	公司缩写-JL-103-****-###
4		监理实施细则	公司缩写-JL-104-****-###
5		监理总结报告	公司缩写-JL-105-****-###
6	回应类文件	提交资料回复单	公司缩写-JL-106-****-###
7	内部文件	监理日志	公司缩写-JL-107-****-$$$$$$
8	综合性文件	监理月报	公司缩写-JL-001-****-###
9		监理周报	公司缩写-JL-002-****-###
10		专题监理报告	公司缩写-JL-003-****-###
11		监理工作会议纪要	公司缩写-JL-004-****-###
12		评审会议纪要	公司缩写-JL-005-****-###
13		监理工程师通知单	公司缩写-JL-006-****-###
14		工程暂停令	公司缩写-JL-007-****-###

序号	分类	文件名称	文件编号
15	项目前期阶段监理表格（含招/投标）	招标文件评价记录	公司缩写-JL-011-****-###
16		投标文件评价记录	公司缩写-JL-012-****-###
17		开标过程确认表	公司缩写-JL-013-****-###
18		工程合同评审表	公司缩写-JL-014-****-###
19		质量保证资料检查记录	公司缩写-JL-015-****-###
20	项目设计阶段监理表格	软件开发文档审核表	公司缩写-JL-021-****-###
21		软件开发进度计划检查表	公司缩写-JL-022-****-###
22		工程设计方案审核表	公司缩写-JL-023-****-###
23	项目实施阶段监理表格	设备开箱检验报告	公司缩写-JL-031-****-###
24		设备安装调试记录	公司缩写-JL-032-****-###
25		软件安装调试记录	公司缩写-JL-033-****-###
26		工程进度计划检查表	公司缩写-JL-034-****-###
27		项目付款阶段验收报告	公司缩写-JL-035-****-###
28		合同阶段性支付申请表	公司缩写-JL-036-****-###
29	项目验收阶段监理表格	工程验收方案审核表	公司缩写-JL-041-****-###
30		初验报告	公司缩写-JL-042-****-###
31		验收报告	公司缩写-JL-043-****-###
32	缺陷责任期监理表格	项目各阶段培训检查记录	公司缩写-JL-051-****-###
33		缺陷责任期服务检查表	公司缩写-JL-052-****-###

参考答案

（66）A

试题（67）

监理在组织协调工作中采用的方法不包括 （67） 。

（67）A．监理会议　　　　B．监理报告　　　　C．质量审计　　　　D．沟通

试题（67）分析

参考《信息系统监理师教程》13.3 节。

组织协调的监理方法包括监理会议、监理报告和沟通。

参考答案 13.3

（67）C

试题（68）

监理在处理实际监理事务中保持对问题的综合分析能力，不被表象和局部问题所干扰，体现了 （68） 原则。

（68）A．守法　　　　B．独立　　　　C．诚信　　　　D．科学

试题（68）分析

参考《信息系统监理师教程》13.2 节。

组织协调的基本原则包括：公平、公正、独立原则，守法原则，诚信原则，科学的原则。

参考答案

（68）B

试题（69）

不定期监理报告不包含　（69）　。

（69）A．项目优化变更的建议　　　　B．成本估算和预算
　　　 C．各阶段测试报告和评价　　　D．项目进度预测分析

试题（69）分析

参考《信息系统监理师教程》13.3.2 节。

建立项目的监理汇报制度是保证工程顺利进行的有效方法，可以使工程实施处于透明的可监控状态。

监理单位会向建设单位不定期提交以下监理工作报告：

（1）关于项目优化设计、项目变更的建议；

（2）投资情况分析预测及资金、资源的合理配置和投入的建议；

（3）各阶段的测试报告和评价说明；

（4）项目进度预测分析报告；

（5）监理业务范围内的专题报告。

参考答案

（69）B

试题（70）

关于监理会议的描述，不正确的是　（70）　。

（70）A．举行会议成功的关键原则之一是确保每个人到场
　　　 B．高效的会议需将会议议题保持在 10 个以内
　　　 C．领导的与会作用是保证会议的结果得到落实的重要保证
　　　 D．会后 24 小时之内公布会议结果

试题（70）分析

参考《信息系统监理师教程》13.3.1 节。

举行会议成功的关键原则是：确保每个人到场、议程和领导。为了保证每个人都出席，要把会议作为每个人日程的固定项目。如果没有讨论的议题就取消会议。开好会议要把议程的项目保持在所需的最低数量，以确保每一个人都掌握最重要的事件、议题和问题的最新动向。作为会议的组织者，要确保在概括会议议程时尽可能地精炼，没有必要的长会其效果将适得其反。领导的与会作用是保证会议的结果得到落实的重要保证。

会议结果的落实原则：在会后 24 小时之内公布会议成果。

参考答案

（70）B

试题（71）

The　（71）　of information lies in the trustworthiness of its source, collection method and transmission process.

（71）A. reliability　　　B. integrity　　　C. timeliness　　　D. economy

试题（71）分析

可靠性指信息的来源、采集方法、传输过程是可以信任的。

参考答案

（71）A

试题（72）

The meaning of __（72）__ isthat access to protected information must be restricted to people who are authorized to access the information.

（72）A. digital signature　　　　　B. encryption technology

　　　C. access control　　　　　　D. authentication technology

试题（72）分析

访问控制是指只有有权限的人员才能对受保护信息进行访问。

参考答案

（72）C

试题（73）、（74）

The perform Integrated Change Control process is the ultimate responsibility of the __（73）__. Although changes may be initiated verbally,they should be recorded in written form and entered into the __（74）__ system.

（73）A. resource manager　　　　　B. division manager

　　　C. functional manager　　　　D. project manager

（74）A. quality management　　　　B. configuration management

　　　C. risk management　　　　　D. scope management

试题（73）、（74）分析

项目经理对实施整体变更控制负最终责任。

尽管变更也可以口头提出，但所有变更请求都必须以书面形式记录，并纳入配置管理系统中。

参考答案

（73）D（74）B

试题（75）

A goal of the __（75）__ process is to determine the correctness of deliverables.

（75）A. Perform Quality Assurance　　　B. Plan Quality Management

　　　C. Control Quality　　　　　　　D. PerformQuality Improvement

试题（75）分析

控制质量过程的目的是确定可交付成果的正确性。

参考答案

（75）C

第10章 2019上半年信息系统监理师下午试题分析与解答

试题一（20分）

阅读下列说明，回答问题1至问题4，将解答填入答题纸的对应栏内。

【说明】

南方 X 省试点建设重大自然灾害监测预警信息系统，计划部署 50 个 PC 监控终端和 500 个电子标签（RFID）。建设单位与承建单位签订了项目建设合同，与监理单位签订了项目监理合同。项目要求次年八月结束，在项目实施过程中发生如下事件：

【事件1】 由于项目的试点试验性，承建单位从 3 个厂商采购了不同型号的电子标签。电子标签全部到货后，监理工程师抽取了其中 50 个逐一检查，抽检比例、检查内容符合质量控制计划。监理工程师检查合格，在进货清单上签署"同意"后设备入库。一周后，承建单位又补充采购了 10 个电子标签。监理工程师按照抽检比例抽查了其中 1 个，检查合格后同意入库。

【事件2】 为有效掌握工程的实际进度，及时发现计划与实际的偏差，监理工程师小周在项目建设过程中绘制了下图。其中，曲线 A 是最早时间计划，曲线 B 是最迟时间计划，曲线 N1 是网络工程实际进度，曲线 N2 是软件开发实际进度。整个项目建设期间，小周始终严格记录并保管监理日志。

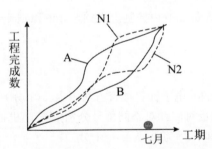

【事件3】 由于经费紧张，该项目要求严格控制成本。建设单位提出可以裁剪设计评审活动，减少专家支出，设备采购采取最低价中标策略；承建单位提出可以减少人员投入，延长工期到次年九月；监理单位提出谁实施谁负责，投资控制应由承建单位负全责。三方各执己见。

【事件4】 该项目完成系统设计后，南方几省突然发生严重冰灾。承建单位发现需要增加"极端气候"预警监控子系统，项目经理马上通过电话向监理工程师小周提出需求变更。小周感到事态严重，当即同意变更。项目经理立即组织人马加班加点全力投入研发工作。项目出现新增子系统与其他几个子系统不兼容的问题，最终超支并延期。

【问题1】（6分）

请指出事件1中监理工程师工作的疏漏之处，并给出正确做法。

【问题 2】（4 分）

针对事件 2：

（1）请给出监理工程师采用的进度控制方法，并分析七月时的项目进展情况。

（2）如果你是监理工程师，请在小周的工作基础上进行补充完善。

【问题 3】（5 分）

针对事件 3：

（1）请写出监理在投资控制上应遵循的基本原则。

（2）结合以上原则，三方的投资控制建议分别违反了哪一项？

【问题 4】（5 分）

作为项目监理工程师，如何对事件 4 进行变更控制？

试题一分析

本题重点考核信息化工程监理的手段和原则。

【问题 1】

问题 1，重点考核质量控制中的抽查手段（参考《信息系统监理师教程》[1] 6.4.4 节）。

【问题 2】

问题 2，重点考核进度控制的技术手段——"香蕉"曲线图（参考《信息系统监理师教程》7.4.3 节）。

【问题 3】

问题 3，重点考核投资控制的原则（参考《信息系统监理师教程》8.1.1 节）。

【问题 4】

问题 4，重点考核监理人员在变更控制上必须遵守的原则（参考《信息系统监理师教程》9.4.1 节）。

参考答案

【问题 1】（6 分）

（1）疏漏 1：第一批采购的电子标签抽查方法不当。（1 分）

正确做法：大量设备到货时应针对不同型号分别抽查/随机抽查。（1 分）

（2）疏漏 2：签署同意即入库方法不当。（1 分）

正确做法：入库抽查时还要有详细的抽查记录。（1 分）

（3）疏漏 3：第二批采购的电子标签抽查 1 个即入库的做法不当。（1 分）

正确做法：少量设备采购时需要逐一检查。（1 分）

（每条 2 分，共 6 分）

【问题 2】（4 分）

（1）香蕉曲线图法。（1 分）

网络工程提前，（1 分）软件开发延期。（1 分）

（2）建议承建单位对网络工程采取修正措施。（0.5 分）

---

[1] 本章提及的《信息系统监理师教程》是全国计算机技术与软件专业技术资格（水平）考试指定用书，由清华大学出版社出版。

　　建议承建单位对软件开发采取修正措施。（0.5 分）

【问题 3】（5 分）

　　（1）投资最优化原则；

　　　　全面成本控制原则；

　　　　动态控制原则；

　　　　目标管理原则；

　　　　责权利相结合原则。

　　（每个原则 0.5 分，满分 2 分）

　　（2）建设单位的建议违反投资最优化原则。（1 分，多答不得分）

　　　　承建单位的建议违反投资最优化原则。（1 分，多答不得分）

　　　　监理单位的建议违反全面成本控制原则。（1 分，多答不得分）

　　（每条 1 分，共 3 分）

【问题 4】（5 分）

　　（1）应在变更前评估变更对项目计划、流程、预算、进度、可交付成果的影响；

　　（2）不应口头接受变更申请，每一个项目变更必须用变更申请单书面提出（紧急情况下可以接受口头申请，但需后续补充书面变更）；

　　（3）在审批变更申请前，必须与总监理工程师商议所有提出的变更；

　　（4）变更必须获得项目三方责任人的书面批准才可实施；

　　（5）变更申请单批准后，必须要求承建单位修改项目整体计划，反映出该项变更。

　　（每个 1 分，共 5 分）

试题二（15 分）

　　阅读下列说明，回答问题 1 至问题 3，将解答填入答题纸的对应栏内。

【说明】

　　某单位进行大型电子政务信息系统工程建设，总投资 5000 万元。建设单位分别与承建单位、监理单位签订了实施合同和监理合同。

　　【事件 1】承建单位在合同时间范围内完成了业务应用系统的代码开发工作，将软件源代码及编译配置说明文档提交建设单位和监理单位，准备验收工作。

　　【事件 2】承建单位向监理单位提交了验收申请。监理单位首先需要对其验收计划和验收方案进行审查。

　　【事件 3】建设单位准备组织验收委员会进行测试、验收。

【问题 1】（5 分）

　　针对事件 1：

　　（1）承建单位的做法是否合理？为什么？

　　（2）验收准备工作前，承建单位需要补充提交给建设单位和监理单位的资料有哪些？

【问题 2】（5 分）

　　针对事件 2，请指出监理单位对承建单位验收计划和验收方案进行审查的主要内容。

【问题 3】（5 分）

针对事件 3，请从候选答案中选择一个正确选项，将该选项编号填入答题纸对应栏内。

（1）（　　）不需要专门的测试工具和设备，一旦发现错误就能定位错误。

　　A. 代码审查　　　　B. 黑盒测试　　　　C. 质量控制　　　　D. 控制流分析

（2）软件集成测试由（　　）组织，软件开发组和软件测试组联合实施测试。

　　A. 承建单位　　　　B. 建设单位　　　　C. 监理单位　　　　D. 第三方测试单位

（3）系统测试由（　　）组织，成立联合测试组实施测试。

　　A. 承建单位　　　　B. 建设单位　　　　C. 监理单位　　　　D. 第三方测试单位

（4）（　　）包含软件单元的功能测试、接口测试和重要执行路径测试。

　　A. 单元测试　　　　B. 集成测试　　　　C. 系统测试　　　　D. 验收测试

（5）（　　）的目的在于通过与系统的需求定义做比较，发现软件与系统定义不符合的地方。

　　A. 单元测试　　　　B. 集成测试　　　　C. 系统测试　　　　D. 验收测试

试题二分析

本题重点考核信息应用系统建设监理。

【问题 1】

问题 1，重点考核验收阶段信息应用系统建设承建单位的工作（参考《信息系统监理师教程》24.1.5 节）。

【问题 2】

问题 2，重点考核验收阶段信息应用系统建设的监理要点之一（参考《信息系统监理师教程》6.3.5 节）。

【问题 3】

选择题，重点考核实施阶段信息应用系统的监理技术（参考《信息系统监理师教程》19.4 节）。

参考答案

【问题 1】（5 分）

（1）不合理（1 分）

原因：承建单位需要在提交验收前，进行如下内部测试（将软件提交业主单位与监理单位进行验收测试之前，必须保证承建单位本身已经对软件的各方面进行了足够的正式测试）。（2 分）

（2）需要补充提交如下材料：

　　a. 提供与验收相关的文档；（1 分）

　　b. 提供与验收相关的软件配置内容。（1 分）

【问题 2】（5 分）

（1）验收目标；

（2）各方责任；

（3）验收内容；

（4）验收标准；

（5）验收方式。

（每个 1 分，共 5 分）

【问题 3】（5 分）

（1）A　（2）A　（3）B　（4）A　（5）C

（每个 1 分，共 5 分）

试题三（15 分）

阅读下列说明，回答问题 1 至问题 3，将解答填入答题纸的对应栏内。

【说明】

某市卫生部门拟建立"基于人工智能的医学影像诊断云平台"。该平台每天从 10 家三级甲等医院获取病人的临床数据，智能分析后生成医学影像诊断知识库，共享给本市所有医疗机构。因病例数据涉及患者隐私，建设单位委托承建单位 A 为云平台搭建一个星型拓扑结构的专有信息网络系统，委托监理单位 B 承担信息网络系统的监理工作。

【事件 1】在对信息网络系统进行招标时，监理工程师协助建设单位制定了技术方案投标评分标准。

【事件 2】监理工程师应当了解《智能建筑设计标准》的要求，并据此监理综合布线系统的设计方案。

【事件 3】信息网络系统实施完成后，监理工程师协助建设单位对网络安全和网络管理平台组织了严格的测试验收。

【问题 1】（6 分）

针对事件 1，请判断监理工程师设置的评分项或评分方法是否正确（填写在答题纸的对应栏内，正确的选项填写"√"，不正确的选项填写"×"）

（1）选用的技术路线（包括网络架构、网络安全体系、服务器）应当是主流的；　（　）

（2）主要设备的价格应与当前的市场行情相符；　（　）

（3）防火墙和入侵检测系统应相互独立，不具有联动性；　（　）

（4）应重点考虑总体技术方案的适用性，把实际需求放第一位；　（　）

（5）应当提供定性化的系统规划方法，确保网络交换机、服务器、存储系统、备份系统的配置规划合理；　（　）

（6）对于某些新技术领域，选择的产品应当得到实践验证。　（　）

【问题 2】（3 分）

针对事件 2，请将下列综合布线设计要点补充完整（请从候选答案中选择一个正确选项，将该选项编号填入答题纸对应栏内）。

（1）工作区子系统设计的基本链路长度应为（　）是合理的。

　　A. 85 米　　　　　B. 92 米　　　　　C. 96 米　　　　　D. 100 米

（2）工作区子系统中共设计了 60 个信息点，需要（　）个 RJ45。

　　A. 240　　　　　B. 276　　　　　C. 288　　　　　D. 300

（3）系统中心机房的室外电缆采用直埋+架空方式连接到建设单位的另一楼宇。当（　）情况存在时，电缆一般不会遭到雷击。

　　A. 本地区年平均雷暴日为 5 天，且大地电阻率约为 90Ωm

  B．本地区年平均雷暴日为 6 天，且大地电阻率约为 80Ωm

  C．建筑物的直埋电缆为 50 米，且电缆的连续屏蔽层两端都接地

  D．建筑物的直埋电缆为 45 米，且电缆的连续屏蔽层近地端接地

【问题 3】（6 分）

  针对事件 3，请问网络安全平台验收主要针对哪些设备或系统？

试题三分析

  本题重点考核信息网络系统建设监理。

【问题 1】

  判断题重点考核信息网络系统招标监理的基本特点（参考《信息系统监理师教程》15.2.1 节）。判断 3 和 5 错。

  （3）防火墙和入侵检测系统具备联动性，应通过接口互联。

  （5）评价配置规划是否合理，应当采用定量化的规划方法。

【问题 2】

  选择题考核综合布线系统设计要点（参考《信息系统监理师教程》16.5.2 节）。

  选择题（1）和（2）是工作区子系统的设计知识，选择题（3）是建筑群子系统的设计知识。

  （1）基本链路长度限制在 90 米以内，信道长度限制在 100 米内。

  （2）RJ-45 需求量=信息点数量×4+信息点数量×4×15%。

  （3）答案 B、C、D 错，答案 B 年平均雷暴日超过了 5 天，答案 C 和 D 的直埋电缆长度大于 42m。

【问题 3】

  问题 3 重点考核监理审核网络安全系统的产品功能和性能要素（参考《信息系统监理师教程》16.4 节）。

参考答案

【问题 1】（6 分）

  （1）√　　（2）√　　（3）×　　（4）√　　（5）×　　（6）√

  （每个 1 分，共 6 分）

【问题 2】（3 分）

  （1）A　　（2）B　　（3）A

【问题 3】（6 分）

  （1）防火墙系统

  （2）入侵监测系统

  （3）漏洞扫描系统

  （4）网络防病毒系统

  （5）安全审计系统

  （6）Web 信息防篡改系统

  （7）网闸

  （每个 1 分，满分 6 分，回答其中 6 个即可）

试题四（15 分）

阅读下列说明，回答问题 1 至问题 3，将解答填入答题纸的对应栏内。

【说明】

某制造集团制定了智能制造战略目标，要求 2019 年 9 月之前上线"高品制造信息应用系统"，协助集团实现汽车生产线的工况在线感知、智能决策控制和装备自律执行，以达到提升装备性能、提高复杂零件制造品质的目的。集团委托监理单位 A 承担监理工作。项目建设过程中，发生如下事件。

【事件 1】在软件工程招标过程中，集团要求投标方拥有完善的质量管理体系，能够对产品和过程建立起定量的质量目标，同时在开发过程中具备明确的连续度量能力。评标过程要特别关注投标方质量能力及按时交付能力。监理单位据此在招标书中要求投标单位拥有 CMMI 2 级资质、通过 GB/T 27001 认证。由集团战略总监、集团项目总监、总监理工程师、质量体系认证专家、技术专家、经济专家各 1 人组成评标小组，其中 3 名专家从事相关领域工作满 6 年，均具有高级职称。

【事件 2】软件公司 B 与集团签订了建设合同，承诺保证质量、按时交付。B 的需求小组进行了认真细致的需求调研与分析工作，编制的需求说明书内容完善，将系统分为 3 个功能子系统和 1 个工作流子系统，既包含了充分的功能点也细致描述了实现方法。需求说明书通过评审后，项目经理安排设计小组制定系统运行环境方案，以便及时交付建设单位进行采购；安排测试小组制定软件检验标准，务必满足建设单位的严格要求。经建设单位和监理单位同意后，B 将 1 个功能子系统分包给了软件公司 C，要求 C 在 2019 年底前完成开发及测试。C 要求了解系统总体及其他子系统情况，以便编写需求说明书，B 以保密为由拒绝了。

【事件 3】软件研发进入实施阶段的尾声，各软件单元分别完成开发，B 公司准备进行集成测试。

【问题 1】（5 分）

针对事件 1，请指出监理单位在招标过程中的不正确之处。

【问题 2】（5 分）

针对事件 2，作为监理工程师，请指出存在的问题并说明理由。

【问题 3】（5 分）

针对事件 3，作为监理工程师，请给出集成测试的进入条件。

试题四分析

本题重点考核信息应用系统建设监理知识。

【问题 1】

问题 1 考核信息应用系统建设准备阶段的监理工作（参考《信息系统监理师教程》21.5 和 21.6 节）。

【问题 2】

问题 2 考核信息应用系统建设监理：

（1）需求说明书的监理审核内容（参考《信息系统监理师教程》22.2.5 节）；

（2）软件分包合同的监理审核内容（参考《信息系统监理师教程》22.2.2 节）。

【问题 3】

问题 3 考核：信息应用系统建设工程集成测试进入条件（参考《信息系统监理师教程》23.1.2 节）。

参考答案

【问题 1】（5 分）

（1）投标要求 CMMI2 级不符合建设单位要求，应为 CMMI4；

（2）投标书中未要求投标单位的质量管理体系认证资质，应通过 GB/T 19001 或者 ISO 9001 认证；

（3）评标小组现在是 6 人，应为 5 人以上单数；

（4）技术、经济专家目前共 2 人，应达到成员总数的 2/3；

（5）专家从事相关领域满 6 年不符合评标专家资格要求，应当从事相关领域工作满 8 年。

（每个 1 分，共 5 分）

【问题 2】（5 分）

（1）B 公司的需求说明书应当将功能与实现分开，只需要描述"做什么"，而不是"怎样实现"；

（2）需求说明书必须包括系统运行环境，不应安排给后续的设计小组；

（3）需求说明书必须包括软件检验标准，不应安排给后续的测试小组；

（4）C 公司负责的功能子系统是系统的一部分，需要描述、开发与其他子系统的交互及接口，B 不应拒绝 C 了解其他系统的要求；

（5）系统交付日期为 2019 年 9 月，B 分包给 C 的子系统要求交付日期是 2019 年底，软件分包合同不能与项目建设合同有冲突。

（每条 1 分，共 5 分）

【问题 3】（5 分）

（1）被集成的软件单元无错通过编译；

（2）被集成的软件单元通过代码审查；

（3）被集成的软件单元通过单元测试并达到测试要求；

（4）被集成的软件单元已置于配置管理受控库；

（5）已具备集成测试计划要求的测试工具。

（每条 1 分，共 5 分）

试题五（10 分）

阅读下列说明，回答问题 1 至问题 2，将解答填入答题纸的对应栏内。

【说明】

某省政府根据整体战略规划部署，拟建设统一身份认证系统。该系统为用户提供注册、实名验证、身份鉴别等服务，实现可信注册、实名验证以及安全登录等功能，支撑政务服务的有序运行。

完成开发任务后，项目进入系统测试阶段。

【问题 1】（5 分）

请判断如下说法是否正确（填写在答题纸的对应栏内，正确的选项填写"√"，不正确的选项填写"×"）。

（1）监理单位在测试阶段检查了承建单位是否按照设计中制定的规范与计划进行测试。

( )

（2）监理单位组织进行了单元测试、集成测试，并取代了开发方的内部测试。　　( )

（3）可与客户和最终用户一同参与开发和评审测试准则。　　　　　　　　　( )

（4）每当被测试软件或软件环境发生变化时，则在各有关的测试级别上适当进行回归测试。

( )

（5）由软件开发小组兼职系统测试工作，计划和准备所需的测试用例和测试规程。( )

【问题 2】（5 分）

请简述系统测试阶段监理的主要活动。

试题五分析

本题重点考核信息应用系统实施阶段监理。

【问题 1】

问题 1 考核软件测试监理（参考《信息系统监理师教程》23.2.2 节）。判断（2）和（5）错。

（2）切忌由监理单位进行单元、集成或确认测试而取代开发方的内部测试，这种方法并不能保证工程的质量；

（5）系统测试，由一个独立于软件开发者的测试小组来计划和准备所需的测试用例和测试规程。

【问题 2】

问题 2 考核软件测试监理的活动（参考《信息系统监理师教程》23.2.2 节）。

参考答案

【问题 1】（5 分）

（1）√　（2）×　（3）√　（4）√　（5）×

切忌由监理单位进行单元、集成或确认测试而取代开发方的内部测试，这种方法并不能保证工程的质量。

系统测试，由一个独立于软件开发者的测试小组来计划和准备所需的测试用例和测试规程。

【问题 2】（5 分）

（1）监督承建单位将合适的软件系统测试工程方法和工具集成到项目定义的软件过程中；

（2）监督承建单位依据项目定义的软件系统过程，对系统测试进行开发、维护、建立文档和验证，以满足软件系统测试计划的要求；

（3）监督承建单位依据项目定义的软件过程、计划和实施软件系统的确认测试；

（4）计划和实施软件系统测试，实施系统测试以保证满足软件需求；

（5）跟踪和记录软件系统测试的结果。

（每条 1 分，共 5 分）

第 11 章　2019 下半年信息系统监理师上午试题分析与解答

试题（1）

为提升企业管理能力，某公司自行研发了项目管理系统。该项目管理系统属于 ___(1)___ 。

（1）A．系统软件　　　　B．支撑软件　　　　C．应用软件　　　　D．产品软件

试题（1）分析

参考《信息系统监理师教程》[1]19.1 节。

软件按功能进行划分：

（1）系统软件：能与计算机硬件紧密配合在一起，使计算机系统各个部件、相关的软件和数据协调、高效地工作的软件。例如，操作系统、数据库管理系统、设备驱动程序以及通信处理程序等。

（2）支撑软件：是协助用户开发软件的工具性软件，其中包括帮助程序人员开发软件产品的工具，也包括帮助管理人员控制开发的进程的工具。

（3）应用软件：是在特定领域内开发，为特定目的服务的一类软件。其中包括为特定目的进行的数据采集、加工、存储和分析服务的资源管理软件。

参考答案

（1）C

试题（2）

编写可行性报告时，___(2)___ 分析是对项目的价值、投资与预期利益进行科学评价。

（2）A．经济可行性　　　　　　　　B．技术可行性

　　　C．系统生存环境可行性　　　　D．政策可行性

试题（2）分析

参考《信息系统监理师教程》15.1.2 节。

可行性分析主要关注的四个方面：

（1）经济可行性。对项目的价值、投资与预期利益进行科学评价。

（2）技术可行性。

（3）系统生存环境可行性。确定系统运行环境和生命周期。

（4）各种可选方案。对用于该系统开发的各种处理方法进行评价。

参考答案

（2）A

试题（3）

为确保系统正式运行后发生问题时有稳妥可行的解决方案，承建商应制定 ___(3)___ 。

---

[1] 本章提及的《信息系统监理师教程》为全国计算机技术与软件专业技术资格（水平）考试指定用书，由清华大学出版社出版。

（3）A．试运行方案　　　B．培训方案　　　C．运维方案　　　D．验收方案

试题（3）分析

参考《信息系统监理师教程》23.1.3 节。

系统建设在试运行与培训阶段承建单位的工作任务：

在系统的试运行与维护阶段，承建单位在业主单位现有条件下进行系统的试运行与维护工作。承建单位制订详细的试运行计划，进行现场跟踪，修改实现环境运行工程中发现的问题，对用户进行培训，制定详细的维护方案。

参考答案

（3）C

试题（4）

人工智能技术中，　(4)　学习方式制定了奖励/惩罚机制。

（4）A．监督式　　　B．非监督式　　　C．半监督式　　　D．加强型

试题（4）分析

人工智能相关技术——机器学习分类：

● 监督式学习：给定输入，预测输出，训练数据包含输出的标签。

● 非监督式学习：给定输入，学习数据中的模式和范式，训练数据不包含输出数据的标签。

● 半监督式学习：给定输入和输出的某些假设，联合概率最大，训练数据中包含少量的标签数据和大量的无标签数据。

● 加强型学习：制定奖励/惩罚机制，在没有指导的情况下，该机制就可以帮助网络完成学习，例如，利用动态规划制定奖励机制。

参考答案

（4）D

试题（5）

　(5)　是物联网技术的典型应用。

（5）A．扫地机器人　　　　　　　　　B．无人超市

　　　C．广告精准推送　　　　　　　　D．人脸识别

试题（5）分析

扫地机器人、人脸识别均是人工智能的应用案例。

广告精准推送是大数据的应用案例。

参考答案

（5）B

试题（6）

网络层协议中，　(6)　协议用于获取设备的硬件地址。

（6）A．ARP　　　　　B．IP　　　　　C．ICMP　　　　　D．IPX

试题（6）分析

ARP：地址解析协议，是根据 IP 地址获取物理地址的一个 TCP/IP 协议。

IP: Internet Protocol（因特网互连协议），是 TCP/IP 体系中的网络层协议。设计 IP 的目的是提高网络的可扩展性。

ICMP: Internet 控制报文协议，它是 TCP/IP 协议族网络层的一个子协议，用于在 IP 主机、路由器之间传递控制消息。

IPX: 互联网分组交换协议，提供分组寻址和选择路由的功能，保证可靠到达，相当于数据报的功能。

参考答案

（6）A

试题（7）

____（7）____是 TCP/IP 协议的应用层协议。

（7）A．ARP　　　　　　B．TCP　　　　　　C．UDP　　　　　　D．SMTP

试题（7）分析

ARP: 地址解析协议，是根据 IP 地址获取物理地址的数据链路层 TCP/IP 协议。传输有地址的帧以及错误检测功能。

TCP: 传输控制协议，是一种面向连接（连接导向）的、可靠的、基于字节流的传输层通信协议。

UDP: 用户数据报协议，是 TCP/IP 协议族传输层的协议，提供端对端的接口。

SMTP: 简单邮件传输协议，它是一组用于由源地址到目的地址传送邮件的规则，由它来控制信件的中转方式。SMTP 协议属于 TCP/IP 协议簇应用层的协议，它帮助每台计算机在发送或中转信件时找到下一个目的地。

参考答案

（7）D

试题（8）

网络按照____（8）____可划分为总线型结构、环型结构、星型结构、树型结构和网状结构。

（8）A．覆盖的地理范围　　　　　　B．链路传输控制技术

　　　C．拓扑结构　　　　　　　　　D．应用特点

试题（8）分析

计算机网络按照拓扑结构可分为总线型结构、环型结构、星型结构、树型结构和网状结构。

参考答案

（8）C

试题（9）

针对网站的访问监控内容一般不包括____（9）____。

（9）A．响应时间　　　B．连接数　　　C．网络流量　　　D．CPU 负载

试题（9）分析

对于网站的性能指标，重要的是响应时间、吞吐量、并发数。

（1）响应时间：是一次请求从发送请求到收到响应的总时间，直观地反映系统的快慢。

（2）吞吐量：是单位时间处理的请求数，通常用 TPS 来标示，是系统容量的直观体现。

（3）并发数：是系统同能处理的请求，对于同时在线用户数高的，短时间有大量用户使用的，如电子商务购物网站在短时间内保证用户能同时访问平台，需要极高的并发能力支持。

参考答案

（9）D

试题（10）

_____（10）_____ 定义了软件质量特性，以及确认这些特性的方法和原则。

（10）A．软件验收　　　　B．软件设计　　　　C．软件规划　　　　D．软件需求

试题（10）分析

软件质量指的是软件特性的总和，是软件满足用户需求的能力，即遵从用户需求，达到用户满意。软件质量包括"内部质量""外部质量"和"使用质量"三部分。软件需求定义了软件质量特性，及确认这些特性的方法和原则。

参考答案

（10）D

试题（11）

在智慧城市建设参考模型中，_____（11）_____ 利用 SOA、云计算、大数据等技术，提供应用所需的服务和共享资源。

（11）A．智慧应用层　　　　　　　　B．数据及服务支撑层

　　　　C．网络通信层　　　　　　　　D．物联感知层

试题（11）分析

智慧城市建设参考模型：

（1）智慧应用层：提供应用和服务；

（2）数据及服务支撑层：利用 SOA、云计算、大数据等技术，支撑智慧应用层的相关应用，提供应用所需的服务和共享资源；

（3）网络通信层：负责网络通信；

（4）物联感知层：负责感知。

参考答案

（11）B

试题（12）

_____（12）_____ 通过特定的工具和途径记录用户所访问的相关页面信息。

（12）A．外界环境数据　　　　　　　B．安全审计日志

　　　　C．用户主体数据　　　　　　　D．用户浏览日志

试题（12）分析

关于大数据应用的"用户日志"一般包括下列几类数据：

（1）网站日志：用户在访问某个目标网站时，网站记录的用户相关行为信息。

（2）搜索引擎日志：记录用户在该搜索引擎上的相关行为信息。

（3）用户浏览日志：通过特定的工具和途径记录用户所浏览过的所有页面的相关信息，如浏览器日志、代理日志等。

（4）用户主体数据：如用户群的年龄、受教育程度、兴趣爱好等。

（5）外界环境数据：如移动互联网流量、手机上网用户增长、自费套餐等。

参考答案

（12）D

试题（13）

在网络系统安全体系中，网络基础设施漏洞检测与修复属于 ___（13）___ 。

（13）A．实体安全　　　　B．应用安全　　　　C．数据安全　　　　D．平台安全

试题（13）分析

参考《信息系统监理师教程》14.1.4 节。

网络系统安全体系构成：实体安全、设施安全、平台安全、数据安全、通信安全、应用安全、运行安全、管理安全。

平台安全，泛指操作系统和通用基础服务安全，主要用于防范黑客攻击手段。目前市场上大多数安全产品均限于解决平台安全问题，包括以下内容：

（1）操作系统漏洞检测与修复，包括 UNIX 系统、Windows 系统、网络协议。

（2）网络基础设施漏洞检测与修复，包括路由器、交换机、防火墙等。

（3）通用基础应用程序漏洞检测与修复，包括数据库、Weblftp/mai1/DNS/其他各种系统守护进程。

参考答案

（13）D

试题（14）

___（14）___ 技术用于防止网络外部"敌人"的侵犯。

（14）A．防火墙　　　　B．入侵监测　　　　C．数据加密　　　　D．漏洞扫描

试题（14）分析

参考《信息系统监理师教程》14.1.4 节。

网络安全包括以下几方面：

（1）防火墙技术，防止网络外部"敌人"的侵犯。目前，常用的防火墙技术有分组过滤、代理服务器和应用网关。

（2）数据加密技术，防止"敌人"从通信信道窃取信息。目前，常用的加密技术主要有对称加密算法（如 DES）和非对称加密算法（如 RSA）。

（3）入侵监测和漏洞扫描技术。

（4）物理隔离技术，如网闸。

（5）访问限制，主要方法有用户口令、密码、访问权限设置等。

参考答案

（14）A

试题（15）

实施系统灾难恢复时，__（15）__系统的恢复时间最长，成本最低。

（15）A．全自动恢复　　B．半自动恢复　　C．数据备份　　D．手动恢复

试题（15）分析

参考《信息系统监理师教程》14.1.2 节。

灾难有时是不可避免的，关键是在灾难发生时如何有效地恢复系统。灾难恢复系统可根据操作方式分为以下三种，其达到的效果各有不同。

（1）全自动恢复系统。

在灾害发生时全自动恢复系统可达到不中断响应的切换，很好地保证了重要应用的继续性。这种方法的优点是：大大地减少了系统管理员在灾害发生后的工作量。缺点是：一些次要因素，如服务器死机、通信联络中断等，也随时有可能引发主生产系统切换到副应用端的操作。

（2）手动恢复系统。

这种方法的优点是：整个系统的安全性非常好，不会因为服务器或网卡损坏而发生误切换。缺点是：会产生一段时间的应用中断。

（3）数据备份系统。

在这种系统中，系统将主应用端的数据实时地备份到远地的存储器中。这样，一旦主应用端的存储设备遭到损坏时，远程的存储器中会保留事故发生前写入本地存储器的所有数据，使丢失数据造成的损失降到最低点。与上述两种方式相比，该方式系统恢复所需时间最长，但成本最低。

参考答案

（15）C

试题（16）

关于机房接地系统的描述，不正确的是：__（16）__。

（16）A．网络及主机设备的电源应有独立的接地系统

　　　　B．分支电路的每一条回路都需有独立的接地线

　　　　C．网络设备的接地系统可与避雷装置共用

　　　　D．高架地板的机房可用铝钢架代替接地的地网

试题（16）分析

参考《信息系统监理师教程》17.3.5 节。

机房接地系统的要求：

（1）网络及主机设备的电源应有独立的接地系统，并应符合相应的技术规定。

（2）分支电路的每一条回路都须有独立的接地线，并接至配电箱内与接地总线相连。

（3）配电箱与最终接地端应通过单独绝缘导线相连；其线径至少须与输入端、电源路径相同，接地电阻应小于 4Ω。

（4）接地线不可使用零线或以铁管代替。

（5）在雷电频繁地区或有架空电缆的地区，必须加装避雷装置。

（6）网络设备的接地系统不可与避雷装置共用，应各自独立，并且其间距应在10m以上；与其他接地装置也应有4m以上的间距。

（7）在有高架地板的机房内，应有16mm^{2}的铜线地网，此地网应直接接地；若使用铝钢架地板，则可用铝钢架代替接地的地网。

（8）地线与零线之间所测得的交流电压应小于1V。

参考答案

（16）C

试题（17）

关于机房内槽道敷设的描述，不正确的是：___（17）___。

（17）A．水平敷设梯架式槽道时，梯架式槽道距离地面的高度不低于2.2m

B．无孔托盘式槽道，距离地面的高度不低于2.2m

C．在吊顶内敷设槽道时，槽道顶部距顶棚的距离不应小于0.3m

D．在同一个机房中如有几组槽道，且在同一高度，槽道之间的间距不宜小于0.6m

试题（17）分析

参考《信息系统监理师教程》16.5.2.3节。

关于隐蔽工程管路的设计要求有：

（1）在智能化建筑中因客观条件等限制，只能采用明敷槽道方式时，应注意其吊装高度。有孔托盘式或梯架式槽道在屋内水平敷设时，要求距离地面高度一般不低于2.5m；无孔托盘式槽道可降低为不小于2.2m；在吊顶内敷设槽道时不受此限，可根据吊顶的装设要求来确定，但要求槽道顶部距顶棚或其他障碍物之间的距离不应小于0.3m。

（2）在智能化建筑中如有几组槽道（包括各种缆线）在同一路由（如在技术夹层中或地下室内），且在同一高度安装敷设时，为了便于维护检修和日常管理，槽道之间应留有一定的空间距离，一般不宜小于600mm。

参考答案

（17）A

试题（18）

在综合布线工程实施过程中，有关线槽内配线的操作，不正确的是：___（18）___。

（18）A．缆线在布放前两端应贴有标签，以表明起始和终端位置

B．电源线、光缆及建筑物内其他弱电系统的缆线应分离布放

C．布放缆线的牵引力，对光缆瞬间最大牵引力不应超过光缆允许的张力

D．在水平桥架中敷设缆线时，不应对缆线进行绑扎

试题（18）分析

参考《信息系统监理师教程》17.5节。

信息网络系统建设中，关于隐蔽工程的线槽配线要求有：

（1）缆线在布放前两端应贴有标签，以表明起始和终端位置，标签书写应清晰、端正和正确。

（2）电源线、信号电缆、对绞电缆、光缆及建筑物内其他弱电系统的缆线应分离布放。

各缆线间的最小净距应符合设计要求。

（3）缆线布放，在牵引过程中，吊挂缆线的支点相隔间距不应大于 1.5m。

（4）布放缆线的牵引力，应小于缆线允许张力的 80%，对光缆瞬间最大牵引力不应超过光缆允许的张力。

（5）在水平、垂直桥架和垂直线槽中敷设缆线时，应对缆线进行绑扎。

参考答案

（18）D

试题（19）

关于服务器选型的描述，不正确的是：　(19)　。

(19) A．应考虑应用服务器和数据服务器的运算指标和性能

　　　B．在关键业务应用中数据库和应用服务器应支持群集和高可用性处理

　　　C．服务器的处理能力只需满足关键业务应用和当前用户规模的需求

　　　D．服务器的硬盘、网络接口、网络连接及电源均应考虑足够的冗余

试题（19）分析

参考《信息系统监理师教程》16.2.3 节。

选择服务器时，应考虑的内容：

（1）分析应用系统的运算模型是以 OLTP（联机事务处理）为主还是以数据挖掘和数据仓库等 OLAP 类型为主，审核系统设计和资源配置方案时应主要考查应用服务器和数据服务器的运算指标和性能。

（2）在关键业务应用中数据库和应用服务器应支持群集和高可用性（HA）处理，设备选型时应重点审核多机间的热切换和负载均衡能力（需要应用软件开发商的配合）。此外还要确定服务器的 HA 策略是否需要网络设备的支持。

（3）服务器的硬盘、网络接口、网络连接及电源均应考虑足够的冗余。

（4）服务器的处理能力要求能满足所有的业务应用和一定用户规模的需求，而且须考虑全部系统的开销及应用切换时的性能余量。

参考答案

（19）C

试题（20）

　(20)　属于网闸的功能。

(20) A．支持攻击特征信息的集中式发布和攻击取证信息的分布式上载

　　　B．定期或不定期地使用安全性分析软件对整个内部系统进行安全扫描

　　　C．支持快速检索事件和规则信息的功能

　　　D．既能防止来自 Internet 的网络入侵，又能防止业务系统的泄密

试题（20）分析

参考《信息系统监理师教程》16.4.2 和 16.4.3 节。

1. 入侵监测和漏洞扫描系统的功能和性能要素：

（1）入侵监测系统：支持攻击特征信息的集中式发布和攻击取证信息的分布式上载。

（2）漏洞扫描系统：①定期或不定期地使用安全性分析软件对整个内部系统进行安全扫描，及时发现系统的安全漏洞、报警并提出补救建议。②支持灵活的事件和规则自定义功能，允许用户修改和添加自定义检测事件和规则，支持事件查询。

2. 其他网络安全系统的功能和性能要素：

网闸既能防止来自 Internet 的网络入侵，又能防止业务系统的泄密。

参考答案

（20）D

试题（21）

总监理工程师不得将 ___（21）___ 工作委托总监理工程师代表。

（21）A．审核工程量数据和凭证　　　　B．项目日常监理文件的签发

　　　C．项目一般性监理文件的签发　　D．项目竣工验收文件的签发

试题（21）分析

参考《信息系统监理师教程》5.1.2 节。

总监理工程师代表的职责包括：

（1）总监理工程师代表由总监理工程师授权，负责总监理工程师指定或交办的监理工作。

（2）负责本项目的日常监理工作和一般性监理文件的签发。

（3）总监理工程师不得将下列工作委托总监理工程师代表：

● 根据工程项目的进展情况进行监理人员的调配，调换不称职的监理人员。

● 主持编写工程项目监理规划及审批监理实施方案。

● 签发工程开工/复工报审表、工程暂停令、工程款支付证书、工程项目的竣工验收文件。

● 审核签认竣工结算。

● 调解建设单位和承建单位的合同争议，处理索赔，审批工程延期。

参考答案

（21）D

试题（22）

云计算具备的特点包括 ___（22）___ 。

①超大规模　②虚拟化　③按需服务　④专用性　⑤潜在的危险性

（22）A．①②③④　　　　B．②③④⑤　　　　C．①③④⑤　　　　D．①②③⑤

试题（22）分析

云计算的特点：①超大规模；②虚拟化；③高可靠性；④通用性；⑤高可扩展性；⑥按需服务；⑦极其廉价；⑧潜在的危险性。

参考答案

（22）D

试题（23）

___（23）___ 包含系统程序的基本处理流程、模块划分、接口设计、运行设计等内容。

（23）A．软件需求说明书　　　　　　　B．概要设计说明书

　　　C．网络设计说明书　　　　　　　D．数据库设计说明书

试题（23）分析

参考《信息系统监理师教程》20.3.5 节。

软件设计说明书分为概要设计说明书、详细设计说明书和数据库设计说明书。概要设计说明书说明对程序系统的设计考虑，包括程序系统的基本处理流程、程序系统的组织结构、模块划分、功能分配、接口设计、运行设计、数据结构设计和出错处理设计等，为程序的详细设计提供基础。

参考答案

（23）B

试题（24）

在质量监控过程中，＿＿（24）＿＿不属于监理的工作内容。

（24）A．根据合同及有关标准审查总体需求说明书

　　　 B．审查需求说明书的输入输出要求是否全面

　　　 C．检查系统设计的全面性和业务符合性

　　　 D．根据测试方案实施测试并整改发现的问题

试题（24）分析

参考《信息系统监理师教程》20.3.5 节。

1. 需求分析说明书的监理工作与质量控制工作如下：

（1）监理过程中，要根据合同及有关标准审查总体需求说明书。

（2）监理要审查输入输出要求是否全面，是否符合基本逻辑。

2. 软件设计说明书的监理工作与质量控制工作如下：

承建单位按合同规定日期提交正式会签确认的概要设计说明书、详细设计说明书和数据库设计说明书。

参考答案

（24）D

试题（25）

软件配置管理通过标识产品的组成元素来实现产品的＿＿（25）＿＿。

（25）A．适用性　　　　　B．安全性　　　　　C．易用性　　　　　D．完整性

试题（25）分析

软件配置管理，通过标识产品的组成元素、管理和控制变更、验证、记录和报告配置信息，来控制产品的进化和完整性。

参考答案

（25）D

试题（26）

＿＿（26）＿＿是为了评价和改进产品质量、识别产品的缺陷和问题而进行的活动。

（26）A．需求分析　　　 B．软件设计　　　　C．软件测试　　　　D．软件维护

试题（26）分析

（1）软件设计：根据软件需求，产生一个软件内部结构的描述，并将其作为软件构造的

基础。

（2）软件测试：是为了评价和改进产品质量、识别产品的缺陷和问题而进行的活动。

（3）软件维护：将软件维护定义为需要提供软件支持的全部活动。

参考答案

（26）C

试题（27）

　　__(27)__ 是对计算机软件单元组装得到的计算机软件部件进行测试。

（27）A．单元测试　　　B．集成测试　　　C．确认测试　　　D．系统测试

试题（27）分析

参考《信息系统监理师教程》19.4.4 节。

（1）计算机软件单元测试。适用对象为任一计算机软件单元。

（2）计算机软件集成测试。适用对象为由计算机软件单元组装得到的计算机软件部件。

（3）计算机软件确认测试。适用对象为完整的软件。

（4）系统测试。适用对象为整个计算机系统，包括硬件系统和软件系统。

参考答案

（27）B

试题（28）

　　__(28)__ 需要运行程序，并能在运行过程中跟踪程序的执行路径。

（28）A．代码审查　　　B．静态分析　　　C．白盒测试　　　D．黑盒测试

试题（28）分析

参考《信息系统监理师教程》19.4.2 节。

（1）代码审查（包括代码评审和代码走查）主要依靠有经验的程序设计人员根据软件设计文档，通过阅读程序，发现软件错误和缺陷。

（2）静态分析主要对程序进行控制流分析、数据流分析、接口分析和表达式分析等。静态分析一般由计算机辅助完成。

（3）白盒测试是一种按照程序内部的逻辑结构和编码结构设计并执行测试用例的测试方法。

白盒测试需要运行程序，并能在运行过程中跟踪程序的执行路径。软件人员使用白盒测试方法，主要想对程序模块进行如下的检查：

● 对程序模块的所有独立的执行路径至少测试一次；

● 对所有的逻辑判定，取"真"与取"假"的两种情况都能至少测试一次；

● 在循环的边界和运行界限内执行循环体；

● 测试内部数据结构的有效性，等等。

（4）黑盒测试是一种从软件需求出发，根据软件需求规格说明设计测试用例，并按照测试用例的要求运行被测程序的测试方法。

参考答案

（28）C

试题（29）

某单位在系统试运行阶段，因相关政策变化造成软硬件配置发生变化，系统需要进行　(29)　。

（29）A．更正性维护　　B．适应性维护　　C．完善性维护　　D．预防性维护

试题（29）分析

（1）更正性维护：更正交付后发现的错误。

（2）适应性维护：使软件产品能够在变化后或变化中的环境中继续使用。

（3）完善性维护：改进交付后产品的性能和可维护性。

（4）预防性维护：在软件产品中的潜在错误成为实际错误前，测试并更正它们。

参考答案

（29）B

试题（30）

　(30)　用来描述对象、子系统、系统的生命周期。

（30）A．用例图　　　B．对象图　　　C．序列图　　　D．状态图

试题（30）分析

参考《信息系统监理师教程》19.9.11 节。

（1）用例图（Use case diagram）：用例图描述系统的功能，由系统、用例和角色（Actor）三种元素组成。

（2）对象图（Object diagram）：对象图是类图的示例，类图表示类和类与类之间的关系。

（3）序列图（Sequence diagram）：反映若干个对象之间的动态协作关系。

（4）状态图（State diagram）：状态图主要用来描述对象、子系统、系统的生命周期。

参考答案

（30）D

试题（31）

信息系统项目往往在还没有完全搞清需求前就付诸实施，并且在实施过程中频繁修改，因此在项目管理过程中需重点关注　(31)　。

（31）A．变更管理　　B．信息管理　　C．成本管理　　D．质量管理

试题（31）分析

变更在信息系统工程实际的建设过程中是经常发生的。在 IT 行业中，很多失败的先例都是由于项目的变化不能及时确定和处理，导致项目后期变更太多，成本和进度压力过大，因此做好变更控制可以更好地为质量控制、进度控制和成本控制服务。

参考答案

（31）A

试题（32）

　(32)　是指导整个项目执行和控制的文件。

（32）A．项目计划　　B．资源规划　　C．工作说明书　　D．质量计划

试题（32）分析

参考《信息系统监理师教程》2.2.2 节。

项目计划是用来生成和协调诸如质量计划、进度计划、成本计划等所有计划的总计划，是指导整个项目执行和控制的文件。

参考答案

（32）A

试题（33）

在信息系统集成项目中，涉及的"三方一法"中的三方不包括 __（33）__。

（33）A．项目建设单位　　　　　　　　B．项目监理单位
　　　　C．项目设计单位　　　　　　　　D．项目承建单位

试题（33）分析

参考《信息系统监理师教程》2.3.1 节。

信息系统项目的实施涉及主建方、承建单位和监理单位三方，而三方都需要采取项目管理的方法（简称"三方一法"），以完成其在项目实施中所肩负的责任。

参考答案

（33）C

试题（34）

__（34）__ 不属于监理单位的工作内容。

（34）A．合同管理　　　B．供应商管理　　　C．信息管理　　　　D．安全管理

试题（34）分析

参考《信息系统监理师教程》1.2.2 节。

监控活动的主要内容被概括为"四控、三管、一协调"。

四控：信息系统工程质量控制、进度控制、投资控制和变更控制。

三管：信息系统工程合同管理、信息管理和安全管理。

一协调：信息系统工程实施过程中协调有关单位及人员间的工作关系。

参考答案

（34）B

试题（35）

__（35）__ 不属于监理活动。

（35）A．信息系统工程质量控制　　　　B．信息系统工程进度控制
　　　　C．信息系统工程风险控制　　　　D．信息系统工程变更控制

试题（35）分析

参考《信息系统监理师教程》1.2.2 节。

监理项目范围和监理内容，监理活动的内容被概括为"四控、三管、一协调"。四控包括：质量控制、进度控制、投资控制和变更控制，不包含风险控制。

参考答案

（35）C

试题（36）

监理合同内容不包括　__（36）__。

（36）A．监理业务内容　　　　　　　B．承建单位的违约责任

　　　C．监理单位的违约责任　　　　D．监理费用的计取和支付方式

试题（36）分析

参考《信息系统监理师教程》1.2.3 节。

监理合同与承建单位无关。一旦选定监理单位，建设单位与监理单位应签订监理合同，合同内容主要包括：

（1）监理业务内容；

（2）双方的权利和义务；

（3）监理费用的计取和支付方式；

（4）违约责任及争议的解决方法；

（5）双方约定的其他事项。

参考答案

（36）B

试题（37）

__（37）__ 不属于监理单位的行为准则。

（37）A．守法　　　　　B．公开　　　　　C．科学　　　　　D．独立

试题（37）分析

参考《信息系统监理师教程》4.1.3 节。

监理单位的行为准则是：守法、公正、独立、科学和保密。

参考答案

（37）B

试题（38）

在软件开发过程中，监理工程师按照正常的程序和方法，对开发过程进行了检查和监督，并未发现任何问题，但仍有可能出现由于系统设计缺陷导致不能全部满足实际应用的情况。这种属于　__（38）__ 风险。

（38）A．技术资源　　　B．工作技能　　　C．管理　　　　　D．进度

试题（38）分析

参考《信息系统监理师教程》4.2.1 节。

监理工作的风险类别包括：行为责任风险、工作技能风险、技术资源风险和管理风险。

参考答案

（38）A

试题（39）

__（39）__ 是在监理招标阶段编制的。

（39）A．监理规划　　　B．监理大纲　　　C．监理实施细则　　　D．经营方针

试题（39）分析

参考《信息系统监理师教程》5.2 节中的表 5-1。

监理大纲在监理招标阶段由公司总监编制。

参考答案

（39）B

试题（40）

关于监理实施细则的描述，不正确的是：＿＿（40）＿＿。

（40）A．监理实施细则是由监理员编写，监理工程师审核

　　　　B．监理实施细则中要细致分析工程的专业特点

　　　　C．监理实施细则中的监理流程要有一定的灵活性

　　　　D．监理实施细则内容包括监理的控制要点、监理流程、监理单位法

试题（40）分析

参考《信息系统监理师教程》5.4.3 节。

监理实施细则是由专业监理工程师进行编写，由总监理工程师审核。无论哪种专业，都要包含四个方面的内容：工程专业特点、监理流程、监理的控制要点及目标、监理单位法及措施。

参考答案

（40）A

试题（41）

监理规划的内容应该具有＿＿（41）＿＿。

①统一性　②针对性　③时效性　④复用性

（41）A．①②③　　　　B．②③④　　　　C．①③④　　　　D．①②④

试题（41）分析

参考《信息系统监理师教程》5.3.2 节。

编制监理规划的基本要求：

（1）监理规划的内容应该有统一性；

（2）监理规划的内容应该有针对性；

（3）监理规划的内容应该有时效性。

参考答案

（41）A

试题（42）

关于信息工程项目质量控制的原则，不正确的是：＿＿（42）＿＿。

（42）A．质量控制只关注项目结果，属于事后控制

　　　　B．对于不同的工程应采取不同的质量控制方法

　　　　C．质量控制要实施全面控制

　　　　D．质量控制要与建设单位对工程质量监督紧密结合

试题（42）分析

参考《信息系统监理师教程》6.1.3 节。

信息系统工程质量控制的原则：

（1）质量控制要与建设单位对工程质量监督紧密结合。

（2）质量控制是一种系统过程的控制，在整个监控过程中强调对项目质量的事前控制、事中控制和事后控制。

（3）质量控制要实施全面控制，对于不同的工程内容应采取不同的质量控制方法。

参考答案

（42）A

试题（43）

信息系统工程项目是由建设单位、承建单位和监理单位三方共同完成，以下相关描述不正确的是：__（43）__。

（43）A．建设单位的工程项目管理体系是项目成功的关键要素之一

　　　B．承建单位的质量控制体系是项目质量保障的关键

　　　C．监理单位按照建设单位的质量控制体系从事监理活动

　　　D．三方协同的质量控制体系是项目成功的重要因素

试题（43）分析

参考《信息系统监理师教程》6.2.2 节。

工程项目的质量管理体系：

建设单位的工程项目管理体系是项目成功的关键要素之一，承建单位的质量控制体系是项目质量保障的关键，监理单位是工程项目的监督管理协调方，既要对自己的质量控制体系从事监理活动，还要对建设单位的质量控制体系和建设单位的工程管理体系进行监督和指导，三方协同的质量控制体系是项目成功的重要因素。

参考答案

（43）C

试题（44）

对于一个应用软件开发项目，需求获取阶段关系整个应用系统的成败，而这类工作往往做得不够细致，因此监理工程师把需求获取作为一个质量控制点。这种情况下，设置质量控制点遵守的原则是：__（44）__。

（44）A．突出重点　　　　　　　B．易于纠偏

　　　C．灵活性　　　　　　　　D．动态性

试题（44）分析

参考《信息系统监理师教程》6.3.1 节。

进行质量控制点设置时，应遵守的原则之一：选择的质量控制点应该突出重点。例如：对于一个应用软件开发项目，需求获取阶段关系整个应用系统的成败，而这类工作往往做得不够细致，因此监理工程师把需求获取作为一个质量控制点。

参考答案

（44）A

试题（45）

在项目实施阶段出现质量异常情况，经提出后承建单位采取改进措施，但质量状况未发生好转，___（45）___有权下达停工令。

（45）A．公司总监   B．总监理工程师

   C．监理工程师   D．质量工程师

试题（45）分析

参考《信息系统监理师教程》6.3.4 节。

项目实施阶段，监理协助建设单位对严重质量隐患和质量问题进行处理，在必要的情况下，监理单位可按合同行使质量否决权。

在下述情况下，总监理工程师有权下达停工令：

（1）实施、开发中出现质量异常情况，经提出后承建单位仍不采取改进措施者；或者采取的改进措施不力，还未使质量状况发生好转趋势者。

（2）隐蔽作业（指综合布线及系统集成中埋入墙内或地板下的部分）未经现场监理人员查验自行封闭、掩盖者。

（3）对已发生的质量事故未进行处理和提出有效的改进措施就继续进行者。

（4）擅自变更设计及开发方案自行实施、开发者。

（5）使用没有技术合格证的工程材料、没有授权证书的软件，或者擅自替换、变更工程材料及使用盗版软件者。

（6）未经技术资质审查的人员进入现场实施、开发者。

监理工程师遇到工程中有不符合要求情况严重时，可报总监理工程师下达停工令。

参考答案

（45）B

试题（46）

工程实施阶段性质量控制的基础是___（46）___。

（46）A．制订阶段性质量控制计划

   B．进行工程各阶段分析，分清主次

   C．设置阶段性质量控制点

   D．严格进行各阶段的交接检查

试题（46）分析

参考《信息系统监理师教程》6.3.4 节。

关键过程质量控制的实施要点：

（1）制订阶段性质量控制计划，是工程实施阶段性质量控制的基础。

（2）进行工程各阶段分析，分清主次，抓住关键是阶段性工程结果质量控制的目的。

（3）设置阶段性质量控制，实施跟踪控制是工程质量控制的有效手段。

（4）严格各过程间交接检查。

参考答案

（46）A

试题（47）

　　__（47）__ 无法跟踪控制进度。

（47）

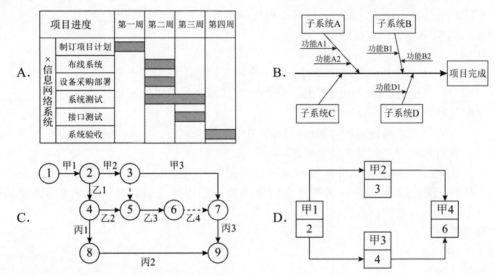

试题（47）分析

　　参考《信息系统监理师教程》7.4.1 节。

　　鱼骨图无法控制进度，只能用来发现造成问题的根本原因。

参考答案

（47）B

试题（48）

　　工程施工进度曲线能够帮助监理工程师更准确地掌握工程进度状况，有效进行进度控制。图中工程施工进度曲线的切斜率是由 __（48）__ 决定的。

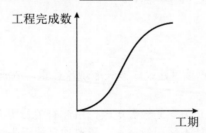

（48）A．项目工期　　　　B．施工速度　　　　C．项目难度　　　　D．工程总量

试题（48）分析

　　参考《信息系统监理师教程》7.4.1 节中的图 7.5。

工程施工进度曲线的切斜率即为施工进度速度，它是由施工速度决定的。

参考答案

（48）B

试题（49）

监理工程师在为期一年的信息网络系统建设项目中，发现计划工期为 4 个月的综合布线系统 2 个月就完成了。此时，监理工程师应首先进行的工作是：　（49）　。

（49）A．表扬项目经理

　　　　B．调整项目进度计划

　　　　C．分析偏差原因及对后续工作和工期的影响

　　　　D．采取进度调整措施，让后续工作跟上新的进度变化

试题（49）分析

参考《信息系统监理师教程》7.3.2 节中的图 7.3。

工程进度计划调整的过程顺序：

出现工程偏差→分析偏差原因→分析偏差对后续工作和工期的影响→确定影响后续工作和工期的限制条件→采取进度调整措施→形成调整的进度计划→实施调整后的进度计划→进入进度检测系统。

参考答案

（49）C

试题（50）

为合理有效地控制项目建设进度，监理工程师应在项目的　（50）　，对建设合同所涉及产品和服务的供应周期做出详细说明，以便建设单位做出合理安排，同时用以指导、验收承建单位的设计和施工工作。

（50）A．准备阶段　　　B．招标阶段　　　C．设计施工阶段　　　D．验收阶段

试题（50）分析

参考《信息系统监理师教程》7.3.1 节。

监理工程师应在准备阶段对建设合同所涉及产品和服务的供应周期做出详细说明。

招标阶段通常只有工程的总周期要求。

参考答案

（50）A

试题（51）

长期以来，我国信息工程项目建设成本失控现象严重，造成成本失控的原因很多，但不包括　（51）　。

（51）A．项目规划和设计方案的较大更改，引起有关费用大大增加

　　　　B．项目规划和设计不采用新技术，导致项目缺乏先进性

　　　　C．对项目的设计缺乏成本控制意识

　　　　D．项目建设超过客观的合理经济规模

试题（51）分析

参考《信息系统监理师教程》8.1.2 节。

投资控制技术方面失效的原因有：

（1）进行项目成本估算时，项目规划设计的深度不够，不能满足成本估算的要求；

（2）采用的项目成本计算方法选择不当，与项目的实际情况和占有的数据资料不符；

（3）项目成本计算的数据值不准确，计算疏忽漏项，使计算的成本额偏低；

（4）设计者没搞好设计方案优化，致使项目设计方案突破项目成本目标值；

（5）项目实施期间，有关物资价格的上涨幅度，大大超过对其上浮的预测值；

（6）项目规划和设计方案的较大更改，引起有关费用的大大增加；

（7）没有考虑工程实施中可能发生的不可预见因素，故使实施所需费用大量增加。

所以，项目是否采用新技术、是否具有先进性，与成本控制无关。

参考答案

（51）B

试题（52）

信息系统工程项目进行投资控制时，应遵循的基本原则包括＿＿（52）＿。

①资最少化原则　②全面成本控制原则

③静态控制原则　④目标管理原则

⑤责、权、利相结合原则

（52）A．①②③　　　　B．②③④　　　　C．①②⑤　　　　D．②④⑤

试题（52）分析

参考《信息系统监理师教程》8.1.1 节。

投资控制的原则：

（1）投资最优化原则；

（2）全面成本控制原则；

（3）动态控制原则；

（4）目标管理原则；

（5）责、权、利相结合原则。

参考答案

（52）D

试题（53）

关于参数建模的估算方法，不正确的是：＿＿（53）＿。

（53）A．参数建模的模型比较复杂，至少需要 5 个独立参数因子

　　　B．当用来建模的历史数据比较精确时，参数建模法是可靠的

　　　C．当用来建模的参数容易定量化时，参数建模法是可靠的

　　　D．参数建模法对大型项目和小型项目都适用

试题（53）分析

参考《信息系统监理师教程》8.3.2 节。

参数建模是把项目的一些特征作为参数，通过建立一个数学模型预测项目成本。模型可简单（开发人员的成本是以每月的费用的成本作为参数）也可复杂（软件研制的模型涉及 13 个独立参数因子，每个因子有 5～7 个子因子）。

参数建模的成本和可靠性各不相同，参数建模法在下列情况下是可靠的：

（1）用来建模的历史数据是精确的。

（2）用来建模的参数容易定量化。

（3）模型对大型项目适用，也对小型项目适用。

所以，参数建模的模型可以简单，也可以复杂。

参考答案

（53）A

试题（54）

监理工程师审核工程竣工结算中的报废工程损失时，不正确的做法是：____（54）____。

（54）A．审核相关账目是否准确完整

B．审核各项损失是否经过主管部门的批准

C．尽量回收利用减少损失

D．审核损失的真实性，而不是合理性

试题（54）分析

参考《信息系统监理师教程》8.5.4 节。

审核分析报废工程损失，应核销其他支出中的各项损失是否符合实际情况，是否经有关主管部门批准，要尽量回收利用减少损失。监理工程师有责任审核项目的各项费用支出是否合理。

参考答案

（54）D

试题（55）

下列情形中，____（55）____会造成信息系统工程变更。

①贸易摩擦导致项目所需设备无法进口

②项目需求分析出现错误或遗漏

③承建单位的项目经理离职

④建设单位由于机构重组的原因造成业务流程的变化

（55）A．①②③　　　　B．②③④　　　　C．①②④　　　　D．①③④

试题（55）分析

参考《信息系统监理师教程》9.1.2 节。

造成信息系统工程变更的原因有几个方面：

（1）项目外部环境发生变化，例如政府政策的变化。

（2）项目总体设计，项目需求分析不够周密详细，有一定的错误或遗漏。

（3）新技术的出现，设计人员提出了新的设计方案或者新的实现手段。

（4）建设单位由于机构重组等原因造成业务流程的变化。

参考答案

（55）C

试题（56）

某信息系统工程项目的承建单位因进口设备入关手续不全，设备被海关扣留，准备进行项目进度变更。下述变更控制流程中，___（56）___是正确的。

（56）A．变更申请→监理初审→变更分析→三方协商→实施变更

　　　　B．变更分析→变更申请→监理初审→三方协商→实施变更

　　　　C．变更申请→监理初审→三方协商→变更分析→实施变更

　　　　D．变更分析→监理初审→变更申请→三方协商→实施变更

试题（56）分析

参考《信息系统监理师教程》9.3.7 节。

变更控制流程中：变更申请→监理初审→变更分析→三方协商→实施变更→监理监督变更过程。

参考答案

（56）A

试题（57）

监理人员在需求变更过程中，不正确的做法是：___（57）___。

（57）A．要求必须用变更申请单提出变更

　　　　B．要求变更必须获得项目各方责任人的书面批准

　　　　C．要求变更申请获批后尽快执行，不必修改项目整体计划

　　　　D．审批变更申请前，监理工程师必须与总监理工程师商议

试题（57）分析

参考《信息系统监理师教程》9.4.1 节。

变更申请获批后必须修改项目整体计划，使之反映出该项变更，并使该变更单成为这个计划的一部分。

参考答案

（57）C

试题（58）

监理单位在信息系统工程监理过程中针对各类合同的管理须遵循合同管理原则。有关合同管理的原则不包括___（58）___。

（58）A．公正处理原则　　　　　　　B．实时纠偏原则

　　　　C．事中控制原则　　　　　　　D．充分协商原则

试题（58）分析

参考《信息系统监理师教程》10.2.3 节。

合同管理原则包括：事前预控原则、实时纠偏原则、充分协商原则、公正处理原则。

参考答案

（58）C

试题（59）

某市智能交通信息系统建设过程中，出现　(59)　情形并导致损失时，承建单位可以向建设单位提出索赔。

①建设单位接受上级审计，项目暂停 1 月

②承建单位的施工质量不符合实施技术规程的要求

③施工人员参加建设单位组织的会议，出差途中丢失工作电脑

④地震

（59）A．①②　　　　B．②③　　　　C．③④　　　　D．①④

试题（59）分析

参考《信息系统监理师教程》10.3.1 和 10.5.4 节。

索赔是在信息系统工程合同履行中，当事人一方由于另一方未履行合同所规定的义务而遭受损失时，向另一方提出赔偿要求的行为。

项目索赔具有以下特征：

（1）索赔是合同管理的重要环节；

（2）索赔有利于建设单位、承建单位双方自身素质和管理水平的提高；

（3）索赔是合同双方利益的体现；

（4）索赔是挽回成本损失的重要手段。

因不可抗力事件导致的费用及延误的工期由双方按以下方法分别承担：

（1）项目本身的损害、因项目损害导致第三方人员伤亡和财产损失以及运至实施场地用于实施的材料和待安装的设备的损害，由建设单位承担；

（2）建设单位、承建单位人员伤亡由其所在单位负责，并承担相应费用；

（3）承建单位设备损坏及停工损失，由其承建单位承担；

（4）停工期间，承建单位应监理单位要求留在实施场地的必要的管理人员及保卫人员的费用由发包人承担；

（5）项目所需清理、修复费用，由建设单位承担；

（6）延误的工期相应顺延。

但监理单位应特别注意因合同一方迟延履行合同后发生不可抗力的，不能免除迟延履行方的相应责任，应承担因此造成的损失。

参考答案

（59）D

试题（60）

企业信息化系统建设过程中，监理工程师应通过日常检查和教育，监督承建单位积极进行软件知识产权保护。为防止内部员工侵权，建议承建单位　(60)　。

①制定知识产权保护规章制度

②对员工进行知识产权相关教育

③与员工签订知识产权保护协议

④及时到国家知识产权局进行作品登记

（60）A．①②③　　　B．②③④　　　C．①②④　　　D．①③④

试题（60）分析

参考《信息系统监理师教程》10.6.3 节。

信息系统工程在需求方案、集成方案、选型采购、软件设计等方面涉及较多的知识产权问题，这些问题应该在有关合同中规定，并加以管理。知识产权保护的管理，应该坚持全过程的管理。具体包括：

（1）树立为建设单位和承建单位维权的意识。

（2）建议建设单位制定知识产权管理制度。

（3）监督承建单位实施知识产权管理制度。

● 保护自己的软件著作权。

● 防止公司内部员工侵害知识产权。

● 认识盗版软件的危害。

（4）实施知识产权保护的监理措施：政策措施和技术措施。

参考答案

（60）A

试题（61）

信息系统实施安全管理制度中，人员方面的制度不包括＿＿（61）＿＿。

（61）A．计算机信息网络系统工作人员出入管理制度

　　　　B．计算机信息网络系统工作人员差旅报销制度

　　　　C．计算机信息网络系统工作人员循环任职制度

　　　　D．计算机信息网络系统工作人员强制休假制度

试题（61）分析

参考《信息系统监理师教程》11.2.3 节。

信息系统实施安全管理的有关制度包括：

（1）计算机信息网络系统出入管理制度；

（2）计算机信息网络系统各工作岗位的工作职责、操作规程；

（3）计算机信息网络系统升级、维护制度；

（4）计算机信息网络系统工作人员人事管理制度；

（5）计算机信息网络系统安全检查制度；

（6）计算机信息网络系统应急制度；

（7）计算机信息网络系统信息资料处理制度；

（8）计算机信息网络系统工作人员安全教育、培训制度；

（9）计算机信息网络系统工作人员循环任职、强制休假制度等。

不包括差旅报销制度，出差补助属于财务制度，与信息系统安全无关。

参考答案

（61）B

试题（62）

监理工程师应监督建设单位采用的防范火灾安全管理设施不包括　　(62)　　。

(62) A. 手提式灭火器　　　　　　　　　B. 烟雾探测器

　　　 C. 抗静电喷雾器　　　　　　　　　D. 火灾警报器

试题（62）分析

参考《信息系统监理师教程》11.3.2 节。

火灾可能从信息处理设施的内部或外部引起，因此防火控制系统必须设置在机构中的所有地方，以提供适当的防护。监理应监督建设单位采取的安全管理措施有手提式灭火器、触动式火灾警报器、烟雾探测器、灭火系统（二氧化碳、水、干管）等。

抗静电喷雾器不是用于防火的，是用于防静电的。

参考答案

(62) C

试题（63）

信息系统计算机机房的主干电缆出现自然老化，引起停电、停机事故。该情形破坏了信息系统安全属性中的　　(63)　　。

(63) A. 不可抵赖性　　　B. 可用性　　　　C. 完整性　　　D. 保密性

试题（63）分析

参考《信息系统监理师教程》11.1.2 节。

信息网络系统可用性体现在：

（1）可用性是信息系统工程能够在规定条件下和规定的时间内完成规定的功能的特性。可用性是信息系统安全的最基本要求之一，是所有信息网络系统的建设和运行目标。可用性是指信息及相关的信息资产在授权人需要的时候，可以立即获得。例如通信线路中断故障会造成信息在一段时间内不可用，影响正常的商业运作，这是信息可用性的破坏。

（2）保密性是信息不被泄露给非授权的用户、实体或过程，信息只为授权用户使用的特性。信息的保密性根据信息被允许访问对象的多少而不同，所有人员都可以访问的信息为公开信息，需要限制访问的信息一般为敏感信息或秘密。秘密可以根据信息的重要性及保密要求分为不同的密级。

（3）完整性定义为保护信息及其处理方法的准确性和完整性。信息完整性一方面是指信息在利用、传输、存储等过程中不被删除、修改、伪造、乱序、重放、插入等，另一方面是指信息处理的方法的正确性。不适当的操作，如误删除文件，有可能造成重要文件的丢失。

参考答案

(63) B

试题（64）

工程监理验收报告的必要内容不包括　　(64)　　。

(64) A. 实施集成测试方案得到的测试结果　　B. 返工修改部分回归测试的情况

　　　 C. 竣工准备工作完备情况　　　　　　D. 验收测试方案与规范

试题（64）分析

参考《信息系统监理师教程》12.4.2 节。

工程监理验收报告是信息工程项目验收阶段产生的主要监理文件，此阶段的主要监理工作是监督合同各方做好竣工准备工作，组织三方对工程系统进行验收测试，以检验系统及软硬件设备等是否达到设计要求。

工程监理报告须包含的要素有：

（1）工程竣工准备工作综述；

（2）验收测试方案与规范；

（3）测试结果与分析；

（4）验收测试结论。

参考答案

（64）A

试题（65）

监理文档中，___（65）___属于实施类文档，不属于总控类文档。

（65）A．承建合同　　　　　　　B．监理实施细则

　　　C．采购计划　　　　　　　D．监理总结报告

试题（65）分析

参考《信息系统监理师教程》12.4.1 和 12.4.2 节。

总控类文档包括：承建合同、总体方案、项目组织实施方案、技术方案、项目计划、监理规划及实施细则。

工程监理总结报告属于监理实施类文档。

参考答案

（65）D

试题（66）

工程监理总结报告的管理协调综述部分综合分析了合同管理和项目协调情况，应重点包含___（66）___的内容。

①签监理合同情况　　②合同履行情况

③合同纠纷　　　　　④合同双方工作关系情况

（66）A．①②③　　　　B．②③④　　　　C．①②④　　　　D．①③④

试题（66）分析

参考《信息系统监理师教程》12.4.2 节。

工程监理总结报告由总监理工程师组织编写，由各相关专业监理工程师参加，综合各工程月报和所有的监理资料，对工程进度、工程质量、合同管理及其他事项进行统一的综合分析，总结出整体监理结论。

工程监理总结报告应重点包含以下几个方面的内容：

（1）工程概况；

（2）监理工作统计；

（3）工程质量综述；

（4）工程进度综述；

（5）管理协调综述；

（6）监理总评价。

管理协调综述是综合分析合同管理、综合协调情况，包含有无新签分包合同、合同履行情况、合同纠纷、双方工作关系情况等。

参考答案

（66）B

试题（67）

组织协调的基本原则包含：___（67）___。

①公平、公正　②守法　③诚信　④科学　⑤创新　⑥简单

（67）A. ①③④⑤　　　　B. ③④⑤⑥　　　　C. ②③⑤⑥　　　　D. ①②③④

试题（67）分析

参考《信息系统监理师教程》13.2.1 节。

组织协调的基本原则：

（1）公平、公正、独立原则；

（2）守法原则；

（3）诚信原则；

（4）科学原则。

参考答案

（67）D

试题（68）

监理会议后，应在会后___（68）___小时之内公布会议成果。

（68）A. 8　　　　　　B. 12　　　　　　C. 24　　　　　　D. 48

试题（68）分析

参考《信息系统监理师教程》13.3.1 节。

确保会议成功的措施，会议结果的落实原则：在会后 24 小时之内公布会议成果。

参考答案

（68）C

试题（69）

在监理实施过程中，监理单位与建设单位的联系均以书面函件为准。在不作出紧急处理时可能导致人身、设备或项目事故的情况下，监理应___（69）___。

（69）A. 召开监理专题会议　　　　　　　B. 先口头或电话通知，事后补书面通知

　　　　C. 编写监理日报　　　　　　　　　D. 正式发布有监理单位盖章的书面通知

试题（69）分析

参考《信息系统监理师教程》13.3.2 节。

在监理实施过程中，监理单位与建设单位的联系均以书面函件为准。在不做出紧急处理

时可能导致人身、设备或项目事故的情况下会先口头或电话通知，事后会在约定时间内补做书面通知。

参考答案

（69）B

试题（70）

___（70）___不适合作为项目监理例会的主要议题。

（70）A．分包单位的管理和协调问题

　　　　B．项目款支付的核定问题

　　　　C．因突发性变更事件引起的进度问题

　　　　D．针对存在的质量问题提出改进措施要求

试题（70）分析

参考《信息系统监理师教程》13.3.1 节。

项目监理例会的主要议题：

（1）检查和通报项目进度计划完成情况，确定下一阶段进度目标，研究承建单位人力、设备投入情况和实现目标的措施；

（2）通报项目实施质量的检查情况和技术规范实施情况等，针对存在的质量问题提出改进措施要求；

（3）检查上次会议议定事项的落实情况，检查未完成事项及分析原因；

（4）分包单位的管理和协调问题；

（5）项目款支付的核定及财务支付中的有关问题；

（6）接收和审查承建单位提交相关项目文档；

（7）监理提交相关监理文档；

（8）解决项目变更的相关事宜；

（9）违约、工期、费用索赔的意向及处理情况；

（10）解决需要协调的其他有关事项。

参考答案

（70）C

试题（71）

___（71）___ concerns a cycle of organizational activity: the acquisition of information from one or more sources, the custodianship and the distribution of that information to those who need it, and its ultimate disposition through archiving or deletion.

（71）A．Acquisition management　　　　B．Information management

　　　　C．Distribution management　　　　D．Deletion management

试题（71）分析

信息管理（IM）涉及组织活动的一个周期：从一个或多个来源取得信息、保管和将该信息分发给需要它的人，以及通过存档或删除对该信息的最终处理。

参考答案

（71）B

试题（72）

The information security management system preserves the confidentiality, integrity and availability of information by applying a/an ___（72）___ management process and gives confidence to interested parties.

（72）A. quality   B. information   C. risk   D. data

试题（72）分析

信息安全管理体系通过应用风险管理过程来保持信息的保密性、完整性和可用性，以给予相关方信心。

参考答案

（72）C

试题（73）

___（73）___ describes the configurable items of the project and identifies the items that will be recorded and updated so that the product of the project remains consistent and operable.

（73）A. The configuration management plan
   B. The change management plan
   C. The requirements traceability matrix
   D. The change baseline

试题（73）分析

配置管理计划描述项目的配置项，识别应记录和更新的配置项，以便保持项目产品的一致性和有效性。

参考答案

（73）A

试题（74）

When required, the Perform Integrated Change Control process includes a ___（74）___,which is a formally chartered group responsible for reviewing, evaluating, approving, deferring, or rejecting changes to the project andfor recording and communicating such decisions.

（74）A. BBC   B. CCB   C. BCB   D. CBC

试题（74）分析

必要时，应该由变更控制委员会（CCB）来开展实施整体变更控制过程。CCB 是一个正式组成的团体，负责审查、评价、批准、推迟或否决项目变更，以及记录和传达变更处理决定。

参考答案

（74）B

试题（75）

___（75）___ are also known as tally sheets are used to organize facts in a manner that will facilitate the effective collection of useful data about a potential quality problem.They are especially useful for gathering attributes data while performing inspections to identify defects.

（75）A．Effect sheets　　　　　　　B．Data sheets

　　　　C．Check sheets　　　　　　　D．Cost sheets

试题（75）分析

检查表又称计数表，用于合理排列各种事项，以便有效收集关于潜在质量问题的有用数据。在开展检查以识别缺陷时，用检查表收集属性数据特别方便。

参考答案

（75）C

第12章　2019下半年信息系统监理师下午试题分析与解答

试题一（共20分）

阅读下列说明，回答问题1至问题4，将解答填入答题纸的对应栏内。

【说明】

为提升金融机构现金处理效率、降低现金综合运营成本，某省级银行拟建设区域现金中心管理系统，以实现现金处理集约化、数据集中化和监管全程化。建设单位与承建单位A签订了建设合同，与监理单位B签订了监理合同。在项目建设过程中发生了如下事件：

【事件1】 系统需求分析阶段结束后，承建单位A向监理工程师提交了项目需求小组编制并签章的《应用软件系统开发计划（初稿）》《软件需求规格说明（初稿）》《软件质量保证计划》《软件配置管理计划》《测试计划（初步）》《用户使用说明（初稿）》，申请进入系统设计阶段。

【事件2】 建设单位对项目的成本控制特别关心，要求在成本、技术、进度三者之间综合平衡，保证各项工作在各自的预算范围内进行。

【事件3】 为提高代码质量，承建单位A的开发小组编制了《软件编码规范》，内容包括：

（1）变量名称应完全体现变量用途，需使用英文完整单词，不得缩写；

（2）为提高程序运行效率，不要在程序中写注释；

（3）程序中数据说明的次序与语法无关，可以是任意的；

（4）为了体现项目的编程水平，程序编写要做到效率第一，清晰第二；

（5）输入输出的方式、格式应尽可能方便用户使用；

（6）对所有的输入数据都要进行检验，保证每个数据的有效性。

【事件4】 数据报表子系统预计代码规模500000行，开发人员完成250000行代码时，承建单位A项目负责人上报该子系统开发进度完成50%。

【问题1】（3分）

针对事件1，如果你是监理工程师，请依据需求分析阶段的监理控制要点，向承建单位提出你在监理过程中发现的问题。

【问题2】（5分）

针对事件2，作为监理工程师，你认为成本控制的内容包括哪些方面？

【问题3】（6分）

针对事件3，作为监理工程师，请逐一指出这份《软件编码规范》的要求是否正确，不正确的请写出正确的做法。

【问题4】（6分）

针对事件4，作为监理工程师，你认为A单位的进度评估是否合理，为什么？

试题一分析

本题重点考查信息系统工程监理关于进度控制和成本控制的相关知识。

【问题 1】

本问题重点考查需求分析阶段的监理控制要点，参考《信息系统监理师教程》[1] 20.4.3 节。

【问题 2】

本问题重点考查监理关于成本控制的要点，参考《信息系统监理师教程》20.5.3 节。

【问题 3】

本问题考查系统软件编码规范监理评审的知识，参考《信息系统监理师教程》22.2.10 节。

【问题 4】

本问题考查应用软件监理关于进度控制的知识，参考《信息系统监理师教程》20.4.3 节。

参考答案

【问题 1】（3 分）

（1）《应用软件系统开发计划》不应是初稿，应是经批准后生效的版本。

（2）《软件需求规格说明》不应是初稿，应是通过评审的版本。

（3）承建单位应在需求分析阶段建立以软件需求规格说明为核心的配置管理基线。

（每条 1 分，共 3 分）

【问题 2】（5 分）

（1）监控费用执行情况与计划的偏差；

（2）确使所有发生的变化被准确记录在费用线上；

（3）避免不正确的、不合适的、无效的变更反映在费用线上；

（4）注意股东权益改变的各种信息；

（5）寻找费用正反两方面变化的原因；

（6）注意与其他控制过程相协调。

（每条 1 分，满分 5 分）

【问题 3】（6 分）

（1）不正确。（0.5 分）变量名称应选择精炼、意义明确的名称，必要时可缩写。（0.5 分）

（2）不正确。（0.5 分）需要注释，绝不是可有可无的。（0.5 分）

（3）不正确。（0.5 分）出于阅读、理解、维护的需要，最好使数据说明规范化，先后次序固定。（0.5 分）

（4）不正确。（0.5 分）程序编写要做到清晰第一，效率第二。（0.5 分）

（5）正确。（1 分）

（6）正确。（1 分）

（每条 1 分，共 6 分）

---

[1] 本章提及的《信息系统监理师教程》为全国计算机技术与软件专业技术资格（水平）考试指定用书，由清华大学出版社出版。

【问题 4】（6 分）

不合理。（1 分）

原因：

对整个子系统的代码行估计可能是不准确的。（1 分）

没有考虑难易程度，已完成的代码部分可能是相对容易，或使用代码生成器完成的。（2 分）

没有考虑质量因素，软件没有通过测试就不能算完成，测试的工作量没有计算进来。（2 分）

（其他合理答案酌情给分，满分 5 分）

试题二（共 15 分）

阅读下列说明，回答问题 1 至问题 3，将解答填入答题纸的对应栏内。

【说明】

为推进"互联网+政务服务"，某建设单位拟建设省级政务服务平台，使平台能够支撑一网通办、汇聚数据信息、实现交换共享、强化动态监管。通过公开招标确定了承建单位和监理单位。在准备验收时，承建单位完成了如下工作：

（1）采购了操作系统、数据库、应用软件等，均符合相关政策法规要求；

（2）采购的设备已全部到货，经加电运行，状态正常；

（3）项目大部分建设内容已按照批准的设计方案建设完成；

（4）技术文档和验收资料基本完备。

在项目验收阶段：

（1）建设单位和监理单位共同确定了项目的验收方案；

（2）建设单位和监理单位根据验收方案组建了验收组；

（3）验收组按照验收工作程序完成初步验收，提交了正式的竣工验收申请；

（4）验收组按照分项工程成立了测试（复核）小组、资料文档评审小组和工程质量鉴定小组。

【问题 1】（6 分）

针对案例中承建单位已完成的工作内容，请指出其不满足验收前提条件的地方。

【问题 2】（3 分）

基于以上案例，请问验收过程中的做法哪些是不正确的？

【问题 3】（6 分）

作为监理工程师，请指出各验收小组的具体工作内容。

试题二分析

本题重点考查信息系统验收阶段的监理相关工作的技术要点。

【问题 1】

本问题考查信息网络系统验收的前提条件，参考《信息系统监理师教程》18.1.1 节。

【问题 2】

本问题考查验收工作的准备及验收方案的审核与实施，参考《信息系统监理师教程》18.1.2 节。

【问题 3】

本问题考查工程验收的组织及验收工作的分工，参考《信息系统监理师教程》18.1.3 节。

参考答案

【问题 1】（6 分）

（1）项目应全部建设完成；

（2）项目建设内容满足使用要求；

（3）项目各项技术文档和验收资料都要完备；

（4）项目各文档资料符合合同的内容；

（5）各分项建设任务全部通过初步验收；

（6）系统建设和数据处理符合信息安全的要求；

（7）用户同意项目验收。

（每条 1 分，满分 6 分）

【问题 2】（3 分）

（1）业主和监理方共同确定了项目的验收方案不对，需要三方共同确定验收方案。

（2）建设单位和监理单位根据验收方案组建了验收组不对，需要三方共同推荐人员参与验收组。

（每条 1.5 分，共 3 分）

【问题 3】（6 分）

测试小组：根据验收测试报告和数据，按照具体相关标准对关键点复测。（2 分）

资料评审小组：根据合同要求对相关技术资料进行评审。（2 分）

工程质量鉴定小组：现场复查、验收，听取测试小组和资料评审小组汇报，起草工程验收评语。（2 分）

试题三（共 15 分）

阅读下列说明，回答问题 1 至问题 3，将解答填入答题纸的对应栏内。

【说明】

某市拟建设城市供水全过程监管大数据平台，利用城市供水行业各企业及机构现存的海量信息，通过大数据手段进行分析预测、辅助决策，帮助政府部门实现城市供水全过程智慧化监管。建设单位委托承建单位 A 负责该系统的建设，委托监理单位 B 负责监理工作。

【问题 1】（4 分）

为了安全高效地存储、备份海量数据，请根据建设单位如下系统需求，选择合适的存储及恢复技术类型（请将正确选项填写在答题纸的对应栏内）。

序号	选型内容	系统需求	可选范围（单选）
（1）	存储技术	需要将分布、独立的供水机构数据整合为大型、集中化管理的数据中心，采用 TCP/IP 协议，支持长距离的小数据块传输，对距离的限制少，易于部署和管理	A. SAN B. SAS C. NAS D. DAS

序号	选型内容	系统需求	可选范围（单选）
（2）	灾后恢复的数据复制模式	要求主站点数据能够迅速、实时地复制到第二站点，需要达到秒级或微秒级，适应长距离、写操作密集的系统，且不需要附加的存储	A.同步数据复制 B.异步数据复制 C.定期复制 D.人工复制
（3）	灾难恢复方式	要求恢复系统的安全性非常好，不会因为服务器损坏而发生误切换，恢复时间不能太长，可以接受一段时间的应用中断	A.全自动恢复方式 B.手动恢复方式 C.数据备份系统 D.磁盘备份系统
（4）	灾难恢复站点类型	要求服务器、数据、应用程序与主服务器随时同步运行，恢复过程快到难以令人察觉	A.热站 B.冷站 C.温站 D.寒站

【问题 2】（6 分）

针对下列工作内容，请填写适合的监理方法（请将下面（1）～（4）处的答案填写在答题纸的对应栏内）。

监理内容	监理方法
依据信息系统工程项目的总体需求和网络设备的指标，判断网络设备是否能够满足	（1）
网络工程涉及范围较大，检查部分网络综合布线的连通性和通信质量	（2）
在网络施工过程中，对网络综合布线现场施工方式进行质量控制	（3）
模拟真实网络应用场景，验证承建单位的网络设计方案是否满足业主方的要求	（4）

【问题 3】（5 分）

作为监理工程师，请判断下列内容是否正确（填写在答题纸的对应栏内，正确的选项填写"√"，不正确的选项填写"×"）。

（1）主机房设计容纳设备 20 台，设备尚未选型，主机房面积设计为 100m^2。   （ ）

（2）开机时，主机房夏季设计适宜温度为 26℃，相对湿度 50%。   （ ）

（3）敷设的光缆在室内布线时要走线槽，拐弯处曲率半径设计为 35cm。   （ ）

（4）有一处管道设计在沼泽地处，设计方案选择了现场浇筑的接合井。   （ ）

（5）管理间、设备间的接地设计为：单个设备接地电阻小于 1Ω，整个系统设备互联接地电阻小于 4Ω。   （ ）

试题三分析

本题重点考查信息网络系统建设的监理相关知识。

【问题 1】

本问题考查信息网络系统数据存储和备份设备的基本知识，参考《信息系统监理师教程》14.1.2 节。

【问题 2】

本问题考查信息网络系统监理常用的过程控制的监理方法,参考《信息系统监理师教程》14.2.2 节。

【问题 3】

本问题考查机房假设及综合布线系统的基本知识,参考《信息系统监理师教程》16.5.1 和 16.5.2 节。

（1）16.5.1,设备未选型时,主机房面积=设备数量×（4.5～5.5）（m²/台）。

（2）16.5.1,开机时主机房温度应为（23±2）℃。

（3）16.5.2,光缆拐弯处曲率半径不能小于 30cm。

（4）16.5.2,沼泽地不适于安装预制井,应选择现场浇筑的接合井。

（5）16.5.2,单个设备接地小于 4Ω,整个系统设备互联接地小于 1Ω。

参考答案

【问题 1】（4 分）

（1）C　　（2）B　　（3）B　　（4）A

（每个 1 分,共 4 分）

【问题 2】（6 分）

（1）评估;（2）抽查测试;（3）现场旁站;（4）网络仿真

（每个 1.5 分,共 6 分）

【问题 3】（5 分）

（1）√　　（2）×　　（3）√　　（4）√　　（5）×

（每个 1 分,共 5 分）

试题四（共 15 分）

阅读下列说明,回答问题 1 至问题 3,将解答填入答题纸的对应栏内。

【说明】

某省计划 2020 年初步建成信息共享的生态环境监测网络。通过招标,建设单位确认了 A 单位为承建单位,B 单位为监理单位。

随着项目建设任务的推进,B 单位根据项目建设的总体进度计划,要求 A 单位在合同规定时间节点,按监理要求提交正式的文档或软件,并根据相关标准审查文件。

在项目实施过程中,发生了如下事件:

【事件 1】由于项目工期比较紧,A 单位在需求调研没有全部完成且未与用户进行确认的情况下,开始了系统开发工作。监理工程师给 A 单位发了监理通知单,要求 A 单位尽快整改。

【事件 2】为了实现项目建设目标,当发现事件 1 问题后,A 单位邀请监理工程师担任工程承保人或保证人,帮助监督实施质量。

【问题 1】（4 分）

在项目实施过程中,质量控制的方法包含哪些（请选择 4 个正确选项填写在答题纸的对应栏内）?

A. 挣值　　　B. 帕累托图　　　C. 香蕉图　　　D. 决策树

E. 控制图　　F. 趋势分析　　　G. 网络图　　　H. 统计分析

【问题 2】（7 分）

（1）针对事件 1，监理单位的做法是否合理？为什么？

（2）针对事件 2，A 单位的想法是否可行，为什么？

（3）结合事件 2，你认为在项目中监理的责任范围是什么？

【问题 3】（4 分）

写出监理工作的主要内容。

试题四分析

本题重点考查信息系统建设监理的目标及相关内容。

【问题 1】

本问题考查信息应用系统建设监理对项目质量控制的方法，参考《信息系统监理师教程》20.3.4 节。

【问题 2】

本问题考查信息应用系统建设的监理目标，参考《信息系统监理师教程》20.2.1 节。

【问题 3】

本问题考查信息应用系统建设的监理内容，参考《信息系统监理师教程》20.2.2 节。

参考答案

【问题 1】（4 分）

B、E、F、H

（每个 1 分，共 4 分，选错 1 个扣 1 分，多于 4 个选项不给分）

【问题 2】（7 分）

（1）合理，因为需求需要进行评审确认。（1 分）

（2）A 单位的想法不可行。（1 分）

因为：

监理单位和监理工程师需要保持客观、公正，不可能成为承建单位的工程承保人或保证人。（2 分）

（3）监理是一种技术服务性质的活动，不承担设计、开发、实施、软硬件选型采购方面的直接责任。（1 分）

监理单位只承担整个建设项目的监理责任。（2 分）

【问题 3】（4 分）

四控：质量控制、进度控制、投资（成本）控制、变更控制。

三管：合同管理、信息管理、安全管理。

一协调：三方沟通协调。

（每点 0.5 分，共 4 分）

试题五（共 10 分）

阅读下列说明，回答问题 1 至问题 2，将解答填入答题纸的对应栏内。

【说明】

为了保证某信息化平台建设项目的实施质量，通过招标，建设单位确定了监理单位和承建单位。在实施过程中，监理单位配合完成了相关工作。

【问题 1】（6 分）

请判断如下监理相关工作是否合理（填写在答题纸的对应栏内，正确的选项填写"√"，不正确的选项填写"×"）。

（1）部分设备的配件不合格，监理督促承建单位与供货厂商联系更换。　　　　　（　）

（2）监理在测试阶段对承建单位进行检查，确认承建单位是否按照设计中制定的测试规范与计划进行测试。　　　　　　　　　　　　　　　　　　　　　　　　　　　　（　）

（3）监理监督承建单位根据项目需要，对软件测试进行开发、维护、建立文档等。（　）

（4）监理监督承建单位依据项目定义的软件过程、计划确认测试。　　　　　　　（　）

（5）从承建单位抽调开发人员与监理人员共同组成测试小组，共同计划和准备所需的测试用例和测试规程。　　　　　　　　　　　　　　　　　　　　　　　　　　　　（　）

（6）根据实际工作需要，监理对软件测试活动进行跟踪、审查和评估。　　　　　（　）

【问题 2】（4 分）

按照测试阶段划分，软件测试由__（1）__测试、__（2）__测试、__（3）__测试和__（4）__测试组成。（请将（1）～（4）处的答案填写在答题纸的对应栏内。）

试题五分析

本题重点考查信息系统建设过程中软件测试的要求和监理方法。

【问题 1】

本问题重点考查信息系统建设软件测试的监理目标、活动等，参考《信息系统监理师教程》23.2.2 节。

【问题 2】

本问题考查信息系统建设过程中软件测试的监理方法，参考《信息系统监理师教程》23.2.2 节。

参考答案

【问题 1】（6 分）

（1）√　（2）√　（3）√　（4）√　（5）×　（6）√

（每个 1 分，共 6 分）

【问题 2】（4 分）

（1）单元　（2）集成　（3）确认　（4）系统

（每条 1 分，共 4 分，4 个答案顺序无关）

第13章 2020下半年信息系统监理师上午试题分析与解答

试题（1）

___(1)___ 是指以信息技术为主要手段建立的信息处理、传输、交换、分发的计算机系统。

（1）A. 信息资源系统   B. 信息网络系统

       C. 信息应用系统   D. 信息存储系统

试题（1）分析

信息网络系统——信息处理、传输、交换、分发；信息资源系统——信息资源采集、存储、处理；信息应用系统——业务管理。

参考答案

（1）B

试题（2）

在信息系统软件生存周期中，系统总目标应在 ___(2)___ 阶段完成。

（2）A. 项目计划制订   B. 需求分析

       C. 软件设计   D. 软件测试

试题（2）分析

项目计划制订阶段确定要开发系统的总目标，根据有关成本与进度的限制分析项目的可行性，将可行性研究报告提交管理部门审查。

参考答案

（2）A

试题（3）

信息技术服务标准（ITSS）定义了 IT 服务能力的四个要素：___(3)___ 。

（3）A. 需求、设计、开发、测试   B. 人员、过程、技术、资源

       C. 数据、网络、设备、人员   D. 规划、管理、设计、运维

试题（3）分析

本题考查信息技术服务标准（ITSS）。

其中定义了 IT 服务能力的四个要素，即人员、过程、技术、资源。

参考答案

（3）B

试题（4）

人工智能的核心是机器学习，在机器学习过程中提供对错指示等导师信号，通过算法让机器自我减少误差的学习形式是 ___(4)___ 。

（4）A. 监督学习   B. 无监督学习

       C. 半监督学习   D. 强化学习

试题（4）分析

基于学习方式分类的机器学习包括：

监督学习——输入数据中有导师信号，以概率函数、代数函数或人工神经网络为基础函数模型，采用迭代计算方式，学习结果为函数。

无监督学习——输入数据中无导师信号，采用聚类方法，学习结果为类别。

强化学习——以环境反馈（奖/惩信号）作为输入，以统计和动态规划技术为指导的一种学习方法。

参考答案

（4）A

试题（5）

在物联网架构中，二维码标签属于＿＿（5）＿＿。

（5）A．应用层　　　　　B．管理层　　　　　C．网络层　　　　　D．感知层

试题（5）分析

二维码标签属于感知终端。

参考答案

（5）D

试题（6）

＿＿（6）＿＿技术的优点是采取了灵活的路由选择体系，采用非面向连接的服务方式，通过差错控制保证传输的可靠性，适用于非实时性的信息传输。

（6）A．MPLS　　　　　B．TCP/IP　　　　　C．信元交换　　　　　D．帧中继

试题（6）分析

帧中继不进行差错检测和纠正。信元交换采用面向连接的服务方式。MPLS 在无连接的网络中引入连接模式。

参考答案

（6）B

试题（7）

Internet 网络服务中，应用层的 WWW 服务通信协议不包括＿＿（7）＿＿。

（7）A．HTTP　　　　　B．HTML　　　　　C．ICMP　　　　　D．VRML

试题（7）分析

WWW 服务通信协议包括 HTTP、HTML、VRML。ICMP（Internet 控制报文协议）属于网络层协议。

参考答案

（7）C

试题（8）

在信息网络系统的体系框架中，网络接入是＿＿（8）＿＿平台的组成部分。

（8）A．网络基础　　　　　B．网络开发　　　　　C．网络安全　　　　　D．网络服务

试题（8）分析

网络接入是网络基础平台的组成部分。

参考答案

（8）A

试题（9）

某计算机信息应用系统的运算模型以数据挖掘和数据仓库的 ___(9)___ 为主，因此选择服务器时，应主要参考服务器的 TPC-R 和 TPC-H 指标。

（9）A．OLTP（联机事务处理）　　　　B．Web 服务
　　　C．OLAP（联机分析处理）　　　　D．视频点播

试题（9）分析

OLTP 主要参考服务器的 TPC-C 指标，Web 服务主要参考 TPC-W 指标，OLAP 主要参考 TPC-R 和 TPC-H 指标。

参考答案

（9）C

试题（10）

在信息网络系统的建设中，核心交换机选型时的主要技术指标需包括 ___(10)___ 。

①展性　②易于安装　③网络可靠性
④端口的不可扩容性　⑤中继带宽的可扩容性

（10）A．①②③　　　B．②④⑤　　　C．①③⑤　　　D．③④⑤

试题（10）分析

易于安装是接入层交换机的选型技术指标。核心交换机选型技术指标包括：可扩展性、端口的可扩容性、中继带宽的可扩容性、提供可扩展的网络业务、网络可靠性。

参考答案

（10）C

试题（11）

某市正在建设智慧城市信息港工程，采用了城域网交换技术 ___(11)___ ，使用双总线体系结构，可支持 200Mb/s 的传输速率。

（11）A．FDDI　　　B．DQDB　　　C．TCP/IP　　　D．MPLS

试题（11）分析

双总线、300Mb/s 传输速率是 DQDB 的技术特点。FDDI 的传输速率是 100Mb/s。TCP/IP 和 MPLS 是广域网交换技术。

参考答案

（11）B

试题（12）

某电信运营商正在建设超过 200 公里的长途宽带网，预算充足，要求通信线路传输容量大、传输距离远，应选取 ___(12)___ 作为传输介质。

（12）A．单模光纤　　　B．多模光纤　　　C．无线　　　D．同轴电缆

试题（12）分析

单模光纤传输容量大、传输距离远、价格高，适用于长途宽带网。多模光纤传输容量和传输距离均小于单模光纤。多模光纤适用于建筑物综合布线。同轴电缆主要用于有线电视网。

参考答案

（12）A

试题（13）

某单位搭建信息网络安全平台时，为防范从通信信道窃取信息，应采用___（13）___。

（13）A．分组过滤技术　　　　　　　　B．应用网关产品

　　　 C．漏洞扫描技术　　　　　　　　D．数据加密技术

试题（13）分析

数据加密技术用于防止"敌人"从通信信道窃取信息。A 和 B 属于防火墙技术，防止网络外部"敌人"的侵犯。漏洞扫描是指通过扫描等手段对指定的远程或者本地计算机系统的安全脆弱性进行检测，发现可利用漏洞。

参考答案

（13）D

试题（14）

___（14）___ 不属于网络传输系统或技术。

（14）A．数字卫星通信系统　B．SDH　　　C．UNIX 系统　　　D．有线电视网

试题（14）分析

UNIX 是网络操作系统，不属于网络传输系统。

参考答案

（14）C

试题（15）

信息系统灾难恢复时，在异地数据恢复站点只部分配置了用于信息处理的网络连接和一些外围设备，主要的计算机系统没有备份，这样的站点被称为___（15）___。

（15）A．热站　　　　　　B．温站　　　　C．冷站　　　　　D．冰站

试题（15）分析

温站指用于信息处理的网络连接和一些外围设备只是部分进行了配置，如磁盘、磁带，但主要的计算机系统没有备份。

参考答案

（15）B

试题（16）

信息系统网络环境平台分为机房建设和综合布线系统，机房建设所涉及的系统不包括 ___（16）___。

（16）A．楼宇自动化系统　　　　　　　B．防雷接地系统

　　　 C．环境监控系统　　　　　　　　D．电气系统

试题（16）分析

机房建设包括机房装修、空调系统、电气系统、防雷接地系统、消防系统、环境监控系

统。计算机网络系统属于综合布线系统的工作。

参考答案

（16）A

试题（17）

在信息网络系统综合布线工程中安装管道时，管内导线的总截面积（包括外护层）最大可以达到管子截面积的　（17）　。

（17）A．30%　　　　B．40%　　　　C．50%　　　　D．60%

试题（17）分析

管内导线的总截面积（包括外护层）不应超过管子截面积的 40%。

参考答案

（17）B

试题（18）

信息网络系统综合布线工程实施时，金属线槽支架应安装牢固，固定支点间距为　（18）　mm 是合理的。

（18）A．1.7　　　　B．2.2　　　　C．2.8　　　　D．3

试题（18）分析

金属线槽支架的固定支点间距一般不应大于 1.5mm～2.0mm。

参考答案

（18）A

试题（19）

在网络安全防范措施中，用户口令、密码、权限设置可起到　（19）　的作用。

（19）A．物理隔离　　　B．防火墙　　　C．入侵检测　　　D．访问限制

试题（19）分析

访问限制的主要方法有用户口令、密码、访问权限设置。

参考答案

（19）D

试题（20）

信息网络安全平台验收时，对入侵检测系统必须审查的技术性能指标不包括　（20）　。

（20）A．对外部攻击的检测能力　　　B．对国际标准漏洞库的支持能力
　　　 C．部署病毒库的更新功能　　　D．高风险事件 IP 地址分组分析功能

试题（20）分析

部署病毒库的更新功能是网络防病毒系统的技术性能指标。

参考答案

（20）C

试题（21）

专业监理工程师的职责不包括　（21）　。

（21）A．审核签认本专业单元工程的质量验收记录

　　B．审核系统实施方案中的本专业部分

　　C．审核本专业单元工程量的数据和原始凭证

　　D．对本专业的子系统工程验收提出验收意见

试题（21）分析

审核签认系统工程和单元工程的质量验收记录是总监理工程师的职责。

参考答案

（21）A

试题（22）

远程教育平台采取　（22）　技术将所需要的教育硬件资源虚拟化，通过互联网提供教育服务。

（22）A．大数据　　　　　B．人工智能　　　　　C．云计算　　　　　D．物联网

试题（22）分析

教育云可以将所需要的任何教育硬件资源虚拟化，然后将其传入互联网中，以向教育机构和学生、老师提供一个方便快捷的平台。虚拟化技术是云计算的主要技术特点。

参考答案

（22）C

试题（23）

在信息系统软件开发过程中，　（23）　阶段确定了软件设计的约束和软件同其他系统的接口。

（23）A．商务合同　　　　　　　　　　　B．需求分析

　　　　C．项目计划　　　　　　　　　　　D．设计开发

试题（23）分析

需求分析的目标是深入描述软件的功能和性能，确定软件设计的约束和软件同其他系统元素的接口细节，定义软件的其他有效性需求，解决目标系统"做什么"的问题。

参考答案

（23）B

试题（24）

　（24）　不是对软件质量的描述。

（24）A．软件符合合同中明确提出的要求与需要

　　　　B．软件符合通过调研获取的要求与需要

　　　　C．软件符合范围说明书要求

　　　　D．软件符合 WBS 分解的阶段、子项目要求

试题（24）分析

软件质量定义一：软件质量反映实体满足明确和隐含需要能力的特性综合。A 符合明确需要，B 符合隐含需要。软件质量定义二：软件质量反映实体满足与要求的一致性和适用性的特性综合。C 符合一致性要求。D 属于对项目质量的评价，不用于评价软件质量。

参考答案

（24）D

试题（25）

软件配置管理项不包括　__（25）__　。

（25）A．项目经理编写的项目会议纪要　　　B．数据库中存放的用户信息

　　　C．系统设计师编写的概要设计说明书　　D．源代码所生成的可执行代码

试题（25）分析

在软件生存周期内所产生的各种管理文档、技术文档、源代码列表、可执行代码、运行所需的各种数据，构成软件配置管理项。数据库中存放的用户信息不属于软件运行所需数据。

参考答案

（25）B

试题（26）

关于软件测试技术的描述，正确的是：　__（26）__　。

（26）A．静态测试分为白盒测试和黑盒测试

　　　B．白盒测试不需要运行程序，较少关心程序内部的实现过程

　　　C．代码审查需要专门的测试工具和设备

　　　D．Purify、Macabe 都是具备静态分析功能的软件测试工具

试题（26）分析

动态测试分为白盒测试和黑盒测试，静态测试分为静态分析和代码审查。白盒测试需要运行程序，并能在运行过程中跟踪程序的执行路径。代码审查不需要专门的测试工具和设备，一旦发现错误能定位错误。

参考答案

（26）D

试题（27）

软件测试工程师设计测试用例时，测试用例的输入必须包括　__（27）__　。

①值　　　②合理的（有效等价类）值

③边界值　④不合理的（无效等价类）值

（27）A．①②③　　　　　B．②③④　　　　　C．①③④　　　　　D．①②④

试题（27）分析

测试用例的输入应包括合理的（有效等价类）值、不合理的（无效等价类）值、边界值，不必须包括初始值。

参考答案

（27）B

试题（28）

某电子商务平台计划在异地部署新的同步运行主机，需要将现行软件平台调整为支持双主机运行。该软件维护属于　__（28）__　。

（28）A．适应性维护　　　　　　　　　　　B．纠错性维护

  C. 安全性维护   D. 完善性维护

试题（28）分析

  为适应软件运行环境改变而作的修改，称为适应性维护。环境改变包括硬件配置的变化。

参考答案

  （28）A

试题（29）

  应用面向对象的软件开发方法构造系统模型时，首先需建立___（29）___。

  （29）A. 静态模型   B. 动态模型

     C. 对象模型   D. 功能模型

试题（29）分析

  对象模型建立后，很容易在这一基础上再导出动态模型和功能模型。这三个模型一起构成要求解的系统模型。

参考答案

  （29）C

试题（30）

  面向对象的软件开发方法中，对象类由___（30）___组成。

  （30）A. 数据结构、操作   B. 数据结构、属性

     C. 功能模型、属性   D. 输入数据、输出数据

试题（30）分析

  每个对象类由数据结构（属性）和操作（行为）组成。

参考答案

  （30）A

试题（31）

  在信息系统项目的"三方一法"中，___（31）___是三方工作的基础。

  （31）A. 知识产权管理   B. 投资管理   C. 信息管理   D. 项目管理

试题（31）分析

  项目管理是信息系统项目主建方、承建单位、监理单位的共同基础。

参考答案

  （31）D

试题（32）

  项目对任务进行分解时，各工作单元之间的依赖关系包括强制依赖关系、弹性依赖关系和___（32）___。

  （32）A. 中心依赖关系   B. 虚拟依赖关系

     C. 外部依赖关系   D. 内部依赖关系

试题（32）分析

  在任务分解中已列出每个工作单元与别的工作单元的关系，据此可梳理出各工作单元之间的依赖关系。依赖关系反映了任务顺序。依赖关系可分为三类：强制依赖关系、弹性依赖

关系、外部依赖关系。

参考答案

（32）C

试题（33）

___（33）___ 是建设单位重点实施的项目管理要素。

（33）A．计划管理   B．成本管理

       C．评估与验收管理   D．知识产权管理

试题（33）分析

1. 主建方（建设单位）与项目管理的关联：

（1）建设单位重点实施的是第 1 项"立项管理"与第 13 项"评估与验收管理"。

（2）建设单位所应密切关注并提出反馈意见的是第 2 项至第 11 项。

2. 承建单位与项目管理的关联：

除立项阶段的立项准备、立项申请、立项审批之外，几乎全部项目管理要素都是项目承建单位所要重点实施的。

参考答案

（33）C

试题（34）

监理工作启动前，三方会议环节相关工作内容不包括：___（34）___。

（34）A．建设单位将所委托的监理机构、监理内容书面通知承建单位

       B．承建单位提供必要的资料，为监理工作的开展提供方便

       C．与建设单位沟通、协商，确认总监理工程师和监理工作计划

       D．召开三方项目经理会议，就工程实施与监理工作进行首次磋商

试题（34）分析

实施监理前，建设单位应将所委托的监理单位、监理机构、监理内容书面通知承建单位。承建单位应当提供必要的资料，为监理工作的开展提供方便。

召开三方项目经理会议，即由建设单位、承建单位、监理单位等各方任该项目主要负责人的管理者参加的会议，就工程实施与监理工作进行首次磋商。

参考答案

（34）C

试题（35）

监理工作程序的正确顺序是：___（35）___。

①选择监理单位   ②签订监理合同   ③编制监理计划

④组建监理项目组   ⑤三方会议   ⑥实施监理业务

（35）A．①②④③⑤⑥   B．①②③⑤④⑥

       C．①②③④⑤⑥   D．①②⑤④③⑥

试题（35）分析

监理工作程序：（1）选择监理单位；（2）签订监理合同；（3）三方会议；（4）组建监理

项目组；（5）编制监理计划；（6）实施监理业务；（7）参与工程验收；（8）提交监理文档。

参考答案

（35）D

试题（36）

监理合同中的主要内容可以不包括＿＿（36）＿＿。

（36）A．监理业务内容　　　　　　　B．双方的权利和义务

　　　C．项目组织架构　　　　　　　D．违约责任及争议的解决方法

试题（36）分析

监理合同的主要内容：

（1）监理业务内容；

（2）双方的权利和义务；

（3）监理费用的计取和支付方式；

（4）违约责任及争议的解决方法；

（5）双方约定的其他事项。

参考答案

（36）C

试题（37）

信息系统工程监理单位的行为准则不包括＿＿（37）＿＿。

（37）A．守法　　　　B．公开　　　　C．公正　　　　D．独立

试题（37）分析

监理单位应按照"守法、公平、公正、独立"的原则，开展信息系统工程监理工作，维护建设单位与承建单位的合法权益。

信息系统工程监理单位的行为准则：守法、公正、独立、科学、保密。

参考答案

（37）B

试题（38）

在软件开发过程中，某资深监理工程师按照正常的程序和方法，对开发过程进行了检查和监督，未发现问题。该监理工作仍有可能存在＿＿（38）＿＿风险。

（38）A．行为责任　　B．工作技能　　C．技术资源　　D．职责范围

试题（38）分析

监理工作的风险类别：（1）行为责任风险；（2）工作技能风险；（3）技术资源风险；（4）管理风险。

即使监理工程师在工作中没有行为上的过错，仍然有可能承受一些风险。例如在软件开发过程中，监理工程师按照正常的程序和方法，对开发过程进行了检查和监督，并未发现任何问题，但仍有可能出现由于系统设计留有缺陷而导致不能全部满足实际应用的情况。众所周知，某些工程上质量隐患的暴露需要一定的时间和诱因，利用现有的技术手段和方法，并不可能保证所有问题都及时发现。同时，由于人力、财力和技术资源的限制，监理无法对施

工过程的所有部位、所有环节的问题都及时进行全面细致的检查发现，必然需要面对风险。

参考答案

（38）C

试题（39）

监理大纲、监理规划、监理实施细则的编制内容侧重点各有不同。其中监理大纲的编制内容重点是解决____（39）____的问题。

（39）A. "为什么"　　　B. "做什么"　　　C. "如何做"　　　D. "谁来做"

试题（39）分析

监理大纲、监理规划、监理实施细则的主要区别如下表所示。

表　监理大纲、监理规划和监理实施细则的主要区别

名称	编制对象	负责人	编制时间	编制目的	编制作用	编制内容		
						为什么	做什么	如何做
监理大纲	项目整体	公司总监	监理招标阶段	供建设单位审查监理能力	增强监理任务中标的可能性	重点	一般	无
监理规划	项目整体	项目总监	监理委托合同签订后	项目监理的工作纲领	对监理自身工作的指导、考核	一般	重点	重点
监理实施细则	某项专业监理工作	专业监理工程师	监理项目部建立、责任明确后	专业监理实施的操作指南	规定专业监理程序、方法、标准，使监理工作规范化	无	一般	重点

参考答案

（39）A

试题（40）

____（40）____不属于监理实施细则的必要内容。

（40）A. 监理范围　　　　　　　　　B. 工程专业的特点

　　　　C. 监理流程　　　　　　　　　D. 监理方法及措施

试题（40）分析

监理实施细则的内容：（1）工程专业的特点；（2）监理流程；（3）监理的控制要点及目标；（4）监理方法及措施。

参考答案

（40）A

试题（41）

监理规划中监理的范围、内容与目标可以不包括：____（41）____。

（41）A. 描述整个信息系统工程项目大体情况

　　　B. 表明监理项目部的工作在工程的什么范围之内进行

C. 说明监理工作具体做什么

D. 列出监理工作在本项目中要达到的效果

试题（41）分析

工程项目概况是描述整个信息系统工程项目大体情况的部分。

监理的范围、内容与目标：监理范围要表明监理项目部的工作在工程的什么范围之内进行，比如包含对工程的哪些阶段进行监理；监理内容要说明监理工作具体做什么，比如包含质量控制、进度控制、信息管理、合同管理等；监理的目标列出监理工作在本项目中要达到的效果，这些效果应该符合实际，并且在监理的控制范围之内。

参考答案

（41）A

试题（42）

关于信息系统工程质量控制的特点，不正确的是： （42） 。

（42）A. 定位故障比较困难

B. 信息系统工程的质量缺陷比较隐蔽

C. 质量纠纷认定的难度大

D. 改正错误的代价往往比较小

试题（42）分析

信息系统工程质量控制的特点：

（1）定位故障比较困难；

（2）信息系统工程的可视性差，质量缺陷比较掩蔽；

（3）改正错误的代价往往较大，并且可能引发其他的质量问题；

（4）质量纠纷认定的难度大。

参考答案

（42）D

试题（43）

关于工程项目质量管理体系的描述，不正确的是： （43） 。

（43）A. 三方协同的质量控制体系是信息工程项目成功的重要因素

B. 建设单位建立较完整的工程项目管理体系是项目成功的关键因素之一

C. 监理单位的质量控制体系能否有效运行是整个项目质量保障的关键

D. 监理单位负责项目的监督管理，保证工程项目建设过程的有效实施

试题（43）分析

建设单位作为工程建设的投资方和用户方，应该建立较完整的工程项目管理体系，这是项目成功的关键因素之一；承建单位是工程建设的实施方，因此承建单位的质量控制体系能否有效运行是整个项目质量保障的关键；监理单位是工程项目的监督管理协调方，既要按照自己的质量控制体系从事监理活动，还要对承建单位的质量控制体系以及建设单位的工程管理体系进行监督和指导，使之能够在工程建设过程中得到有效的实施。因此，三方协同的质量控制体系是信息工程项目成功的重要因素。

参考答案

（43）C

试题（44）

监理工程师设置质量控制点的做法，不正确的是：__（44）__。

（44）A．以方便开展监理工作的原则设置质量控制点

　　　B．把需求的获取设置为质量控制点

　　　C．将隐蔽工程的实施过程设置为质量控制点

　　　D．根据工程进展的实际情况灵活调整质量控制点的设置

试题（44）分析

进行控制点设置时，应遵守下述的一般原则。

（1）选择的质量控制点应该突出重点：对于一个应用软件开发项目，需求获取阶段关系到整个应用系统的成败，而这一部分工作往往做得不够细致，因此监理单位可以把需求获取作为一个质量控制点，制定详细的需求获取监理方案。

（2）选择的质量控制点应该易于纠偏：质量控制点应设置在工程质量目标偏差易于测定的关键活动或关键时刻处，有利于监理工程师及时发现质量偏差，同时有利于承建单位控制管理人员及时制定纠偏措施。比如对于综合布线来说，可以把隐蔽工程的实施过程作为一个控制点，如果发现问题，可以及时纠正。这一部分如果出现质量问题，事后解决的成本就会非常大。

（3）质量控制点设置要有利于参与工程建设的三方共同从事工程质量的控制活动。

（4）保持控制点设置的灵活性和动态性。

参考答案

（44）A

试题（45）

对工程质量有重大影响的网络安全产品，项目监理除审核产品合格证以外，还应审核承建单位提供的__（45）__。凡不符合质量要求的，均不能使用。

（45）A．装箱清单　　　B．技术说明书　　　C．技术功能报告　　　D．技术性能报告

试题（45）分析

对信息网络系统所使用的软件、硬件设备及其他材料的数量、质量和规格进行认真检查。使用的产品或者材料均应有产品合格证或技术说明书，同时，还应按有关规定进行抽检。硬件设备到场后应进行检查和验收，主要设备还应开箱查验，并按所附技术说明书及装箱清单进行验收。对于从国外引进的硬件设备，应在交货合同规定的期限内开箱逐一查验，软件应检查是否有授权书或许可证号等，并逐一与合同设备清单进行核对。对工程质量有重大影响的软硬件，应审核承建单位提供的技术性能报告或者权威的第三方测试报告，凡不符合质量要求的设备及配件、系统集成成果、网络接入产品、计算机整机与配件等不能使用。

参考答案

（45）D

试题（46）

某工程计划如图所示，活动 A 从 3 月 1 日开始，活动 E 最迟应在 3 月__（46）__日开始。

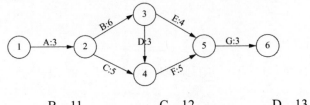

（46）A. 9　　　　　B. 11　　　　　C. 12　　　　　D. 13

试题（46）分析

图中的关键路径为 ABDFG，工期为 20 天。而 E 的持续时间为 4 天，G 的持续时间为 3 天，20−3−4=13，因此，E 的最迟开始时间在第 13 天。

参考答案

（46）D

试题（47）

涉及监理的信息系统工程中，进度控制程序的正确顺序是：____（47）____。

①建单位提交《项目总进度计划》报审表

②总监理工程师审查

③监理工程师跟踪检查

④承建单位按进度计划实施

（47）A. ①②③④　　　B. ①②④③　　　C. ②①③④　　　D. ②①④③

试题（47）分析

进度控制的基本程序如下图所示。

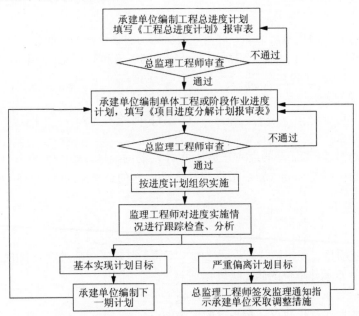

图　进度控制的基本程序

参考答案

（47）B

试题（48）

在信息系统项目实施过程中，项目监理对承建单位提交的工程实施方案通常采用 ___(48)___ 手段控制质量。

（48）A．评审　　　B．测试　　　C．旁站　　　D．抽查

试题（48）分析

本题考查工程实施过程质量控制的要点及方法。

一般来说，一个信息系统工程需要采用专家会审的内容有：

（1）建设单位的用户需求和招标方案；

（2）承建单位的质量控制体系和质量保证计划；

（3）承建单位的总体技术方案；

（4）承建单位的工程实施方案；

（5）承建单位的系统集成方案；

（6）承建单位有关应用软件开发的重要过程文档；

（7）工程验收方案；

（8）承建单位的培训方案与计划；

（9）其他需要会审的重要方案。

参考答案

（48）A

试题（49）

某项目活动 E 有两项紧后活动，这两项紧后活动的最早开始时间分别为第 15 天和第 18 天，活动 E 的最早开始时间和最迟开始时间分别为第 6 天和第 9 天。如果活动 E 的持续时间为 9 天，则活动 E 的 ___(49)___。

（49）A．总时差为 3 天　　　　　　B．自由时差为 1 天

　　　　C．总时差为 2 天　　　　　　D．自由时差为 2 天

试题（49）分析

活动 E 的总时差=本活动的最晚开始时间–本活动的最早开始时间=9–6=3 天。

活动 E 的自由时差=min（紧后最早开始时间）–E 的最早完成时间=15–(6+9)=0。

参考答案

（49）A

试题（50）

在信息系统项目工程实施阶段，___(50)___ 不属于监理工程师进度控制的工作。

（50）A．审查承建单位的施工进度计划

　　　B．监督承建单位做好施工进度控制

　　　C．索赔时提出建议并按规定的程序处理

　　　D．确定工程延期时间和实施进度计划

试题（50）分析

为完成实施阶段进度控制任务，监理工程师应当做好以下工作：

- 审查承建单位的施工进度计划，确认其可行性并满足项目控制性进度计划要求。
- 审查承建单位进度控制报告，监督承建单位做好施工进度控制，对施工进度进行跟踪，掌握施工动态。
- 及时处理承建单位提出的工程延期申请，工程延期造成费用索赔时，监理应提出建议并按规定程序处理。

D 项"确定工程延期时间和实施进度计划"不是监理的工作内容。

参考答案

（50）D

试题（51）

控制项目成本的工具与方法不包括　__（51）__。

（51）A．附加计划法　　　　　　　B．项目成本绩效度量法

　　　 C．头脑风暴法　　　　　　　D．项目变更控制体系

试题（51）分析

项目成本控制方法包括：附加计划法、项目成本绩效度量法、项目变更控制体系、计算机软件工具法。

参考答案

（51）C

试题（52）

关于成本控制基本原则的描述，不正确的是：　__（52）__。

（52）A．投资控制要在成本、技术、进度三者之间进行综合平衡

　　　 B．及时和准确的成本跟踪报告，是项目成本控制的依据

　　　 C．要保证各项工作在它们各自的预算范围内进行

　　　 D．成本控制的基础是事后对项目进行费用决算

试题（52）分析

成本控制的原则：

（1）投资控制不能脱离技术管理和进度管理独立存在，相反要在成本、技术、进度三者之间进行综合平衡。及时和准确的成本、进度和技术跟踪报告，是项目经费管理和成本控制的依据。

（2）成本控制就是要保证各项工作要在它们各自的预算范围内进行。投资控制的基础是事先就对项目进行费用预算。

（3）成本控制的基本方法是规定各部门定期上报其费用报告，再由控制部门对其进行费用审核，以保证各种支出的合理性，然后再将已经发生的费用与预算相比较，分析其是否超支，并采取相应的措施加以弥补。

参考答案

（52）D

试题（53）

监理项目组的高层管理人员收集以往类似项目的有关历史资料，会同相关专家对当前项目进行总成本估算。该估算采用了 ___(53)___ 。

（53）A．类比估计法　　　　　B．参数建模法

　　　 C．累加估计法　　　　　D．从下向上的估计法

试题（53）分析

类比估计法通常是与原有的类似已执行项目进行类比以估计当期项目的费用，又称为"自上而下估算法"。

参考答案

（53）A

试题（54）

关于信息系统工程竣工结算审核的描述，不正确的是：___(54)___ 。

（54）A．审核项目的各项费用支出是否合理

　　　 B．审核项目成本计划的编制情况

　　　 C．审核各项账目、统计资料是否准确完整

　　　 D．审核项目竣工说明书是否全面、系统

试题（54）分析

信息系统工程竣工结算的审核内容包括：

（1）审核项目成本计划的执行情况；

（2）审核项目的各项费用支出是否合理；

（3）审核报废损失和核销损失的真实性；

（4）审核各项账目、统计资料是否准确完整；

（5）审核项目竣工说明书是否全面系统。

参考答案

（54）B

试题（55）

信息系统工程变更的因素不包括：___(55)___ 。

（55）A．项目外部环境的变化

　　　 B．项目需求分析出现遗漏

　　　 C．新技术的出现，设计人员提出新的设计方案

　　　 D．监理单位机构重组造成业务流程的变化

试题（55）分析

信息系统工程变更的原因有以下几个方面：（1）项目外部环境的变化；（2）项目总体设计、项目需求分析不够周密详细，有一定的错误或者遗漏；（3）新技术的出现，设计人员提出了新的设计方案或者新的实现手段；（4）建设单位由于机构重组等原因造成业务流程的变化。

参考答案

（55）D

试题（56）

工程变更建议书应在预计可能变更的时间之前 ___(56)___ 天提出。

（56）A．3　　　　　　B．7　　　　　　C．10　　　　　　D．14

试题（56）分析

工程变更建议书应在预计可能变更的时间之前 14 天提出。

参考答案

（56）D

试题（57）

监理工程师在控制需求变更时，正确的做法是：___(57)___。

（57）A．变更必须获得项目各方责任人的口头批准

　　　　B．每一项项目变更必须用变更申请单提出

　　　　C．监理工程师有权独立审批变更申请

　　　　D．变更请求不得影响项目整体计划

试题（57）分析

在控制需求变更时，监理人员必须遵守以下规则：

（1）每个项目合同必须包括一个控制系统；

（2）每一项项目变更必须用变更申请单提出；

（3）变更必须获得项目各方责任人的书面批准；

（4）在准备审批变更申请单前，监理工程师必须与总监理工程师商议所有提出的变更；

（5）变更申请单批准以后，必须修改项目整体计划，使之反映出该项变更，并且使该变更单成为这个计划的一部分。

参考答案

（57）B

试题（58）

在合同管理时，监理工程师的主要工作内容包括合同签订管理、合同履约管理和___(58)___。

（58）A．合同变更管理　　　　　　　　B．合同档案管理

　　　　C．合同索赔管理　　　　　　　　D．合同责任管理

试题（58）分析

监理工作在合同管理中的主要内容有合同签订管理、合同履约管理、合同档案管理。合同变更、合同索赔是合同履约管理的内容。

参考答案

（58）B

试题（59）

索赔依据应该具有：___(59)___。

①真实性　②全面性　③保密性　④法律证明效力

（59）A．①③④　　　　B．①②③　　　　C．①②④　　　　D．②③④

试题（59）分析

索赔依据的基本要求是：真实性、全面性、法律证明效力、及时性。

参考答案

（59）C

试题（60）

保护软件著作权的做法，不正确的是：__（60）__。

（60）A．及时到知识产权部门进行软件著作权登记

B．开展软件盗版状况调查，摸清盗版要害部位

C．根据实际情况进行软件著作权变更

D．请求知识产权管理部门对侵权单位进行侵权处罚

试题（60）分析

保护软件著作权可以通过以下办法进行：及时进行软件著作权登记，开展软件盗版状况调查，请求司法部门介入对侵权进行行政查处与处罚。

参考答案

（60）D

试题（61）

监理工程师提醒建设单位建立计算机病毒的防范和检测制度，制定系统备份与恢复方案，实时记录与系统可用性相关的问题。这属于信息安全规划中__（61）__的内容。

（61）A．应用软件维护控制　　　　　B．突发事件应急控制

C．数据完整性与有效性控制　　D．输入输出控制

试题（61）分析

数据完整性与有效性控制要保证数据不被更改和破坏。监理工程师要建议、提醒建设单位需要规划和评估的内容包括：系统的备份与恢复措施、计算机病毒的防范与检测制度；是否有实时监控系统日志文件、记录与系统可用性相关的问题，如对系统的主动攻击，处理速度下降和异常停机等。

参考答案

（61）C

试题（62）

关于应用环境安全管理策略的描述，不正确的是：__（62）__。

（62）A．水灾探测器在高架地板下的位置必须做记号

B．设置机房门禁系统并进行出入日志管理

C．机房可以设置在位置隐蔽的地下室

D．机房建设使用具有防火作用的建材

试题（62）分析

机房所在楼层不可在地下室，3、4、5、6 层为最佳。

参考答案

（62）C

试题（63）

某信息网络系统运行过程中，个别部件老化失效，系统仍然可用，但经常出现卡顿，体现了信息系统安全的___（63）___。

（63）A．有效性　　　　B．生存性　　　　C．抗毁性　　　　D．保密性

试题（63）分析

生存性是在随机破坏下系统的可用性。生存性主要反映随机性破坏和网络拓扑结构对系统可用性的影响。随机性破化是指系统部件因自然老化等造成的自然失效。

参考答案

（63）B

试题（64）

《软件安装调试记录》属于监理单位在项目___（64）___阶段输出的文档。

（64）A．设计　　　　B．实施　　　　C．验收　　　　D．前期

试题（64）分析

《软件安装调试记录》属于项目实施阶段监理表格。

参考答案

（64）B

试题（65）

工程监理月报的内容不包括___（65）___。

（65）A．本月工程概况　　　　　　　B．下月监理计划

　　　 C．工程质量控制　　　　　　　D．验收测试方案

试题（65）分析

工程监理月报由总监理工程师组织编写，由各相关专业监理工程师参加，对本月的工程进度、工程质量、合同管理等事项进行综合、分析，总结本月监理结论，并提出下月的监理计划。验收测试方案属于工程验收监理报告的内容。

参考答案

（65）D

试题（66）

系统施工结束后、试运行前，承建单位编制___（66）___，记录系统验收的内容、方法和结果。

（66）A．系统初步验收报告　　　　　B．系统培训文件

　　　 C．系统调试分析报告　　　　　D．系统测试报告

试题（66）分析

系统初步验收报告是系统施工结束后、试运行前，系统初步验收的内容、方法和结果的记录文件。

参考答案

（66）A

试题（67）

某集成项目因关键设备供应不及时，延误了项目进度，监理单位应___（67）___开展组织协

调工作。

（67）A．召开监理例会　　　　　　　B．召开监理专题会议
　　　C．出具监理报告　　　　　　　D．编写监理工作联系单

试题（67）分析

对于因突发性变更事件引起的问题，监理单位应召开紧急协调会议，督促各方采取应急措施。紧急协调会议属于监理专题会议。

参考答案

（67）B

试题（68）

某信息系统工程项目实施过程中，监理工程师通过测试工具及软件收集信息数据，并在项目结束后，将信息数据归纳整理。该工作体现了组织协调的__（68）__原则。

（68）A．守法　　　　B．独立　　　　C．科学　　　　D．一致

试题（68）分析

组织协调的科学原则，要依据科学方案，采取科学方法，进行科学的总结。

参考答案

（68）C

试题（69）

项目监理例会应由__（69）__主持。

（69）A．总监代表　　　　　　　　　B．项目经理
　　　C．监理工程师　　　　　　　　D．总监理工程师

试题（69）分析

项目监理例会由工程监理单位总监理工程师组织与主持。

参考答案

（69）D

试题（70）

根据 GB/T 8567—2006《计算机软件文档编制规范》，可能在需求分析阶段产生的文档有__（70）__。

①的用户手册　②软件需求规格说明
③接口需求规格说明　④测试报告

（70）A．①②③　　　B．①③④　　　C．②③④　　　D．①②④

试题（70）分析

根据 GB/T 8567—2006《计算机软件文档编制规范》中 6.1 的有关内容。

软件生存周期中，初步的用户手册、软件需求规格说明、接口需求规格说明在需求分析阶段产生，测试报告在测试阶段测试完成后产生。

参考答案

（70）A

试题（71）

During the implementation of project,the supervision engineer should submit the 　(71)　 regularly.

（71）A．surveillance plan　　　　　　　B．surveillance program

　　　　C．surveillance report　　　　　　D．surveillance regulations

试题（71）分析

根据 GB/T 19668—2014，在信息化项目中，监理工程师应该定期提交监理报告。

A 项是监理规划，B 项是监理大纲，C 项是监理报告，D 项是监理实施细则。

参考答案

（71）C

试题（72）

　(72)　 is the preservation of confidentiality, integrity and availability of information.

（72）A．Risk Analysis　　　　　　　　B．Information Security

　　　　C．Availability　　　　　　　　　D．Confidentiality

试题（72）分析

根据 ISO 27001 中 3.4 的有关内容。

信息安全是保护信息的保密性、完整性、可用性及其他属性，如：真实性、可确认性、不可否认性和可靠性。

参考答案

（72）B

试题（73）

　(73)　 includes tracking changes,predicting whether new risks will arise,adjusting resource allocation for risk management,adjusting the risk response plan,taking temporary emergency response measures,etc.

（73）A．Risk Control　　　　　　　　B．Quality Control

　　　　C．Cost Control　　　　　　　　D．Process Control

试题（73）分析

风险控制包括：随时追踪已经、正在和将要发生的变化；预测和判定风险的应对是否会引起更新的风险发生；对用于风险管理的资源配置进行调整；调整风险应对计划；采取临时紧急应变措施等。

参考答案

（73）A

试题（74）

　(74)　 is not the method of Cost Change Control.

（74）A．Variance Control

　　　　B．Cost AnalysisTable

　　　　C．Synchronous Control of Schedule and Cost

　　　　D．Schedule Control

试题（74）分析

成本变更控制的方法有：偏差控制法、成本分析表法、进度-成本同步控制法。

参考答案

（74）D

试题（75）

____（75）____ refers to the on-site supervisory activities a supervision engineer conducts about some key parts or the full implementation of key processes.

（75）A．Test   B．Examine

        C．Spot Check   D．Presence Surveillance

试题（75）分析

旁站是指监理人员在施工现场对某些关键部位或关键工序的实施全过程现场跟班的监督活动。旁站英文术语出自 GB/T 19668.1—2014 中的 3.24。

参考答案

（75）D

第14章　2020下半年信息系统监理师下午试题分析与解答

试题一（共 20 分）

阅读下列说明，回答问题 1 至问题 4，将解答填入答题纸的对应栏内。

【说明】

某建设单位与承建单位 A 签订了企业信息化工程建设合同。在工程建设过程中发生了如下事件：

【事件 1】为维护自身权益，建设单位选择自己的子公司 B 单位作为监理单位。建设单位要求 B 单位在发生利益冲突时偏向己方，同时将该项目的网络综合布线子工程承包给 B 单位。B 单位指定老王作为项目的总监理工程师。A 单位为做好和 B 单位的协调工作，聘请老王为本项目的技术专家。老王借职务之便，经常将 A 单位关于本项目的技术和商业秘密泄露给建设单位。

【事件 2】系统建设进入设计阶段，A 单位提交了总体设计方案，B 单位审查时提出以下意见：

（1）总体设计方案包括了 90% 的建设单位的需求，合格；

（2）总体设计方案能够满足建设单位提出的质量、工期目标，合格；

（3）总体设计方案的工程造价超出建设单位目标 10%，在合理范围内，合格；

（4）质量保证措施不具备先进性，不合格；

（5）未采用最新、最先进的数据存储技术，不合格；

A 单位按监理意见整改后，监理工程师小李审定总体设计方案为合格，A 单位开始部署下一步工作。

【事件 3】项目建设进行到第 3 个月、第 6 个月时，监理工程师跟踪记录项目成本绩效指数 CPI 如下表所示。

分项工程	第 3 个月 CPI	第 6 个月 CPI
设备采购	0.8	1
机房建设	1.1	0.7
综合布线	1.2	1.1
软件设计	0.9	1.2
软件开发	0.7	1

【事件 4】受客观原因影响，建设单位的项目资金不能及时到位，A 单位软件开发人员改为在家办公，B 单位监理工程师不能到现场监理，因此三方都准备提出变更。老王要求监理工程师遵循下列原则控制变更：三方都有权提出变更、对变更申请快速响应、明确界定项目变更的目标。

【问题 1】（5 分）

针对事件 1，依据监理单位或人员的权利和义务，请分别指出 B 单位和老王的错误之处。

【问题 2】（5 分）

结合案例，请指出事件 2 中存在的问题。

【问题 3】（5 分）

针对事件 3，根据项目执行到第 6 个月时的监理工程师记录，请回答如下问题：

（1）哪些分项工程应及时制定纠偏措施？

（2）哪项工程应给予最高优先权？为什么？

【问题 4】（5 分）

针对事件 4，请补充监理应遵循的其他变更控制原则。

试题一分析

本题重点考查企业信息化工程监理要求和关键点的相关知识。

【问题 1】

案例分析题，重点考查监理单位和监理人员的权利和义务。

【问题 2】

案例分析题，重点考查信息系统工程实施阶段质量控制的相关知识。

【问题 3】

案例分析题，重点考查信息系统工程投资控制的方法与技术。

【问题 4】

问答题，重点考查信息系统工程变更控制的基本原则。

参考答案

【问题 1】

（1）监理单位不能偏袒某一方，应遵守"守法、公平、公正、独立"原则。

（2）监理单位不应该仅维护建设单位的利益，应该维护建设单位和承建单位双方的合法权益。

（3）监理单位不得承包信息系统工程。

（4）老王不应将承建单位的商业及技术秘密泄露给建设单位，应保守承建单位的技术秘密和商业秘密。

（5）老王不能担任被监理的项目的技术专家（不得同时从事与被监理项目相关的技术和业务活动）。

（每条 1 分，共 5 分）

【问题 2】

（1）总体方案应包括建设单位的所有需求，包括 90% 不应判定为合格。

（2）总体方案应满足建设单位的造价目标，超支 10% 不应判定为合格。

（3）质量保证措施应判断合理性、可行性，先进性不应作为判断标准。

（4）采用最新、最先进的技术不应作为判断标准。

（5）方案经监理工程师审定后，应由总监理工程师审定签发，未经批准不得部署实施。

（每条 1 分，共 5 分）

【问题 3】

（1）机房建设；

综合布线。

（每项 1 分，多写 1 项扣 1 分，最多扣 2 分）

（2）机房建设。

（1 分，多写不得分）

原因：当 CPI 小于 1 或逐渐变小时，应及时制定纠偏措施（1 分）；

CPI 最小的分项工程应给予最高优先权（1 分）。

【问题 4】

（1）任何变更都要得到三方确认。

（2）防止变更范围的扩大化。

（3）加强变更风险、变更效果的评估。

（4）及时公布变更信息。

（5）选择冲击最小的方案。

（每条 1 分，共 5 分）

试题二（共 15 分）

阅读下列说明，回答问题 1 至问题 3，将解答填入答题纸的对应栏内。

【说明】

某集团决定优化集团的信息网络系统。公司通过招标选定 A 单位作为该项目的承建单位，选定 B 单位作为监理单位。

【事件 1】项目完成下列工作后，A 单位申请验收：

（1）建设内容基本按照设计方案建成；

（2）各种设备经加电试运行，状态正常；

（3）系统建设和数据处理符合信息安全要求；

（4）为项目部署的数据库软件是临时版本，暂未采购；

（5）几个主要分项工程建设任务已初验合格；

（6）A 单位已将各种技术文档和验收资料按照合同的要求准备完毕。

【事件 2】项目完工时，集团公司和监理单位 B 共同确定了验收方案。

【问题 1】（6 分）

事件 1 中所列各项是否满足项目验收的条件？为什么？（请将正确答案填写到答题纸的对应表格内）。

【问题 2】（5 分）

针对事件 2，回答以下问题：

（1）事件 2 中的做法是否正确？为什么？

（2）请写出确定验收方案时监理单位的工作内容。

【问题3】（4 分）

在项目验收阶段，监理单位需要审核哪些内容？

试题二分析

本题重点考查信息网络系统验收阶段监理工作的技术要点。

【问题1】

案例分析填空题，重点考查信息网络系统验收的前提条件。

【问题2】

案例分析问答题，重点考查信息网络系统验收方案的审核与实施。

【问题3】

问答题，重点考查信息网络系统验收阶段的监理主要内容。

参考答案

【问题1】

序号	是否满足验收标准	原因
（1）	不满足	所有建设内容要按照集团公司的设计方案全部建成，并满足使用要求
（2）	满足	各种设备经加电试运行，状态正常
（3）	满足	系统建设和数据处理符合信息安全的要求
（4）	不满足	A 单位应为项目部署符合知识产权等相关政策法规要求的数据库
（5）	不满足	各个分项工程要全部初验合格
（6）	不满足	集团公司、A 单位、B 单位应同步将各自的项目文档和验收资料准备完毕

（每空 0.5 分，共 6 分）

【问题2】

（1）不正确（1 分）

原因：在信息网络系统完工时，应由业主、承建方和监理方三方共同确定验收方案。（1 分）

（2）工作内容包括：

①确认工程验收的基本条件。（1 分）

②建议业主和承建方共同推荐验收人员，组成工程验收组。（1 分）

③确认工程验收时应达到的标准和要求。（1 分）

④确认验收程序。（1 分）

（每条 1 分，满分 3 分）

【问题3】

（1）系统整体功能、性能。

（2）主要设备(或子系统)的功能、性能。

（3）承建方提交文档的种类和内容。

（4）系统设计、开发、实施、测试各个阶段涉及的工具和设备都具备合法的知识产权。

（5）承建方的质量保证和售后服务体系。

（6）承建方采取必要的管理和工程措施，以方便系统的扩容和升级。

（7）评审承建方（或第三方测试机构）的量化测试手段和流程。

（每条 1 分，满分 4 分）

试题三（共 15 分）

阅读下列说明，回答问题 1 至问题 3，将解答填入答题纸的对应栏内。

【说明】

某公司的业务应用软件上线运行后，业务部门经常向技术服务部门反馈软件存在的问题：（1）各类登录问题；（2）运行太慢；（3）业务流程不合理；（4）形成的统计数据不全面等。

【事件 1】经统计，（1）（2）类问题占问题总数的 80%。因此，技术服务部门向公司领导汇报，决定对软件进行一次升级改造，集中力量解决登录和运行慢的问题。

【事件 2】经公司领导批准，技术服务部门聘请了第三方监理单位，对软件开发团队的开发过程及质量进行监控。

【事件 3】为确保在规定的时间内保质保量地完成软件升级改造工作，监理单位准备对进度进行严格把控。

【问题 1】（7 分）

针对事件 1，请回答如下问题：

（1）事件 1 中采用了哪种质量控制技术？

（2）请给出其他的质量控制方法或技术。

【问题 2】（3 分）

针对事件 2，请选择 3 项应由总监理工程师执行的质量控制监理活动（请将所选答案的字母填写在答题纸对应位置，选对 1 项得 1 分，超过 3 项不得分）。

A．收集与项目相关的数据

B．依据质量监理工程师的数据收集和分析结果，提出监理意见和建议

C．抽检开发人员的开发行为

D．与计划偏差较大时，召开专项监理会议

E．进入开发现场，编写监理记录

F．根据原始监理资料决定是否发出质量监理意见

【问题 3】（5 分）

针对事件 3，请写出监理工程师进度控制的监理要点。

试题三分析

本题重点考查信息应用系统监理工作的技术要点和相关知识。

【问题 1】

案例分析问答题，重点考查信息应用系统监理工作中对项目的质量控制。

【问题 2】

选择题，重点考查信息应用系统建设监理工作中对开发质量的控制。

【问题 3】

问答题，重点考查信息应用系统监理工作中对进度控制的要点及流程。

参考答案

【问题 1】

（1）帕累托分析法（或称为 80-20 法则）。（1 分）

（2）其他的质量控制方法或技术有：

①趋势分析；②检查；③控制图；④统计样本；⑤标准差；⑥流图/流程图。

（每条 1 分，共 6 分）

【问题 2】

B、D、F

（每项 1 分，共 3 分，选对 1 项得 1 分，超过 3 项不得分）

【问题 3】

（1）明确项目控制的目的及工作任务。

（2）加强来自各方面的综合、协调和督促。

（3）要建立项目管理信息制度。

（4）项目主管应及时向领导汇报工作执行情况，也应定期向客户报告，并随时向各职能部门介绍整个项目的进程。

（5）项目控制包括对未来情况的预测、对当时情况的衡量、预测情况和当时情况的比较和及时制定实现目标、进度或预算的修正方案。

（每条 1 分，共 5 分）

试题四（共 15 分）

阅读下列说明，回答问题 1 至问题 3，将解答填入答题纸的对应栏内。

【说明】

某建设单位委托承建单位 A 开发了一套 ERP 信息系统，并委托监理单位 B 完成对系统的最终验收工作。

【事件 1】监理单位按照建设单位要求组织成立了验收委员会，委员会成员 6 人，其中包含外部技术专家 2 人、建设单位 4 人。

【事件 2】监理单位要求承建单位在系统终验之前，要确认该系统已通过系统测试及评审。

【问题 1】（3 分）

针对事件 1，验收委员会的组成是否正确？如不正确，请说明原因。

【问题 2】（5 分）

针对事件 2，该应用系统是否满足终验的前提条件？如不满足，请补充完整。

【问题 3】（7 分）

请简述信息应用系统验收工作步骤。

试题四分析

本题重点考查信息应用系统监理工作的技术要点和相关知识。

【问题 1】

案例分析题，重点考查信息应用系统验收阶段的验收组织工作。

【问题 2】

案例分析题，重点考查信息应用系统验收前提的相关知识。

【问题 3】

问答题，重点考查信息应用系统验收过程的相关知识。

参考答案

【问题 1】

不正确。（1 分）

原因：

（1）验收委员会要求 5 人以上的单数。（1 分）

（2）验收委员会由建设单位代表、承建单位代表、监理单位代表及技术专家组成。（1 分）

【问题 2】

不满足。（1 分）

（1）已通过计算机软件确认测试及评审；

（2）软件产品已置于配置管理之下；

（3）合同规定的各类文档齐全；

（4）合同或合同附件规定的其他验收条件。

（每条 1 分，共 4 分）

【问题 3】

（1）提出验收申请；

（2）制订验收计划；

（3）成立验收委员会；

（4）进行验收测试和配置审计；

（5）进行验收评审；

（6）形成验收报告；

（7）移交产品。

（每条 1 分，共 7 分）

试题五（共 10 分）

阅读下列说明，回答问题 1 至问题 2，将解答填入答题纸的对应栏内。

【说明】

某企业拟建设大数据资源共享系统，该系统对网络连通、网络安全、数据存储均提出了较高的要求。企业委托承建单位 A 承接项目建设工作，委托监理单位 B 承接项目监理工作。

【问题 1】（6 分）

综合布线工作完成后，A 单位提交了网络测试方案。请指出下列测试内容分别应用于哪类测试（请将类别选项填写到答题纸对应表格内）。

A．电缆验证测试　　B．电缆认证测试　　C．传输信道测试　　D．路由器测试

序号	测试内容	测试类别
（1）	频谱带宽	
（2）	电缆接地是否良好	
（3）	误码率	
（4）	电缆交调干扰情况	
（5）	电缆有无开路或短路	
（6）	电缆衰减情况	

【问题 2】（4 分）

A 单位根据信息安全工程高级保障体系框架提出了 4 项网络安全措施。请指明这些措施在信息安全工程高级保障体系框架中所对应的安全层次（将安全层次选项填写在答题纸对应表格内）。

　　A. 管理安全　　　　　　B. 设施安全　　　　　　C. 运行安全
　　D. 数据安全　　　　　　E. 平台安全　　　　　　F. 应用安全

序号	网络安全措施	安全层次编号
（1）	保障动力系统可靠运行	
（2）	人员培训及身份验证	
（3）	业务软件的程序安全性测试	
（4）	操作系统漏洞监测	

试题五分析

本题重点考查信息系统工程监理中的测试要求和方法。

【问题 1】

案例分析填空题，重点考查信息网络系统中网络服务平台的测试相关知识。

【问题 2】

案例分析填空题，重点考查信息网络系统中网络安全平台的测试相关知识。

参考答案

【问题 1】

序号	测试内容	测试类别
（1）	频谱带宽	C
（2）	电缆接地是否良好	A
（3）	误码率	C
（4）	电缆交调干扰情况	B
（5）	电缆有无开路或短路	A
（6）	电缆衰减情况	B

（每空 1 分，共 6 分）

【问题 2】

序号	网络安全措施	安全层次编号
（1）	保障动力系统可靠运行	B
（2）	人员培训及身份验证	A
（3）	业务软件的程序安全性测试	F
（4）	操作系统漏洞监测	E

（每空 1 分，共 4 分）

第15章　2021上半年信息系统监理师上午试题分析与解答

试题（1）

按软件的功能划分，"地图导航软件"属于___(1)___。

（1）A．系统软件　　　B．中间件　　　C．支撑软件　　　D．应用软件

试题（1）分析

参见《信息系统监理师教程》[①]19.1。软件工程对于软件的分类方法有3种：（1）按软件的功能进行划分；（2）按软件服务对象的范围划分；（3）按软件规模进行划分。

按软件的功能进行划分：系统软件、支撑软件、应用软件。

应用软件是在特定领域内开发，为特定目的服务的一类软件。其中包括为特定目的进行数据采集、加工、存储和分析服务的资源管理软件。

参考答案

（1）D

试题（2）

《中共中央关于制定国民经济和社会发展第十四个五年规划和二〇三五年远景目标的建议》中，___(2)___不属于布局新型基础设施的重点方向。

（2）A．第五代移动通信　　　　　　B．工业互联网

　　　C．有线电视网　　　　　　　　D．大数据中心

试题（2）分析

《中共中央关于制定国民经济和社会发展第十四个五年规划和二〇三五年远景目标的建议》中：

加快推进基础设施中包括系统布局新型基础设施部分，重点方向为加快第五代移动通信、工业互联网、大数据中心等建设。

参考答案

（2）C

试题（3）

在系统设计中，软件需求、硬件需求以及其它因素之间是相互制约、相互影响的，经常需要权衡。采用适宜的___(3)___予以控制，可以保证软件产品满足用户的要求。

（3）A．设计架构　　　B．开发环境　　　C．开发范型　　　D．开发工具

试题（3）分析

参见《信息系统监理师教程》19.2.2。软件工程有四条基本原则：（1）选取适宜开发范型；（2）采用合适的设计方法；（3）提供高质量的工程支持；（4）重视开发过程的管理。

---

① 本章提及的《信息系统监理师教程》是全国计算机技术与软件专业技术资格（水平）考试指定用书，由清华大学出版社出版。

选取适宜开发范型原则与系统设计有关。在系统设计中，软件需求、硬件需求以及其他因素之间是相互制约、相互影响的，经常需要权衡。因此，必须认识需求定义的易变性，采用适宜的开发范型予以控制，以保证软件产品满足用户的要求。

参考答案

（3）C

试题（4）

小王用智能手环来督促自己每天走路 10000 步，这是将 ___(4)___ 应用到移动互联网中，为用户提供智能化服务。

（4）A. 传感技术　　　B. 用户画像　　　C. 数据挖掘　　　D. 射频识别

试题（4）分析

参见《信息系统项目管理师教程》（第 3 版）1.7.6。智能一般具有这样一些特点：一是具有感知能力，即具有能够感知外部世界、获取外部信息的能力，这是产生智能活动的前提条件和必要条件。

参考答案

（4）A

试题（5）

在智慧城市里，___(5)___ 利用 SOA、云计算、大数据等技术，通过数据和服务的融合，提供各种服务和共享资源。

（5）A. 物联感知层　　　　　　　　B. 计算与存储层

　　　C. 数据及服务支撑层　　　　　D. 智慧应用层

试题（5）分析

在智慧城市里，数据及服务支撑层利用 SOA、云计算、大数据等技术，通过数据和服务的融合，提供各种服务和共享资源。

参考答案

（5）C

试题（6）

银行 App 登录时使用的人脸识别功能主要应用了 ___(6)___ 技术。

（6）A. 人工智能　　　B. 大数据　　　C. 区块链　　　D. 物联网

试题（6）分析

人脸识别中采用的视觉识别技术属于人工智能的技术应用。

参考答案

（6）A

试题（7）

___(7)___ 技术将光缆敷设到小区，通过光电转换节点，利用有线电视的总线式同轴电缆连接到用户，提供综合电信业务。

（7）A. PSTN　　　B. ISDN　　　C. ADSL　　　D. HFC

试题（7）分析

参见《信息系统项目管理师教程》1.3.5。PSDN——利用电话线拨号接入 Internet；ISDN——在电话网络的基础上构造的纯数字方式的综合业务数字网；ADSL——通过电话线连接，为电话用户提供宽带接入；HFC——将光缆敷设到小区，然后通过光电转换节点，利用有线电视的总线式同轴电缆连接到用户，提供综合电信业务的技术。

参考答案

（7）D

试题（8）

在智慧城市建设的 5 层参考模型中，功能层从下至上的正确顺序是　(8)　。

①物联感知层　　　　　②通信网路层　　　　　③数据及服务支撑层

④计算与存储层　　　　⑤智慧应用层

（8）A．①②④③⑤　　　B．①③②④⑤　　　C．②①④③⑤　　　D．⑤④③②①

试题（8）分析

参见《系统集成项目管理工程师教程》（第 2 版）1.6.4。

智慧城市建设参考模型，功能层从下至上分为：物联感知层、通信网路层、计算与存储层、数据及服务支撑层、智慧应用层。

参考答案

（8）A

试题（9）

关于数据通信中多协议标签交换技术（MPLS）的描述，不正确的是：　(9)　。

（9）A．MPLS 利用数据标签引导数据包在开放的通信网络上进行高速高效传输

B．MPLS 是一种链路层技术，同时支持 X.25、帧中继、ATM、SDH、DWDM

C．MPLS 充分采用原有的 IP 路由，保证了 MPLS 网络路由具有灵活性的特点

D．MPLS 支持大规模层次化的网络拓扑结构，具有良好的网络扩展性

试题（9）分析

参见《信息系统监理师教程》14.1.2。MPLS 充分利用数据标签引导数据包在开放的通信网络上进行高速、高效传输。

MPLS 有如下的技术特点：

（1）充分采用原有的 IP 路由，在此基础上加以改进；保证了 MPLS 网络路由具有灵活性的特点；

（2）采用 ATM 的高效传输交换方式，抛弃了复杂的 ATM 信令，无缝地将 IP 技术的优点融合到 ATM 的高效硬件转发中；

（3）MPLS 网络的数据传输和路由计算分开，是一种面向连接的传输技术，能够提供有效的 QoS 保证；

（4）MPLS 不但支持多种网络层技术，**而且是一种与链路层无关的技术**，它同时支持 X.25、帧中继、ATM、PPP、SDH、DWDM 等，保证了多种网络的互连互通，使得各种不同的网络传输技术统一在同一个 MPLS 平台上；

（5）MPLS 支持大规模层次化的网络拓扑结构，具有良好的网络扩展性；

（6）MPLS 的标签合并机制支持不同数据流的合并传输；

（7）MPLS 支持流量工程、CoS （Class of Service，服务级别）、QoS 和大规模的虚拟专用网。

参考答案

（9）B

试题（10）

TCP/IP 协议的 TCP 和 IP 所提供的服务分别对应 OSI 七层协议中的___（10）___。

（10）A．链路层服务、网络层服务　　　　B．网络层服务、传输层服务

　　　　C．传输层服务、应用层服务　　　　D．传输层服务、网络层服务

试题（10）分析

参见《系统集成项目管理工程师教程》（第 2 版）3.7.1。网络技术标准与协议 OSI 七层协议。

参考答案

（10）D

试题（11）

IEEE 802.8 是 IEEE 802 系列标准中的___（11）___。

（11）A．城域网协议　　　　　　　　　　B．FDDI 宽带技术协议

　　　　C．光纤技术协议　　　　　　　　　D．无线局域网 WLAN 标准协议

试题（11）分析

IEEE 802 系列标准是 IEEE 802 LAN/MAN 标准委员会制定的局域网、城域网技术标准。其中最广泛使用的有以太网、令牌环、无线局域网等。其中 IEEE 802．8 标准定义了光纤技术。

IEEE 802.6：城域网介质访问控制协议 DQDB（Distributed Queue Dual Bus，分布式队列双总线）及物理层技术规范。

IEEE 802.7：FDDI 宽带技术协议。宽带技术咨询组，提供有关宽带联网的技术咨询。

IEEE 802.8：光纤技术协议。光纤技术咨询组，提供有关光纤联网的技术咨询。

IEEE 802.11：无线局域网（WLAN）标准协议。无线局域网（WLAN）的介质访问控制协议及物理层技术规范。

参考答案

（11）C

试题（12）

输入密码才能登录邮箱系统，属于___（12）___技术。

（12）A．数据加密　　　B．入侵检测　　　C．物理隔离　　　D．访问限制

试题（12）分析

参见《信息系统监理师教程》14.1.4。网络安全平台包括防火墙、入侵监测和漏洞扫描、网络防病毒、安全审计、数字证书系统等。网络安全主要包括以下几方面：

（1）防火墙技术。

（2）数据加密技术，防止"敌人"从通信信道窃取信息。

（3）入侵监测和漏洞扫描技术。

（4）物理隔离技术，如网闸。

（5）访问限制，主要方法有用户口令、密码、访问权限设置等。

参考答案

（12）D

试题（13）

数据交换技术中，ATM 交换属于　（13）　技术的典型应用。

（13）A．电路交换　　　B．报文交换　　　C．分组交换　　　D．混合交换

试题（13）分析

参见《信息系统监理师教程》14.1.2。在计算机广域网中，主要使用四种数据交换技术：电路交换、报文交换、分组交换和混合交换。

参考答案

（13）D

试题（14）

信息安全工程高级保障体系框架中，　（14）　主要考虑各种硬件设备的可靠性问题，同时要保证通信线路物理上的安全性。

（14）A．数据安全　　　B．设施安全　　　C．通信安全　　　D．运行安全

试题（14）分析

参见《信息系统监理师教程》4.1.4。根据信息安全工程高级保障体系框架，可以把安全体系分为实体安全、平台安全、数据安全、通信安全、应用安全、运行安全和管理安全其他层次。

设施安全：主要是考虑各种硬件设备的可靠性问题，所有的设备应当具备相应的信息系统工程安全级别，同时要保证通信线路物理上的安全性。

参考答案

（14）B

试题（15）

关于机房消防报警和灭火系统的描述，不正确的是：　（15）　。

（15）A．机房应在主机房、基本工作间设置喷淋灭火系统

　　　B．机房应在其吊顶下方设置火灾探测器和灭火系统

　　　C．机房应在易燃物附近及回风口等处设置火灾自动探测器

　　　D．当没有固定灭火系统时，应采用感烟、感温两种探测器的组合

试题（15）分析

参见《信息系统监理师教程》16.5.1，机房的消防报警与灭火系统。

（1）计算机机房应设火灾自动报警系统，主机房、基本工作间应设卤代烷灭火系统，并应按有关规范的要求执行。报警系统与自动灭火系统应与空调、通风系统联锁。空调系统所采用的电加热器，应设置无风断电保护。

（2）凡设置卤代烷固定灭火系统及火灾探测器的计算机机房，其吊顶的上、下及活动地板下均应设置探测器和喷嘴。

参考答案

（15）A

试题（16）

在综合布线系统设计中，　(16)　用于将工作区信息插座与楼层配线间的配线架连接起来。

(16) A．工作区子系统　　　　　　　　B．水平布线子系统

　　　C．管理间子系统　　　　　　　　D．垂直干线子系统

试题（16）分析

参见《信息系统监理师教程》16.5.2。工作区子系统——由 RJ-45 跳线与信息插座所连接的设备（终端或工作站）组成；水平子系统——从工作区的信息插座开始到管理子系统的配线架，用于将工作区信息插座与楼层配线间的配线架连接起来；管理间子系统——由交连、互联和 I/O 组成，连接垂直干线子系统和水平干线子系统的设备；垂直干线子系统——负责连接管理子系统和设备间子系统。

参考答案

（16）B

试题（17）

　(17)　不属于软件开发过程中需求分析阶段的输出。

(17) A．质量保证计划　　　　　　　　B．配置管理计划

　　　C．初步确认测试计划　　　　　　D．集成测试计划

试题（17）分析

参见《信息系统监理师教程》22.1.4。需求分析阶段成果：软件质量保证计划、软件配置管理计划、软件（初步）确认测试计划。软件设计阶段成果：概要设计阶段完成时应编写的文档——集成测试计划。

参考答案

（17）D

试题（18）

软件工程活动包括需求、设计、实现、确认以及支持等活动，其中　(18)　活动建立了整个软件体系结构。

(18) A．需求　　　　B．设计　　　　C．实现　　　　D．确认

试题（18）分析

参见《信息系统监理师教程》19.2.2。概要设计建立整个软件体系结构，包括子系统、模块以及相关层次的说明、每一模块接口定义。设计：（1）总体设计：系统的软件体系结构、C/S 结构、B/S 结构、以数据库为中心的结构、管道结构、面向对象的结构。

参考答案

（18）B

试题（19）

承建单位为完成指定软件开发项目而设置的组织结构中， ＿＿（19）＿＿ 不属于软件支持组。

（19）A．需求分析组 　B．质量保证组 　　C．配置管理组 　　D．软件过程组

试题（19）分析

参见《信息系统监理师教程》22.2.1。软件项目组织指承建单位为完成指定软件项目而设置的人力资源结构，完善的组织结构可能有：项目负责人、软件负责人、软件工程组、软件支持组、软件过程组、系统工程组、系统测试组、质量保证组、配置管理组和技术培训组。

软件支持组是指代表一个软件工程科目的一组人员（包括负责人和技术人员），这类小组支持但不直接负责软件开发和维护工作。

- 软件支持组：软件质量保证组、软件配置管理组和软件过程组。
- 系统测试组：是包括有负责人和技术人员的一个小组，负责计划和实施对软件的单独系统测试，以确定其软件产品是否满足其需求。
- 质量保证组：是包括有负责人和技术人员的一个小组，负责计划和实施项目的质量保证活动，以确保软件开发活动遵循软件过程规程和标准。
- 配置管理组：负责计划、协调和实施项目的正规配置管理工作。技术培训组负责计划、协调和安排技术培训活动。
- 软件过程组：协助对机构所使用的软件过程进行定义、维护和改进的专家小组。

参考答案

（19）A

试题（20）

软件配置项必须满足的质量要求是 ＿＿（20）＿＿。

（20）A．有效性、可控性、实时性 　　　　B．实时性、可见性、可控性

　　　C．有效性、可见性、可控性 　　　　D．经济性、可见性、有效性

试题（20）分析

参见《信息系统监理师教程》19.3.3。软件配置管理项是该软件的真正实质性材料，因此必须保持正确性、完备性和可追踪性。任何软件配置管理项都必须做到"文实相符、文文一致"，以满足"有效性""可见性"和"可控性"要求。

参考答案

（20）C

试题（21）

＿＿（21）＿＿ 不属于面向对象系统分析的模型。

（21）A．对象-行为模型 　　　　　　　　B．类-对象模型

　　　C．对象-关系模型 　　　　　　　　D．数据流-对象模型

试题（21）分析

参见《系统集成项目管理工程师教程》（第 2 版）3.4.3。面向对象系统分析的模型由用例模型、类-对象模型、对象-关系模型和对象-行为模型组成。在软件开发过程中，面向数据流方法将需求分析阶段生成的数据流图（Data Flow Diagram，DFD）映射成表达软件系统结

构的软件模块结构图。

参考答案

（21）D

试题（22）

对规模等级大和安全等级高的软件项目必须进行外部评审。关于外部评审的描述，不正确的是：__（22）__。

（22）A．评审委员会应由 7 人及以上（单数）的专家组成

　　　 B．评审委员会应由业主单位、承建单位和软件专家组成

　　　 C．建设单位需要至少提前 10 天提出外部评审申请

　　　 D．评审分专家组审查和评委会评审两步完成

试题（22）分析

参见《信息系统监理师教程》19.5.2、19.5.4。对规模等级大和安全性关键等级高的软件必须进行外部评审。外部评审由业主单位主持，承建单位组织，成立评审委员会。评审委员会由业主单位、承建单位和一定数量（占评审委员会总人数的 50% 以上）的软件专家组成员组成，人数 7 人以上（单数），设主任一人、副主任若干人。评审委员会与软件专家组共同进行评审。评审分专家组审查和评委会评审两步完成。软件专家组进行审查，评审委员会进行评审。

外部评审的步骤：承建单位在本阶段工作完成并通过内部评审后，至少提前 10 天提出外部评审申请，同时将评审文档及资料交给软件专家组成员进行审查。

参考答案

（22）C

试题（23）

__（23）__ 不属于软件维护中的完善性维护。

（23）A．为适应软件环境而做的修改，如操作系统、应用程序的变化

　　　 B．为改善性能而做的修改，如提高运行速度、节省存储空间

　　　 C．为便于维护而做的修改，如为了改进易读性而增加一些注释

　　　 D．为扩充和增强功能而做的修改，如扩充解题范围和算法优化

试题（23）分析

参见《信息系统监理师教程》19.6.1。适应性维护：为适应软件运行环境改变而作的修改。环境改变的主要内容包括：软件支持环境的改变，如操作系统、编译器或实用程序的变化等。

完善性维护：（1）为扩充和增强功能而做的修改，如扩充解题范围和算法优化等；（2）为改善性能而做的修改，如提高运行速度、节省存储空间等；（3）为便于维护而做的修改，如为了改进易读性而增加一些注释等。

参考答案

（23）A

试题（24）

信息系统工程项目管理要素中，沟通与协调的原则不包括 __(24)__ 。

(24) A. 目标共同　　　B. 信息共享　　　C. 资源共用　　　D. 携手共进

试题（24）分析

参见《信息系统监理师教程》2.2.12。沟通与协调的原则是：

- 目标共同——各方始终把项目的成功作为共同努力实现的目标；
- 信息共享——把相关信息及时地通知每一个相关的人员；
- 要点共识——在直接关系到项目进展和成败的关键点上取得一致意见；
- 携手共进——协调的结果一定是各方形成合力，解决存在的问题，推动项目前进。

参考答案

(24) C

试题（25）

信息系统项目管理要素中，由承建单位重点实施、建设单位密切关注并提出反馈意见的要素包括质量管理、成本管理、进度管理、合同管理和 __(25)__ 。

①立项管理　　　②计划管理　　　③人员管理

④安全管理　　　⑤文档管理　　　⑥评估与验收管理

(25) A. ①②⑥　　　B. ②③④　　　C. ②④⑥　　　D. ①③⑤

试题（25）分析

参见《信息系统监理师教程》2.2、2.3.2。项目相关三方（业主方、承建方、监理方）在项目管理中的作用和主要任务。①由建设单位实施，⑤⑥不在承建单位密切关注的范围内。

2.2　信息系统项目管理的 14 要素包括：立项管理、计划管理、人员管理、质量管理、成本管理、进度管理、变更与风险管理、合同管理、安全管理、外购和外包管理、知识产权管理、沟通与协调管理、评估与验收管理、文档管理。

2.3.2　信息系统工程项目相关各方与项目管理之关联

主建方（建设单位）与项目管理要素：（1）建设单位重点实施的是第 1 项"立项管理"与第 13 项"评估与验收管理"。（2）建设单位所应密切关注并提出反馈意见的是第 2 项至 11 项。

参考答案

(25) B

试题（26）

建设合同是信息系统工程的监理依据之一，其内容必须包括： __(26)__ 。

①建设单位的权利和义务　　②监理单位的权利和义务

③承建单位的权利和义务　　④建设单位提交各阶段项目成果的期限

⑤监理业务内容

(26) A. ①③　　　B. ①②③　　　C. ①②④　　　D. ①②③④⑤

试题（26）分析

参见《信息系统监理师教程》10.1.4。信息系统工程合同甲乙双方是建设单位与承建单位，其内容不应包括监理单位的权利、义务及内容。各阶段项目成果的提交单位是承建单位。

参考答案

（26）A

试题（27）

某信息系统工程建设监理单位遴选技术负责人，　(27)　最适合担任这个职位。

（27）A．张伟，42 岁，中级职称，具有丰富的路桥工程项目经验

　　　B．李松，36 岁，高级职称，擅长信息系统设计与分析

　　　C．Tony，30 岁，有海外留学经历，导师享誉国际

　　　D．刘丹，29 岁，硕士学位，参与过大型信息系统建设项目

试题（27）分析

参见《信息系统监理师教程》4.1.1。信息系统工程建设监理单位的技术负责人应由具有高级职称的监理人员担任。

参考答案

（27）B

试题（28）

某监理单位在监理过程中发现权利与义务不平等，因此拒绝执行，建设单位以合同为依据向监理单位提出了索赔。该监理单位今后应采取　(28)　措施防范此类风险。

（28）A．提高专业技能　　　　　　　B．设立风险资金

　　　C．严格履行合同　　　　　　　D．严格审查合同

试题（28）分析

参见《信息系统监理师教程》4.2.1。监理单位在签订信息工程委托合同时，要争取主动并采取相应的对策，保护自己的合法权益。对委托单位提出的合同文本要细细推敲，对重要问题要慎重考虑，积极争取对风险性条款以及过于苛刻的条款作出适当调整，不能接受权利与义务不平等的合同。

参考答案

（28）D

试题（29）

编制　(29)　的目的是供建设单位审查监理能力，提高监理单位中标的可能性。

（29）A．监理合同　　　B．监理大纲　　　C．监理规划　　　D．监理日志

试题（29）分析

参见《信息系统监理师教程》5.2。监理大纲的编制目的是供建设单位审查监理能力，增强监理任务中标的可能性。监理规划的编制目的是项目监理的工作纲领。监理合同时中标后签订的文件，监理日志是监理实施过程中的工作文件。

参考答案

（29）B

试题（30）

监理规划的主要内容不包括：__（30）__。

（30）A．监理项目部的组织结构与人员配备

　　　　B．工程项目概况、监理的范围及目标、监理依据及措施

　　　　C．工程专业的特点、监理流程、监理的控制要点及目标

　　　　D．项目相关的政策法规技术标准

试题（30）分析

参见《信息系统监理师教程》5.4.3。无论哪种专业，监理细则的内容都应包括工程专业的特点、监理流程、监理的控制要点及目标、监理单位法及措施。AB 是监理规划的内容。D 是监理实施细则的编制依据。

参考答案

（30）C

试题（31）

关于监理规划的描述，不正确的是__（31）__。

（31）A．是指导整个监理项目工作的纲领性文件

　　　　B．应包含项目实施的技术细节

　　　　C．须根据项目的实际编制

　　　　D．应随着项目的开展不断补充完善

试题（31）分析

参见《信息系统监理师教程》5.3.2。监理规划的内容应具有统一性、针对性、时效性。监理规划不要求公开。帮助监理工程师熟悉工程的技术细节是监理实施细则的作用。

参考答案

（31）B

试题（32）

信息系统工程项目的质量控制体系以__（32）__为主体，在项目开始实施之前由__（32）__主导建立，__（32）__对组织结构、质量目标、自测制度等要素进行检查。

（32）A．建设单位　承建单位　监理单位　　　B．承建单位　监理单位　建设单位

　　　　C．监理单位　承建单位　建设单位　　　D．承建单位　承建单位　监理单位

试题（32）分析

参见《信息系统监理师教程》6.2.2。信息系统工程项目的质量控制体系以承建单位为主体，在项目开始之前由承建单位建立，监理单位对组织结构、质量目标、工序管理、自测制度等要素进行检查。承建单位建立质量保障体系要满足建设单位和承建单位双方的要求。

参考答案

（32）D

试题（33）

某大型信息系统工程项目一次到货 500 台不同型号的服务器，需要尽快部署到机房，在设备验收时适宜采用__（33）__作为质量控制手段。

（33）A. 逐一检查　　　　B. 旁站　　　　C. 抽查　　　　D. 评审

试题（33）分析

参见《信息系统监理师教程》6.4.4。对于到货验收的抽查，主要是针对大量设备到货情况，比如一次进来 500 台不同型号的服务器，这时就需要对不同型号的产品进行抽查。对于少量设备到货的情况，要逐一检查。

参考答案

（33）C

试题（34）

关于质量控制点的描述，不正确的是：＿＿（34）＿＿。

（34）A. 质量控制点具有灵活性和动态性，可以随时调整或增减

　　　B. 质量控制点具有通用性，适用于各类信息系统建设项目

　　　C. 设置的质量控制点应突出重点、易于纠偏

　　　D. 设置的质量控制点要有利于三方共同从事质量控制活动

试题（34）分析

参见《信息系统监理师教程》6.3.1。在工程项目进行的不同阶段，依据项目的具体情况，可设置不同的质量控制点。ACD 都是质量控制点的设置原则。

参考答案

（34）B

试题（35）

在信息系统工程实施阶段，监理工程师必须协助建设单位审查承建单位人员＿＿（35）＿＿，这是质量控制的关键。

（35）A. 资质　　　　B. 薪资　　　　C. 性格　　　　D. 职位

试题（35）分析

参见《信息系统监理师教程》6.3.2。在工程招投标准备阶段，信息系统工程监理工程师必须协助建设单位审查承建单位人员的资质，这是质量控制的关键。人员资质包括人员的证书、技术经历。

参考答案

（35）A

试题（36）

在信息系统设计阶段，＿＿（36）＿＿不属于监理的质量控制重点。

（36）A. 协助建设单位制定项目质量目标规划

　　　B. 针对各种设计文件协助制定设计质量标准

　　　C. 及时解决设计过程中发现的质量问题

　　　D. 审查阶段性设计成果，并提出监理意见

试题（36）分析

参见《信息系统监理师教程》6.3.3。监理单位负责进行设计过程跟踪，及时发现质量问题并及时与承建单位协调解决。监理单位自身不负责解决设计质量问题。

参考答案

（36）C

试题（37）

在信息系统工程项目验收阶段，下列监理机构的行为中不正确的是 __（37）__ 。

（37）A．要求承建单位、建设单位与监理机构共同确认验收中发现的质量问题

　　B．对于工程中有争议的质量问题，指定第三方测试机构出具测试报告

　　C．评估验收中的质量问题，认为影响较大，要求承建单位整改后重新验收

　　D．审查承建单位的验收申请和验收方案，给出可以进行验收的监理意见

试题（37）分析

参见《信息系统监理师教程》6.3.5。对于工程中有争议的质量问题，监理机构应要求承建单位出具第三方测试机构的测试报告，第三方测试机构应经建设单位和监理单位同意。

参考答案

（37）B

试题（38）

关于进度控制的描述，不正确的是 __（38）__ 。

（38）A．进度控制可以分为计划、执行、检查、行动四个步骤

　　B．进度控制过程必然是一个周期性的循环过程

　　C．对计划实行动态管理，才能真正有效地控制进度

　　D．进度控制的目的是确保全部项目目标得到实现

试题（38）分析

参见《信息系统监理师教程》7.1.2。进度控制的目的是确保项目"时间目标"的实现。

参考答案

（38）D

试题（39）

信息系统工程监理单位必须根据 __（39）__ 制定项目进度控制的目标。

（39）A．承建单位的实际进度　　　　B．建设单位的委托要求

　　C．监理日志　　　　　　　　　　D．监理实施细则

试题（39）分析

参见《信息系统监理师教程》7.2.2。信息系统工程监理单位对项目的进度控制目标必须根据建设单位的委托要求做出。承建单位的实际进度是进度控制的对象不是目标。监理日志、监理大纲不包括项目的进度目标。

参考答案

（39）B

试题（40）

信息网络系统实施阶段分为开工前、实施准备和工程实施三个阶段。 __（40）__ 是实施准备阶段的监理内容。

（40）A．由监理单位组织实施方案的审核

    B．对实施单位的实施进度进行评估和评审

    C．了解承建单位设备的定购和运输情况

    D．进行布线系统的监理确认测试

试题（40）分析

参见《信息系统监理师教程》17.1.1，信息系统工程监理的特点、范围。A、B 属于开工前的监理内容，D 属于工程实施阶段的监理内容。

17.1.1　工程开工前的监理内容：

（1）审核实施方案。开工前，由监理方组织实施方案的审核，内容包括设计交底，了解工程需求、质量要求，依据设计招标文件，审核总体设计方案和有关的技术合同附件，以降低因设计失误造成工程实施的风险，审核安全施工措施。

（2）审核实施进度计划。对实施单位的实施进度计划进行评估和评审。

17.1.2　实施准备阶段的监理内容：了解承建方设备订单的定购和运输情况。

17.1.3　工程实施阶段（网络集成与测试阶段）的监理内容。

网络工程的监理主要工作：（1）组织布线、网络和安全系统方案设计评审；（2）检查布线施工和布线测试情况；（3）进行布线系统的监理确认测试；（4）网络硬件设备和配套软件的监理确认测试。

参考答案

（40）C

试题（41）

在验收阶段，监理工程师可以建议建设单位以　(41)　作为启动试运行的依据。

（41）A．初验合格报告　　　　　　　　B．终验合格报告

      C．到货验收报告　　　　　　　　D．产品测试报告

试题（41）分析

参见《信息系统监理师教程》7.3.1。初验合格报告可以作为试运行的依据，终验是在试运行结束之后。到货验收、产品测试是初验前应完成的任务。

参考答案

（41）A

试题（42）

建设单位希望能直观地看到整体项目进度较计划超前或延迟的程度，监理工程师应采用　(42)　作为进度控制的技术手段。

（42）A．网络时标图　　　　　　　　　B．单代号网络图

      C．双代号网络图　　　　　　　　D．工程进度曲线

试题（42）分析

参见《信息系统监理师教程》7.4.1。甘特图适合对比单项工作进度与实际执行情况的偏差，难以直接看出整体项目进度偏差。网络图用于计算工期、关键路径，不适合用于比对进度偏差。

参考答案

（42）D

试题（43）

监理单位审查承建单位工程进度计划时，发现进度出现偏差。在分析偏差影响、确定影响后续工作和工期的限制条件后，下一步应 __(43)__ 。

（43）A．调整进度计划　　　　　　　　B．分析偏差原因

　　　　C．进入进度检测系统　　　　　　D．采取进度调整措施

试题（43）分析

参见《信息系统监理师教程》7.3.2。进度计划调整过程是：出现进度偏差→分析偏差原因→分析偏差对后续工作和工期的影响→确定影响后续工作和工期的限制条件→采取进度调整措施→形成调整的进度计划→实施调整后的进度计划→进入进度检测系统。

参考答案

（43）D

试题（44）

监理机构发现工程进度严重偏离计划时，应及时编制并签发 __(44)__ 。

（44）A．工程实施进度动态表　　　　　B．工程延期申请表

　　　　C．监理通知　　　　　　　　　　D．项目进度计划报审表

试题（44）分析

参见《信息系统监理师教程》7.3.2。监理机构发现工程进度严重偏离计划时，总监理工程师应及时签发《监理通知》。《工程实施进度动态表》是承建单位用于报告工程实际进展的文档。《工程延期申请表》是承建单位申请延长工期的文档。《项目进度计划报审表》是承建单位编制的。

参考答案

（44）C

试题（45）

项目监理工程师小万抓住成本占比大的子项目，集中精力重点控制其资金支出。小万采取的成本控制方法是 __(45)__ 。

（45）A．挣值分析法　　B．ABC 分析法　　C．全寿命费用法　　D．成本回收期法

试题（45）分析

参见《信息系统监理师教程》8.2.5。ABC 分析法抓住成本比重大的子项目或阶段作为研究对象，有利于集中精力重点突破，取得较大效果，简便易行。成本回收期法用于对方案进行经济评价。

参考答案

（45）B

试题（46）

__(46)__ 不属于项目经理编制资源计划时的输入。

（46）A．资源需求　　　B．范围描述　　　C．历史资料　　　D．工作分解结构

试题（46）分析

参见《信息系统监理师教程》8.3.1。资源计划的输入包括：工作分解结构、历史资料、资源库描述、范围陈述、组织策略。资源需求是资源计划的输出。

参考答案

（46）A

试题（47）

关于成本控制的描述，不正确的是___（47）___。

（47）A．成本控制的依据包括费用线、实施执行报告、变更的请求

　　　B．成本控制主要关心的是影响费用线的因素、确定是否变更、管理变更

　　　C．成本控制必须与范围、进度、质量等其他控制过程相协调

　　　D．成本控制应挖掘成本超支的原因、控制成本超支，鼓励成本节余

试题（47）分析

参见《信息系统监理师教程》8.4.1。成本控制包括寻找成本正反两方面变化的原因，不仅仅是关注超支。成本节余也可能带来风险和质量隐患。

参考答案

（47）D

试题（48）

信息系统工程项目中承建单位的企业管理费属于___（48）___。

（48）A．工程监理费　　　　B．计划利润　　　　C．工程费　　　　D．人工费

试题（48）分析

参见《信息系统监理师教程》8.2.2，企业管理费属于工程费。

参考答案

（48）C

试题（49）

某信息系统项目特别重视成本控制，安排了专人负责，但是缺乏系统的成本控制程序和明确的具体要求，在项目进展的整个过程中缺乏连贯性控制。此时，造成成本失控的原因主要归咎于___（49）___方面存在不足。

（49）A．方法　　　　　　B．技术　　　　　　C．思想　　　　　　D．组织

试题（49）分析

参见《信息系统监理师教程》8.1.2。缺乏控制程序和要求属于方法方面成本控制能力的缺失。

参考答案

（49）A

试题（50）

___（50）___不属于投资控制的原则。

（50）A．动态控制原则　　　　　　　　　　B．投资最少原则

　　　C．目标管理原则　　　　　　　　　　D．责权利相结合原则

试题（50）分析

参见《信息系统监理师教程》8.1.1。投资控制的原则包括投资最优原则、全面成本控制原则、目标管理原则、动态控制原则、责权利相结合原则。

参考答案

（50）B

试题（51）

信息系统工程监理工作程序的正确顺序是 ___（51）___ 。

①选择监理单位　　②签订监理合同　③编制监理计划

④组建监理项目组　⑤三方会议　　　⑥实施监理业务

（51）A．①④③②⑤⑥　　　　　　　　　B．①②⑤③④⑥

　　　C．①④②⑤③⑥　　　　　　　　　D．①②⑤④③⑥

试题（51）分析

参见《信息系统监理师教程》1.2.3。监理工作程序：（1）选择监理单位；（2）签订监理合同；（3）三方会议；（4）组建监理项目组；（5）编制监理计划；（6）实施监理业务；（7）参与工程验收；（8）提交监理文档。

参考答案

（51）D

试题（52）

投资控制中技术经济分析的特点不包括 ___（52）___ 。

（52）A．综合性　　　B．系统性　　　C．实用性　　　D．及时性

试题（52）分析

参见《信息系统监理师教程》8.2.3，技术经济分析的特点为：综合性、系统性、实用性、数据化。

参考答案

（52）D

试题（53）

信息系统工程成本预算工具不包括 ___（53）___ 。

（53）A．类比预算法　　　　　　　　　　B．自上而下估计法

　　　C．参数模型预算法　　　　　　　　D．电子数据表格

试题（53）分析

参见《信息系统监理师教程》8.3.3。信息系统工程成本预算工具有类比预算法、自下而上估计法、参数模型预算法、计算机化的工具。

参考答案

（53）B

试题（54）

信息系统工程项目竣工结算由 ___（54）___ 汇总编制。

（54）A．建设单位　　B．承建单位　　C．监理单位　　D．施工单位

试题（54）分析

参见《信息系统监理师教程》8.5.1。信息系统工程项目竣工结算，由建设单位汇总编制。

参考答案

（54）A

试题（55）

___（55）___ 不属于工程变更控制的基本原则。

（55）A. 及时公布变更信息　　　　　B. 任何变更都要得到三方确认

　　　　C. 三方都有权提出变更　　　　D. 选择成本最优的变更方案

试题（55）分析

参见《信息系统监理师教程》9.2，选择冲击最小的方案而不是成本最优的方案。

参考答案

（55）D

试题（56）

监理人员的权利和义务不包括 ___（56）___ 。

（56）A. 按照"守法、公平、公正、节约"的原则开展监理工作

　　　　B. 根据监理合同，独立执行工程监理业务

　　　　C. 保守承建单位的技术秘密和商业秘密

　　　　D. 不得同时从事与被监理项目相关的技术和业务活动

试题（56）分析

参见《信息系统监理师教程》1.2.4。监理单位和监理人员的权利和义务：

1. 监理单位的权利和义务：按照"守法、公平、公正、独立"的原则，开展信息系统工程监理工作。

2. 监理人员的权利和义务：（1）根据监理合同独立执行工程监理业务；（2）保守承建单位的技术秘密和商业秘密；（3）不得同时从事与被监理项目相关的技术和业务活动。

参考答案

（56）A

试题（57）

关于需求设计变更、洽商过程管理措施的描述，不正确的是 ___（57）___ 。

（57）A. 设计变更、洽商记录必须经监理单位书面签认后，承建单位方可执行

　　　　B. 设计变更、洽商记录的内容应符合有关规范、规程和技术标准

　　　　C. 项目存在分包时，分包项目的设计变更、洽商应通过监理单位办理

　　　　D. 设计变更、洽商记录无论由谁提出和批准，均须按其基本程序进行

试题（57）分析

参见《信息系统监理师教程》9.4.1。分包项目的设计变更、洽商应通过总承建单位办理。

参考答案

（57）C

试题（58）

项目执行过程中，当出现实际进度与计划进度严重偏离时，监理必须提请建设单位并要求承建单位处理，制定必要的整改措施。这种控制通常以　__（58）__　为主要检查对象。

（58）A．里程碑任务完成　　　　　　　B．项目初验报告

　　　　C．项目会议纪要　　　　　　　　D．项目变更实施计划

试题（58）分析

参见《信息系统监理师教程》9.4.2。当出现实际进度与计划进度严重冲突时，监理必须提请建设单位并要求承建单位解决冲突，制定必要的整改措施。这种控制，通常以承建单位标志性阶段任务完成为主要检查对象。

参考答案

（58）A

试题（59）

成本变更控制中，通过周报、月报、成本预测报表等利用表格的形式调查、分析、研究项目成本。这种方法属于　__（59）__　。

（59）A．偏差控制法　　　　　　　　　B．成本分析表法

　　　　C．进度-成本控制法　　　　　　D．进度检查法

试题（59）分析

参见《信息系统监理师教程》9.4.3。成本分析表法包括日报、周报、月报表、分析表和成本预测报表等，这是利用表格的形式调查、分析、研究项目成本的一种方法。

参考答案

（59）B

试题（60）

监理工程师在项目实施过程中发现产品存在质量问题，不符合建设合同的约定，及时向相关方提出了意见和建议。其做法符合监理单位在合同管理中的　__（60）__　原则。

（60）A．事前预控　　　B．实时纠偏　　　C．充分协商　　　D．公正处理

试题（60）分析

参见《信息系统监理师教程》10.2.3。实时纠偏原则是指监理单位在实施过程中，应及时纠正发现承建单位错误和不当的做法及一些违反信息工程合同约定的行为，如项目进度慢、产品有质量缺陷等问题，实时给相关方提出意见和建议，必要时可向建设单位提出。

参考答案

（60）B

试题（61）

项目实施过程中，因地质灾害导致第三方人员在项目工地出现伤亡，应由　__（61）__　负责，并承担相应费用。

（61）A．承建单位　　　B．监理单位　　　C．建设单位　　　D．当地政府

试题（61）分析

参见《信息系统监理师教程》10.5.4。因不可抗力事件导致第三方人员伤亡由建设单位

负责，并承担相应费用。

参考答案

（61）C

试题（62）

关于索赔的描述，不正确的是　__（62）__　。

（62）A．索赔的性质属于经济惩罚行为

　　　B．索赔可以是由不可抗力引起的

　　　C．承建单位可以向建设单位发起索赔

　　　D．当索赔的双方无法达成妥协时，可通过仲裁解决

试题（62）分析

参见《信息系统监理师教程》10.3.1。索赔的性质属于经济补偿行为，而不是惩罚。

参考答案

（62）A

试题（63）

将带有恶意的、欺诈性的代码置于已授权的计算机程序中，当程序启动时这些代码也会启动，自动获取对方的个人信息。这种网络攻击手段属于　__（63）__　。

（63）A．逻辑炸弹　　　B．异步攻击　　　C．数据篡改　　　D．特洛伊木马

试题（63）分析

参见《信息系统监理师教程》11.3.2。特洛伊木马是指将带有恶意的、欺诈性的代码置于已授权的计算机程序中，当程序启动时这些代码也会启动。典型的例子是在对方的系统中放置木马，自动监控或获取对方的个人信息。

逻辑炸弹是满足特定的逻辑条件时，按某种不同的方式运行，对目标系统实施破坏的计算机程序。

异步攻击是指在计算机多进程处理过程中，数据在排队等待传输时受到未授权的非法入侵。

数据篡改指在原始数据输入计算机之前被篡改。

参考答案

（63）D

试题（64）

关于应用环境监理要点的描述，不正确的是　__（64）__　。

（64）A．水灾探测器必须做记号以便识别及维护

　　　B．水灾探测器必须设置在高架地板下和排水孔附近

　　　C．为控制温度，计算机机房可以设置在地下室

　　　D．计算机机房应设置门禁系统及出入日志管理，单一出入口

试题（64）分析

参见《信息系统监理师教程》11.3.2。计算机机房所在楼层不可在地下室，3、4、5、6层为最佳。

参考答案

（64）C

试题（65）

某银行信息支撑系统采取 （65） 的数据备份策略，每天定时备份上次备份后变化过的数据信息。

（65）A．差分备份　　　B．全备份　　　　C．增量备份　　　D．备份介质轮换

试题（65）分析

参见《信息系统监理师教程》11.3.5。差分备份只备份上次备份后系统中变化过的数据信息。

参考答案

（65）A

试题（66）

按信息的载体划分，信息系统工程建设信息包括 （66） 。

（66）A．引导信息、辨识信息

　　　B．投资控制信息、合同管理信息、组织协调信息

　　　C．决策信息、设计信息、实施信息、招投标信息

　　　D．文字信息、视频信息、语言信息、符号及图表信息

试题（66）分析

参见《信息系统监理师教程》12.2.1。按工程建设信息的载体划分，信息系统工程建设信息包含文字信息、视频信息、语言信息、符号及图表信息等。

参考答案

（66）D

试题（67）

（67） 不属于项目实施阶段的监理文件。

（67）A．设备开箱检验报告　　　　　B．工程进度计划检查表

　　　C．工程设计方案审核表　　　　　D．软件安装调试记录

试题（67）分析

参见《信息系统监理师教程》12.4.5。工程设计方案审核表属于项目设计阶段监理表格。

参考答案

（67）C

试题（68）

（68） 不属于信息系统工程建设组织协调的基本原则。

（68）A．和谐原则　　　B．守法原则　　　　C．诚信原则　　　D．科学原则

试题（68）分析

参见《信息系统监理师教程》13.2。组织协调基本原则有：公平、公正、独立原则、守法原则、诚信原则、科学原则。

参考答案

（68）A

试题（69）

项目监理例会是为了履约各方沟通情况、交流信息、协调处理、研究解决合同履行中存在的各方面问题而召开的会议，应由__（69）__组织与主持。

（69）A．监理工程师　　　　　B．总监理工程师

　　　C．总监代表　　　　　　D．承建单位项目经理

试题（69）分析

参见《信息系统监理师教程》13.3.1。项目监理例会是履约各方沟通情况、交流信息、协调处理、研究解决合同履行中存在的各方面问题，由总监理工程师组织与主持例行工作会议。

参考答案

（69）B

试题（70）

关于监理单位权利和义务的描述，不正确的是__（70）__。

（70）A．监理单位不得承包信息系统工程

　　　B．监理单位不得以任何形式侵害承建单位的知识产权

　　　C．项目工期延误，监理单位应承担相应的经济责任

　　　D．监理单位应按照监理合同取得监理收入

试题（71）分析

参见《信息系统监理师教程》1.2.4。工期延误不属于监理单位违反国家法律法规造成重大质量和安全事故，不需要承担相应的经济责任。

参考答案

（70）C

试题（71）

__（71）__ describes how the information about the items of the project will be recorded and updated so that the product，service，or result of the project remains consistent and operative.

（71）A．Configuration management plan

　　　B．Change management plan

　　　C．Schedule managementplan

　　　D．Risk management plan

试题（71）分析

参见 PMBOK 第六版 4.2.3.1。配置管理计划，描述如何记录和更新项目的特定信息，以及该记录和更新哪些信息，以保持产品、服务或成功的一致性和有效性。

参考答案

（71）A

试题（72）

Plan Quality Management is the process of identifying ___（72）___ and standards for the project and its deliverables.

（72）A．resource requirements

　　　 B．contract requirements

　　　 C．quality requirements

　　　 D．collection requirements

试题（72）分析

参见 PMBOK 第六版 8.1。质量管理定义：规划质量管理是识别项目及其可交付成果的质量要求和/或标准，并书面描述项目将如何证明其符合质量要求和/或标准的过程。

参考答案

（72）C

试题（73）

A formally chartered group responsible for reviewing，evaluating，

approving， delaying， or rejecting changes to the project，and for recording and communication such decisions．It is the ___（73）___．

（73）A．Change Control System

　　　 B．Change Control Board

　　　 C．Change Control Tool

　　　 D．Change Management Plan

试题（73）分析

参见 PMBOK 第六版。变更控制委员会是一个正式组成的团体，负责审议、评价、批准、推迟或否决项目变更，以及记录和传达变更处理决定。

参考答案

（73）B

试题（74）

The project charter provides the preapproved financial resources from which the detailed project costs are developed．It is the input of ___（74）___．

（74）A．Plan Cost Management　　　　B．Estimate Costs

　　　 C．Determine Budget　　　　　　 D．Control Costs

试题（74）分析

参见 PMBOK 第六版 7.1。项目章程规定了预先批准的财务资源，可据此确定详细的项目成本。项目章程是规划成本管理的输入。

参考答案

（74）A

试题（75）

___（75）___ is a financial analysis tool that used to determine the benefits provided by a project against its costs.

（75）A．Cost Performance Index

　　　B．Cost Management Plan

　　　C．CostBenefit Analysis

　　　D．Cost of Quality

试题（75）分析

参见 PMBOK 第六版 GLOSSARY 3。成本效益分析是用来比较项目成本与其带来的收益的财务分析工具。

参考答案

（75）C

第16章 2021上半年信息系统监理师下午试题分析与解答

试题一（13分）

阅读下列说明，回答问题1至问题3，将解答填入答题纸的对应栏内。

【说明】

某企业计划新建一个异地备份机房，用于备份企业的业务运营数据、信息资源服务数据、历史记录等信息，以确保业务的连续性。

【问题1】（5分）

除机房装修、机房屏蔽及防静电系统、机房安保/安防系统外，机房建设还应包括哪些子系统？

【问题2】（5分）

关于A级机房内温、湿度控制要求的描述，请判断是否正确（正确打√，错误打×）。

（1）夏季开机温度应控制在21～25℃。 （　　）

（2）开机时湿度应控制在40%～80%。 （　　）

（3）温度变化率应<5℃/h并不得结露。 （　　）

（4）常用记录介质库的温、湿度应与基本工作间相同。 （　　）

（5）主机房内的空气含尘浓度，在静态条件下测试，每升空气中大于或等于0.5μm的尘粒数应少于18 000粒。 （　　）

【问题3】（3分）

请将① ～ ③正确选项填写在答题纸的对应栏内。

（1）当主机房与备份机房两地间距1500公里时，实现业务运营系统数据的实时复制，宜采用　①　模式。

    A．同步数据复制   B．异步数据复制   C．定期复制

（2）成本最低、系统恢复时间最长的灾难恢复方式是　②　。

    A．全自动恢复系统   B．手动恢复系统   C．数据备份系统

（3）为进一步降低成本，监理工程师建议历史记录系统的灾备机房只设置用于信息处理的基础物理环境（如电线、空调、地板等），灾难发生时其他设备再运送到站点上，从基础开始安装。这种灾备站点的类型是　③　。

    A．热站   B．冷站   C．温站

试题一分析

本题重点考核企业信息化工程监理要求和关键点。

【问题 1】

案例问题 1，重点考核信息网络系统机房建设的构成（参见《信息系统监理师教程》[①]16.5.1）。

【问题 2】

案例问题 2，重点考核信息网络系统机房温湿度（参见《信息系统监理师教程》16.5.1）。

【问题 3】

案例问题 3，重点考核信息网络系统网络基础平台的灾难恢复（参见《信息系统监理师教程》14.1.2）。

参考答案

【问题 1】（5 分）

（1）机房布线系统；

（2）机房防雷接地系统；

（3）机房环境监控系统；

（4）机房专业空调通风系统；

（5）机房网络设备的分区和布置；

（6）机房照明及应急照明系统；

（7）机房 UPS 配电系统；

（8）机房消防系统。

（每个 1 分，满分 5 分）

【问题 2】（5 分）

（1）√　　（2）×　　（3）√　　（4）×　　（5）√

（每个 1 分，共 5 分）

【问题 3】（3 分）

（1）B　　（2）C　　（3）B

（每个 1 分，共 3 分）

试题二（16 分）

阅读下列说明，回答问题 1 至问题 4，将解答填入答题纸的对应栏内。

【说明】

某石油公司 A 拟建设高性能勘探计算管理平台，包括大数据智能分析、集群任务调度管理和并行文件管理等子系统。平台的功能、业务性能、存储方式等关键需求不明确，且数据分析子系统运用人工智能技术，预估采购活动相当复杂，A 公司委托监理公司 B 协助招标，在招标阶段陆续发生如下事件：

【事件一】　A 公司聘请专业咨询公司详细梳理并确定需求后，决定先对并行文件管理子系统进行招标，并编制了可行性研究报告作为招标依据。

【事件二】　B 公司监理工程师根据招投标法，推荐了招标方式。

【事件三】　B 公司建议招标审核资质时，重点审核投标单位是否具有质量管理体系、软

---

① 本章提及的《信息系统监理师教程》是全国计算机技术与软件专业技术资格（水平）考试指定用书，由清华大学出版社出版。

件能力成熟度是否达到优化级（即能够持续不断地改进过程）。

【事件四】 A公司发布了招标公告，声明：项目于4月1日开标，开标地点为A公司总部，开标当日确定中标候选人。招标文件公示了投标资格、评标标准、评标委员会名单等内容。评标委员会共7人，包括A公司代表2人、B公司代表2人，其余为经济、技术专家。评标完成后，评标委员会确定C公司中标，4月4日发出了中标通知书。5月15日，A公司与中标人订立了书面合同。中标人经A公司同意，将其中部分功能模块分包给另一家单位，中标人告知分包单位务必保证开发质量，出了问题由分包单位向招标人负全责。

【问题1】（4分）

针对事件一，请说明可行性研究主要包含哪几个方面？

【问题2】（5分）

针对事件二，请给出监理工程师可以推荐的招标方式，并说明理由。

【问题3】（2分）

请将① ~ ②正确选项填写在答题纸的对应栏内。

针对事件三，中标单位应具备质量管理体系 ① 要求的认证，应达到软件能力成熟度 ② 级别。

A．ISO9001　　　B．ISO14001　　　C．ISO20001　　　D．ISO27001

E．CMMI2　　　F．CMMI3　　　G．CMMI4　　　H．CMMI5

【问题4】（5分）

针对事件四，请指出招标过程中存在的问题。

试题二分析

本题重点考核招标阶段信息应用系统的监理工作。

【问题1】

案例问题1，重点考核立项阶段监理工作（参见《信息系统监理师教程》21.1）。

【问题2】

案例问题2，重点考核如何确定招标方式（参见《信息系统监理师教程》21.3）。

【问题3】

案例问题3，重点考核审核承建单位软件能力成熟度（参见《信息系统监理师教程》21.5.1）、质量管理体系（参见《信息系统监理师教程》21.5.2）。

【问题4】

案例问题4，重点考核对招标过程的监督（参见《信息系统监理师教程》21.6）。

参考答案

【问题1】（4分）

（1）经济可行性；

（2）技术可行性；

（3）法律可行性；

（4）方案的选择；

（5）组织可行性；

（6）环境可行性；

（7）人员可行性。

（每项 1 分，满分 4 分）

【问题 2】（5 分）

两阶段招标。（3 分）

理由：根据招投标法实施条例第 30 条，对技术复杂或无法精确拟定技术规格的项目，可以分两阶段进行招标。（2 分）

【问题 3】（2 分）

①A　　②H

（每项 1 分）

【问题 4】（5 分）

（1）评标委员会成员名单在中标结果确定前应保密，不应在招标书中公示；

（2）评标委员会经济技术专家目前为 4 人，未达到成员总数的 2/3；

（3）评标委员会应推荐合格的中标候选人，而非直接确定；

（4）招标人应自中标通知书发出之日起 30 日内签订书面合同；

（5）中标人应当就分包项目向招标人负责，分包方不应直接对招标人负责。

（每条 1 分，共 5 分）

试题三（14 分）

阅读下列说明，回答问题 1 至问题 3，将解答填入答题纸的对应栏内。

【说明】

某单位进行信息网络系统升级，内容包括购置网络设备及配套辅材、整个网络、操作系统、数据库等的升级改造工作。该单位通过招标选定了承建单位和监理单位。

【事件 1】 承建单位对工作区子系统的设计如下：

（1）信息座所在位置距地面 25cm；

（2）信息座所在位置距离工位桌面 6m；

（3）工作区所需的信息模块、信息座、面板的数量满足业务需求；

（4）工作区内线槽要布置合理、美观；

（5）基本链路长度限在 90m 内；

（6）信道长度限在 100m 内。

【事件 2】 各个分项工程全部初验合格，各种设备经加电试运行状态均正常，承建单位提请监理单位进行工程验收。

【问题 1】（4 分）

针对事件 1，请判断承建单位的 6 项设计内容是否正确，如存在错误请给出正确做法。

【问题 2】（5 分）

针对事件 2，请指出监理单位还应审查哪些验收前提条件？

【问题 3】（5 分）

请写出网络设备采购的监理重点。

试题三分析

本题重点考核企业信息化工程监理要求和关键点。

【问题 1】

案例问题 1，重点考核信息网络系统环境中综合布线系统的评审（参见《信息系统监理师教程》16.5.2.1）。

【问题 2】

案例问题 2，重点考核信息网络系统验收的前提条件（参见《信息系统监理师教程》18.1.1）。

【问题 3】

案例问题 3，重点考核信息网络系统设备采购的监理任务与重点（参见《信息系统监理师教程》17.2.1）。

参考答案

【问题 1】（4 分）

（1）错误，（0.5 分）信息座要设计在距离地面 30cm 以上。（0.5 分）

（2）错误，（0.5 分）信息座与计算机设备的距离保持在 5m 范围内。（0.5 分）

（3）正确。（0.5 分）

（4）正确。（0.5 分）

（5）正确。（0.5 分）

（6）正确（0.5 分）

【问题 2】（5 分）

（1）所有建设项目按照<u>批准设计方案</u>要求<u>全部建成</u>，并满足使用要求；

（2）各种技术文档和<u>验收资料完备</u>，符合集成合同的内容；

（3）系统建设和数据处理符合<u>信息安全</u>的要求；

（4）外购的操作系统、数据库、中间件、应用软件和开发工具<u>符合知识产权</u>相关政策法规的要求；

（5）经过<u>用户同意</u>。

（每条 1 分，共 5 分）

【问题 3】（5 分）

（1）设备是否与<u>工程量清单</u>所规定的设备（系统）规格相符；

（2）设备是否与合同所规定的设备（系统）清单相符；

（3）设备合格证明、规格、供应商保证等<u>证明文件</u>是否齐全；

（4）设备系统要按照合同规定<u>准时到货</u>；

（5）<u>配套软件包</u>（系统）是否是成熟的、满足规范的。

（每条 1 分，共 5 分）

试题四（17 分）

阅读下列说明，回答问题 1 至问题 3，将解答填入答题纸的对应栏内。

【说明】

某大型物流公司 A 为优化实物运递网络，拟建立专业仿真系统，提供快递处理中心仿真服务。企业通过招标确定了监理公司 B 和软件公司 C，要求 B 公司对软件生命周期进行全过程监理，帮助用户建设一个高质量的、具有可持续生命力的软件系统。

【事件 1】　在软件开发进行前，C 公司编制了《质量保证计划》，内容如下：

（1）工程必要的背景说明，包括编写目的、背景、定义、参考资料等；

（2）规定了所要进行的技术和管理两方面的评审和检查工作，编制了评审和检查规程，制定了通过与否的检查标准；

（3）指明了用以支持特定软件项目质量保证工作的工具、技术、方法；

（4）包含了对子项目承建单位的控制说明。

B 公司监理工程师审查《质量保证计划》后，认为其符合 ISO/IEC 20000-1 的要求，内容充分详实，判定审查通过。

【事件 2】　在软件开发阶段后期，C 公司申请系统验收，监理工程师收到 C 公司提交的验收标准、验收方案后，立即着手实施验收工作。验收完成后，监理工程师收集了测试报告、系统验收报告，完成了本阶段的监理工作。

【事件 3】　进入项目验收阶段，A 公司与 B 公司协调成立了专门的验收委员会及验收测试组。验收测试组的验收原则如下：

（1）原有测试和审核结果凡可用的就利用，不必重做该项测试或审核；

（2）B 公司负责制订验收测试计划，验收测试组负责测试实施；

（3）验收测试组的任务是验证软件功能和接口与设计文档具有一致性；

（4）验收测试和配置审核是验收评审前必须完成的两项主要检查工作。

【问题 1】（8 分）

（1）针对事件 1，请判断监理工程师针对质量保证计划"内容充分详实"的审查结论是否正确，如不正确请补充说明；

（2）针对事件 1，请判断监理工程师审查过程是否合理，并说明理由。

【问题 2】（5 分）

针对事件 2，请指出监理工程师的监理工作是否完整，并说明理由。

【问题 3】（4 分）

针对事件 3，请判断验收测试组的验收原则是否正确。（正确打√，错误打×）

试题四分析

本题重点考核**信息应用系统的监理工作**。

【问题 1】

案例问题 1，重点考查信息应用系统开发质量的控制的知识运用（参见《信息系统监理师教程》20.3.6）。

【问题 2】

案例问题 2，重点考查信息应用系统验收质量的控制的知识运用（参见《信息系统监理师教程》20.3.8）。

【问题 3】

案例问题 3，重点考查信息应用系统验收的基本原则的知识运用（参见《信息系统监理师教程》24.2.3)。

参考答案

【问题 1】（8 分）

（1）不正确 （1 分）

《质量保证计划》的内容还有缺失，还应包括：

a）对负责软件质量保证的机构、任务、职责的描述；（1 分）

b）对开发过程中的文档进行评审与检查的准则；（1 分）

c）有关软件配置项的条款；（1 分）

d）指出保护计算机程序物理媒介的方法和设施；（1 分）

e）指明保存软件质量保证活动记录的要求。（1 分）

（每条 1 分，满分 3 分）

（2）不合理。监理工程师审查《质量保证计划》时采用的符合标准错误，应符合国家标准《计算机软件质量保证计划规范》GB/T12504。（2 分）

监理工程师不应判定《质量保证计划》审查通过，应由总监理工程师判定。（2 分）

【问题 2】（5 分）

不完整。（1 分）

对验收标准，应检查是否符合合同及有关标准；（1 分）

对验收方案，应审查其全面性和业务符合性；（1 分）

对验收报告，应审查是否完成合同书中的各项内容，（1 分）是否满足需求书中提出的各项应用指标，（1 分）是否经过系统试运行用户的认可。（1 分）

（满分 5 分）

【问题 3】（4 分）

（1）√ （2）× （3）× （4）√

（每个 1 分，共 4 分）

试题五（15 分）

阅读下列说明，回答问题 1 至问题 3，将解答填入答题纸的对应栏内。

【说明】

某天体物理中心 A 委托承建单位 C 建立分布式高性能计算系统，对宇宙辐射进行大规模数值模拟及分析。要求监理公司 B 在各测试阶段务必加强监理力度，确保系统性能。

【问题 1】（4 分）

网络铺设完成后，在光缆测试中 C 单位选择的测试方法可以包括＿＿＿。（将正确的 4 个选项填写在答题纸的对应栏内）

A．连通性测试　　B．特性阻抗　　　C．收发功率测试　D．接线图

E．端-端损耗测试 F．反射损耗测试　G．回波损耗　　　H．电缆近端串扰

【问题 2】（6 分）

考虑到系统需要采用可靠、稳定的高性能服务器，B 公司的监理工程师小李在服务器安装时全程旁站，重点监理了以下内容。请判断监理做法是否正确。（正确打√，错误打×）

（1）机架、服务器的排列位置和设备朝向都应按机房管理员要求安装。　　　　　（　　）

（2）机架和设备前应预留 1 米的过道，以便施工和维护。　　　　　　　　　　　（　　）

（3）金属钢管、槽道与地线连接处的接地垫圈必须一次装好，不得将已装过的垫圈取下重复使用。　　　　　　　　　　　　　　　　　　　　　　　　　　　　　　　　（　　）

（4）接线头必须进行焊锡处理，保证接线端接触良好，不易氧化。　　　　　　　（　　）

（5）监视器安装位置应保证屏幕获得充分光照，便于管理员查看。　　　　　　　（　　）

（6）采用屏蔽结构的缆线时，应剥除屏蔽层，按设计做好接地。　　　　　　　　（　　）

【问题 3】（5 分）

软件测试穿插在软件开发全过程中，请将（1）～（5）处对应的所属开发阶段选项填入答题纸对应栏内。

（1）完成软件集成测试计划（　　）　　　　A．需求分析阶段

（2）完成软件单元测试计划（　　）　　　　B．概要设计阶段

（3）完成确认测试计划（　　）　　　　　　C．详细设计阶段

（4）完成系统测试计划（　　）　　　　　　D．编码阶段

（5）执行软件单元测试（　　）　　　　　　E．测试阶段

试题五分析

【问题 1】参见《信息系统监理师教程》17.6.2。

本系统是光缆布线系统，光缆的测试方法有：连通性测试、端-端损耗测试、收发功率测试、反射损耗测试。特性阻抗、接线图、回波损耗、电缆近端串扰都属于电缆的测试。

【问题 2】参见《信息系统监理师教程》17.7.3。

（1）机架、服务器的排列位置和设备朝向都应按设计要求安装。

（2）为便于施工和维护，机架和设备前应预留 1.5 米的过道。

（3）正确。

（4）正确。

（5）监视器安装位置应使屏幕不受外来光直射，有不可避免的光时，应加遮光罩遮挡。

（6）采用屏蔽结构的缆线时，必须注意将屏蔽层连接妥当，不应中断，并按设计要求接地。

【问题 3】参见《信息系统监理师教程》19.4.4。

完成软件集成测试计划（概要设计阶段）；

完成软件单元测试计划（详细设计阶段）；

完成确认测试计划（需求分析阶段）；

完成系统测试计划（需求分析阶段）；

执行软件单元测试（编码阶段）。

试题五分析

本题重点考核信息系统工程监理中的测试要求与方法技术。

【问题 1】

案例问题 1，重点考查信息网路系统建设中的光缆测试的知识运用（参见《信息系统监理师教程》17.6.2）。

【问题 2】

案例问题 2，重点考查信息网路系统建设中网络设备的安装的知识运用（参见《信息系统监理师教程》17.7.3）。

【问题 3】

案例问题 3，重点考查信息应用系统软件测试的工作规程的知识运用（参见《信息系统监理师教程》19.4.3）。

参考答案

【问题 1】（4 分）

A、C、E、F

（选对 1 项得 1 分，总分 4 分）

【问题 2】（6 分）

（1）×　　（2）×　　（3）√　　（4）√　　（5）×　　（6）×

（每个 1 分，共 6 分）

【问题 3】（5 分）

（1）B　　（2）C　　（3）A　　（4）A　　（5）D

（每个 1 分，共 5 分）

第17章 2021下半年信息系统监理师上午试题分析与解答

试题（1）

以信息技术为主要手段建立的用于政务服务的信息化系统属于　(1)　。

（1）A．信息资源系统　　　　　　　　B．信息网络系统

　　　C．信息应用系统　　　　　　　　D．信息存储系统

试题（1）分析

参见《信息系统监理师教程》[1]1.2.1。信息网络系统是指以信息技术为主要手段建立的信息处理、传输、交换和分发的计算机网络系统。信息资源系统是指以信息技术为主要手段建立的信息资源采集、存储、处理的资源系统。信息应用系统是指以信息技术为主要手段建立的各类业务管理的应用系统。

参考答案

（1）C

试题（2）

相对于信息系统工程，建筑工程具有　(2)　的特点。

（2）A．技术密集　　　　　　　　　　B．难以度量和检查

　　　C．复制成本低　　　　　　　　　D．设计与实施分离

试题（2）分析

参见《信息系统监理师教程》1.4.1。信息系统工程与建筑工程的区别在于：（1）技术浓度。建筑工程项目属于劳动密集型。（2）可视性。建筑工程的可视性、可检查性强。（3）设计独立性。建筑工程的设计由专门的设计单位完成，而施工任务由施工单位负责施工。（4）复制成本。多套建筑工程项目的成本通常是 n 倍。

参考答案

（2）D

试题（3）

信息系统的生命周期可以分为立项、开发、运维、消亡四个阶段。　(3)　不属于开发阶段的任务。

（3）A．系统规划　　　B．系统分析　　　C．系统设计　　　D．系统验收

试题（3）分析

参见《信息系统监理师教程》1.1.3。信息系统的生命周期可以简化为立项（系统规划），开发（系统分析、系统设计、系统实施），运维及消亡四个阶段，在开发阶段不仅包括系统分析、系统设计、系统实施，还包括系统验收等工作。

---

[1] 本章提及的《信息系统监理师教程》是全国计算机技术与软件专业技术资格（水平）考试指定用书，由清华大学出版社出版。

参考答案

（3）A

试题（4）

___（4）___不属于国家政务信息化建设管理的原则。

（4）A．统筹规划　　　B．自筹自建　　　C．业务协同　　　D．安全可靠

试题（4）分析

《国家政务信息化项目建设管理办法的通知（国办发〔2019〕57 号）》第一章总则第三条：国家政务信息化建设管理应当坚持统筹规划、共建共享、业务协同、安全可靠的原则。

参考答案

（4）B

试题（5）

关于面向对象软件开发方法（OMT）的描述，不正确的是：___（5）___。

（5）A．OMT 的第一步是从问题的陈述入手，构造系统模型

　　　B．面向对象技术提高了软件的可靠性和健壮性

　　　C．OMT 的基础是目标系统的对象模型，而不是功能的分解

　　　D．OMT 方法设计的系统，若边界发生了变化，软件必须推倒重来

试题（5）分析

参见《信息系统监理师教程》19.9.2。在 Jackson 方法和 PAM 方法中，当它们出发点的输入、输出数据结构（即系统的边界）发生变化时，整个软件必须推倒重来。但在 OMT 中系统边界的改变只是增加或减少一些对象而已，整个系统改动极小。

参考答案

（5）D

试题（6）

___（6）___负责向用户提供计算机能力、存储空间等基础设施方面的服务。

（6）A．IaaS　　　　B．SaaS　　　　C．PaaS　　　　D．DaaS

试题（6）分析

参见《信息系统项目管理师教程》（第 3 版）1.5.2。按照云计算服务提供的资源层次，可以分为 IaaS、PaaS、SaaS 三种服务类型。IaaS（基础设施即服务）向用户提供计算机能力、存储空间等基础设施方面的服务。

参考答案

（6）A

试题（7）

大数据的主要特征不包括：___（7）___。

（7）A．容量大　　　B．存取速度快　　　C．种类多样　　　D．价值密度高

试题（7）分析

参见《信息系统项目管理师教程》（第 3 版）1.5.3。大数据是以容量大、类型多、存取速度快、应用价值高为主要特征的数据集合。大数据的 5V 特点中包括价值密度低，其价值

密度与数据总量的大小成反比。

（1）Volume：数据量大，包括采集、存储和计算的量都非常大。

（2）Variety：种类和来源多样化，包括结构化、半结构化和非结构化数据。

（3）Value：数据价值密度相对较低，或者说是浪里淘沙却又弥足珍贵。

（4）Velocity：数据增长速度快，处理速度也快，时效性要求高。

（5）Veracity：数据的准确性和可信赖度，即数据的质量。

参考答案

（7）D

试题（8）

　　(8)　能够获取外部信息，是产生智能活动的前提条件和必要条件。

（8）A．推理能力　　　　　　　　　B．思维能力

　　　　C．感知能力　　　　　　　　　D．决策能力

试题（8）分析

参见《信息系统项目管理师教程》（第 3 版）1.7.6。智能一般具有这样的特点：具有感知能力，即具有能够感知外部世界、获取外部信息的能力，这是产生智能活动的前提条件和必要条件。

参考答案

（8）C

试题（9）

随着计算机网络的广泛应用，网络的规模越来越大，必须使用专门的　(9)　系统来监测和控制网络的运行。

（9）A．网络管理　　　　　　　　　B．网络交换

　　　　C．网络服务　　　　　　　　　D．网络传输

试题（9）分析

参见《信息系统监理师教程》14.1.1。网络管理平台：随着计算机网络的广泛应用，网络的规模越来越大，必须使用专门的网络管理系统来管理、监测和控制网络的运行。

参考答案

（9）A

试题（10）

在计算机广域网中，　(10)　是指通过由中间节点建立的专用通信线路来实现两台设备数据交换的技术。

（10）A．报文交换　　　　　　　　　B．电路交换

　　　　C．分组交换　　　　　　　　　D．X.25 交换

试题（10）分析

参见《信息系统监理师教程》14.1.2。电路交换是指通过由中间节点建立的专用通信线路来实现两台设备的数据交换的技术，如 PSTN、DDN。

参考答案

（10）B

试题（11）

网络化存储系统主要有 SAN 与 NAS 两大类。相对于 NAS 系统，SAN 系统的优点不包括：___（11）___。

（11）A．可扩展性高　　B．配置灵活　　　C．易于部署　　　D．集中管理

试题（11）分析

参见《信息系统监理师教程》14.1.2。SAN 与 NAS 关键特性比较，其中 SAN 的优点有：高可用性、数据传输的可靠性、减少远网络流量、配置灵活、高性能、高可扩展性、集中管理。NAS 的优点有：距离的限制少、简化附加文件的共享容量、易于部署和管理。

参考答案

（11）C

试题（12）

多媒体网络服务中的___（12）___服务可应用于手机的视频通话。

（12）A．信息点播　　　B．信息广播　　　C．视频会议　　　D．VOIP

试题（12）分析

参见《信息系统监理师教程》14.1.3，视频会议是一种以传送活动图像、语音、应用数据（电子白板、图表）信息形式的会议业务；VOIP 是基于 IP 的语音传输，是一种语音通话技术。视频会议的特点是：活动的图像和语音，可以连接两地或多地。

参考答案

（12）C

试题（13）

防火墙系统的性能指标不包括：___（13）___。

（13）A．单台设备并发 VPN 隧道数

　　　B．防火墙系统平均无故障时间

　　　C．网络接口、加密速度和密钥长度

　　　D．支持按照风险级别进行入侵事件分级

试题（13）分析

参见《信息系统监理师教程》16.4.1，性能指标包括：

（1）单台设备并发 VPN 隧道数；

（2）系统平均无故障时间；

（3）网络接口；

（4）加密速度；

（5）密钥长度；

（6）设备连续无故障时间；

（7）在不产生网络瓶颈、千兆和百兆网络环境下防火墙的吞吐量；

（8）防火墙的并发连接数。

支持按照风险级别进行入侵事件分级是入侵检测系统的性能要素。

参考答案

（13）D

试题（14）

布置信息系统机房时，主机房内两相对机柜正面之间的距离最小应为　(14)　米。

（14）A．0.5　　　　　B．1.0　　　　　C．1.5　　　　　D．2.0

试题（14）分析

参见《信息系统监理师教程》16.5.1。两相对机柜正面之间的距离不应小于 1.5m。

参考答案

（14）C

试题（15）

按照软件的功能划分，可以将软件分为系统软件、支撑软件、应用软件。　(15)　属于支撑软件。

（15）A．桌面操作系统　　　　　　　　B．消息中间件

　　　　C．数据库管理软件　　　　　　　　D．设备驱动程序

试题（15）分析

参见《信息系统监理师教程》19.1。按软件的功能进行划分，可以分为系统软件、支撑软件、应用软件。支撑软件是协助用户开发软件的工具性软件，其中包括帮助程序人员开发软件产品的工具，也包括帮助管理人员控制开发的进程的工具。设备驱动程序属于系统软件。

参考答案

（15）B

试题（16）

某企业员工抱怨单位试运行的办公自动化系统不好用，问题包括:登录经常失败、系统频繁上锁、运行太慢、难以使用、报表不准确。经统计第一、二类抱怨占总投诉总数的 80%。监理单位通过分析，建议承建单位集中力量先解决登录和上锁问题。监理单位分析问题的方法是　(16)　。

（16）A．控制分析法　　　　　　　　　B．统计分析法

　　　　C．帕累托分析法　　　　　　　　D．趋势分析法

试题（16）分析

参见《信息系统监理师教程》20.3.3。帕累托分析指确认造成系统质量问题的诸多因素中最为重要的几个因素，也称为 80−20 法则，意思是指 80% 的问题经常是由于 20% 的原因引起的。

参考答案

（16）C

试题（17）

在配置管理活动中，程序员完成部分函数编码后，应将源程序文件放入仅在项目开发组内设立并维护的　(17)　。

（17）A. 开发库　　　　　　　　　　　B. 数据库

　　　 C. 受控库　　　　　　　　　　　D. 产品库

试题（17）分析

参见《信息系统监理师教程》19.3。通常，开发库可仅在项目开发组内设立，并由其负责维护。

参考答案

（17）A

试题（18）

　（18）　是按照程序内部的逻辑结构和编码结构设计并执行测试用例的测试方法。

（18）A. 白盒测试　　　　　　　　　　B. 黑盒测试

　　　 C. 静态分析　　　　　　　　　　D. 代码审查

试题（18）分析

参见《信息系统监理师教程》19.4.2。白盒测试是按照程序内部的逻辑结构和编码结构设计并执行测试用例的测试方法。

参考答案

（18）A

试题（19）

实现软件复用的关键因素包括技术因素和非技术因素。　（19）　不属于技术因素。

（19）A. 软件构件技术　　　　　　　B. 领域工程

　　　 C. 知识产权申报　　　　　　　D. 软件再工程

试题（19）分析

参见《信息系统监理师教程》19.9.9。实现软件复用的因素包括技术因素和非技术因素，其中技术因素包括软件构件技术、领域工程、软件再工程等，知识产权属于非技术因素。

参考答案

（19）C

试题（20）

在面向对象的开发方法中，　（20）　是指在某个类的层次关联中不同的类共享属性和方法的一种机制。

（20）A. 继承　　　　B. 封装　　　　C. 多态　　　　D. 消息

试题（20）分析

参见《系统分析师教程》7.3.2。继承指在某个类的层次关联中不同的类共享属性和方法的一种机制。封装的单位是对象，目的是使对象的定义和实现分离。多态是指同一个操作作用于不同的对象时可以有不同的解释，并产生不同的执行结果。消息是对象之间通信的手段。

参考答案

（20）A

试题（21）

JAVA 语言巧妙地采用了　（21）　技术，使得编译后产生的泛代码程序可以在各种平台上执行，从而做到了程序执行与平台无关。

(21) A．大数据　　　　　　　　　　　B．虚拟机

　　　C．机器学习　　　　　　　　　　D．神经网络

试题 (21) 分析

参见《信息系统监理师教程》19.9.6。JAVA 语言巧妙地采用了虚拟机机制，使得编译后产生的泛代码程序可以在各种平台上执行，从而做到了程序执行与平台无关。

参考答案

(21) B

试题 (22)

对规模大和安全性等级高的软件必须进行外部评审。如果评审委员会一共 9 人，其中的软件专家组成员至少应为___(22)___人。

(22) A．4　　　　　　B．5　　　　　　C．6　　　　　　D．7

试题 (22) 分析

参见《信息系统监理师教程》19.5.2。对规模等级大和安全性关键等级高的软件必须进行外部评审。外部评审由业主单位主持、承建单位组织，成立评审委员会。评审委员会由业主单位、承建单位和一定数量（占评审委员会总人数的 50% 以上）的软件专家组成员组成。

参考答案

(22) B

试题 (23)

某单位服务器的操作系统由原来的 Windows 更换成了 Linux，需要对服务器上的原有应用系统进行___(23)___。

(23) A．适应性维护　　　　　　　　　B．纠错性维护

　　　C．预防性维护　　　　　　　　　D．完善性维护

试题 (23) 分析

参见《信息系统监理师教程》19.6。适应性维护是指为适应软件运行环境改变而做的修改，包括软件支持环境的改变，如操作系统、编译器或实用程序的变化等。

参考答案

(23) A

试题 (24)

在软件生命周期各阶段编制的文件中，___(24)___应从需求分析阶段就开始编制。

(24) A．项目开发计划　　　　　　　　B．详细设计说明书

　　　C．用户手册　　　　　　　　　　D．维护手册

试题 (24) 分析

参见《信息系统监理师教程》19.8.1。如下图

表 19-4 软件生存期各阶段中的文件编制

阶段 文档	软件 规划	需求 分析	软件 设计	编码与 单元测试	试运行	运行 维护	管理 人员	开发 人员	维护 人员	用户
可行性研究 报告	→						■	■		
项目开发计划	→	→					■	■		
软件需求规格 说明		→						■		
数据需求规格 说明		→						■		
测试计划			→					■		
概要设计规格 说明			→					■	■	
详细设计规格 说明			→					■	■	
用户手册		→		→						■
操作手册		→		→						■
测试分析报告				→			■	■		
开发进度月报	→				→		■			
项目开发总结					→		■			
程序维护手册 （维护修改建议）						→	■		■	

参考答案

（24）C

试题（25）

下列工具或方法中，__(25)__ 不能用于风险识别。

（25）A. 甘特图   B. 鱼刺图   C. 流程图   D. 访谈

试题（25）分析

参见《信息系统监理师教程》2.2.7。可采用流程图（或称鱼刺图）和访谈等工具、方法帮助我们识别风险。

参考答案

（25）A

试题（26）

在软件测试阶段中，__(26)__ 不应由承建单位自行组织实施。

（26）A. 单元测试   B. 集成测试   C. 确认测试   D. 验收测试

试题（26）分析

参见《信息系统监理师教程》19.4.5 中的测试组织。

（1）软件单元测试由承建单位自行组织，一般由软件开发组实施测试。

（2）软件集成测试由承建单位自行组织，软件开发组和软件测试组联合实施测试。

（3）软件确认测试由承建单位自行组织，软件测试组实施测试。

（4）系统测试应由业主单位组织，成立联合测试组（一般由专家组、业主单位、软件评测单位、承建单位等联合组成测试组）实施测试。

参考答案

（26）D

试题（27）

　　__(27)__ 的建设工程可以不实施监理。

（27）A．某省级能源交易管理系统　　　　B．国家拨款的扶贫信息管理系统

　　　C．某央企自建的跨境交易系统　　　　D．矿井安全监控管理系统

试题（27）分析

参见《信息系统监理师教程》1.2.2 中的监理项目范围。

下列信息系统工程应当实施监理：

● 国家级、省部级、地市级的信息系统工程；

● 使用国家政策性银行或者国有商业银行贷款，规定需要实施监理的信息系统工程；

● 使用国家财政性资金的信息系统工程；

● 涉及国家安全、生产安全的信息系统工程；

● 国家法律、法规规定应当实施监理的其他信息系统工程。

参考答案

（27）C

试题（28）

关于信息系统工程监理工作的描述，不正确的是：　__(28)__ 。

（28）A．信息系统工程监理业务的承担者不能是信息系统集成商

　　　B．信息系统工程监理比建筑工程监理更频繁面对变更问题

　　　C．信息系统工程监理必须覆盖系统设计，因此对监理人员有技术要求

　　　D．信息系统工程可视性强，推荐采用现场监理的手段

试题（28）分析

参见《信息系统监理师教程》1.4.2。因为建筑工程可视性强，所以广泛采用现场监理手段，如旁站、巡视、进场材料核查、工序检查等等。同样的手段对信息系统工程监理基本不适用，而需要独辟蹊径。例如，在设计阶段采用专家会审的方法，而在验收阶段则强调定量测试等。

参考答案

（28）D

试题（29）

监理单位受建设单位委托，依据国家有关法律法规、技术标准和信息系统工程监理合同，对工程项目的实施进行 __(29)__ 管理。

（29）A．监督　　　　B．安全　　　　C．评估　　　　D．运维

试题（29）分析

参见《信息系统监理师教程》1.2。信息系统工程监理是指在政府工商管理部门注册的且具有信息系统工程监理资质的单位，受建设单位委托，依据国家有关法律法规、技术标准和信息系统工程监理合同，对信息系统工程项目实施的监督管理。

参考答案

（29）A

试题（30）

信息系统工程监理的工作顺序正确的是：___（30）___。

①选择监理单位　　　②三方会议　　　③ 签订监理合同

④组建监理项目组　　⑤编制监理计划　⑥ 实施监理业务

⑦提交最终监理文档　⑧参与工程验收

（30）A．①②③④⑤⑥⑦⑧　　　B．①③②④⑤⑥⑧⑦

　　　C．①③②④⑤⑥⑦⑧　　　D．①②③④⑤⑦⑥⑧

试题（30）分析

参见《信息系统监理师教程》1.2.3。监理工作程序：（1）选择监理单位；（2）签订监理合同；（3）三方会议；（4）组建监理项目组；（5）编制监理计划；（6）实施监理业务；（7）参与工程验收；（8）提交监理文档。

参考答案

（30）B

试题（31）

关于信息系统安全的描述，不正确的是：___（31）___。

（31）A．物理安全包括设备、设施、环境和介质的安全

　　　B．防病毒、审计、标识与鉴别属于运行安全的保障技术

　　　C．保密性、完整性、密码支持属于信息安全的保障技术

　　　D．信息系统安全应包括安全管理、操作管理与行政管理

试题（31）分析

参见《信息系统监理师教程》2.2.9，标识与鉴别属于信息安全的保障技术。

信息系统安全技术要求的四个方面：

（1）运行安全包括风险分析、检测监控、审计、防病毒、备份与故障恢复等。

（2）信息安全包括标识与鉴别、标识与访问控制、保密性、完整性和密码支持等。

（3）物理安全包括设备、设施、环境和介质的安全。

（4）安全管理、操作管理与行政管理。

参考答案

（31）B

试题（32）

同一信息系统工程建设项目委托的监理单位与承建单位不得有隶属关系和其他利害关系。这体现了信息系统工程监理的___（32）___原则。

（32）A. 独立　　　　B. 客观　　　　C. 科学　　　　D. 公正

试题（32）分析

参见《信息系统监理师教程》4.1.3。独立是信息系统工程监理有别于其他监理的一个特点，监理单位不能参与除监理以外的与本项目有关的业务，而且，监理单位不得从事任何具体的信息系统工程业务。也就是说，监理单位应该是完全独立于其他双方的第三方机构。

参考答案

（32）A

试题（33）

现行《中华人民共和国招标投标法实施条例》是＿＿（33）＿＿修订版。

（33）A. 2019 年　　B. 2020 年　　C. 2021 年　　D. 2018 年

试题（33）分析

信息系统工程监理依据是有关的政策、法律、法规、标准与规范的基本内容。《中华人民共和国招标投标法实施条例》于 2011 年 12 月 20 日中华人民共和国国务院令第 613 号公布。现行《中华人民共和国招标投标法实施条例》是 2019 年修订版。

参考答案

（33）A

试题（34）

某信息系统工程建设项目制定了明确的项目目标和职责分工，但项目的组织架构设置不清晰，导致项目频繁出现人员任务交叉、重叠、遗漏的情况。这属于监理工作中的＿（34）＿风险。

（34）A. 管理　　　　B. 技术　　　　C. 行为责任　　D. 工作技能

试题（34）分析

参见《信息系统监理师教程》4.2.1。监理工作中的管理风险：明确的管理目标、合理的组织机构、细致的职责分工、有效的约束机制，是监理组织管理的基本保证。如果管理机制不健全，即使有高素质的人才，也会出现这样或那样的问题。

参考答案

（34）A

试题（35）

关于监理工作文件的描述，不正确的是：＿＿（35）＿＿。

（35）A. 监理规划是整个项目开展监理工作的依据和基础

　　　 B. 监理规划是在监理合同签订后编制的纲领性文件

　　　 C. 监理实施细则规定了专业监理的程序和方法

　　　 D. 监理实施细则是由监理公司总监组织编制的文件

试题（35）分析

参见《信息系统监理师教程》5.2~5.5。监理规划是指导监理项目部全面开展工作的纲领性文件。监理实施细则应由总监理工程师组织各专业监理工程师编制。

表 5-1 监理大纲、监理规划和监理实施细则的主要区别

名称	编制对象	负责人	编制时间	编制目的	编制作用	编制内容		
						为什么	做什么	如何做
监理大纲	项目整体	公司总监	监理招标阶段	供建设单位审查监理能力	增强监理任务中标的可能性	重点	一般	无
监理规划	项目整体	项目总监	监理委托合同签订后	项目监理的工作纲领	对监理自身工作的指导、考核	一般	重点	重点
监理实施细则	某项专业监理工作	专业监理工程师	监理项目部建立、责任明确后	专业监理实施的操作指南	规定专业监理程序、方法、标准，使监理工作规范化	无	一般	重点

参考答案

（35）D

试题（36）

经总监理工程师授权，总监理工程师代表可以 __(36)__ 。

（36）A．主持编写并签发监理月报、监理工作阶段报告

　　　 B．主持编写工程项目监理规划及审批监理实施方案

　　　 C．签发工程款支付证书、工程项目的竣工验收文件

　　　 D．参与工程项目的竣工验收，审核签认竣工结算

试题（36）分析

参见《信息系统监理师教程》5.1.2。总监理工程师不得将下列工作委托总监理工程师代表：

（1）签发工程款支付证书、工程项目的竣工验收文件；

（2）主持编写工程项目监理规划及审批监理实施方案；

（3）审核签认竣工结算。

参考答案

（36）A

试题（37）

建设单位选择监理单位时，监理单位为了获得监理任务，在项目招标阶段编制的项目监理方案性文件是 __(37)__ 。

（37）A．资格预审文件　　　　　　　 B．监理大纲

　　　 C．监理规划　　　　　　　　　 D．监理细则

试题（37）分析

参见《信息系统监理师教程》5.2。监理大纲是建设单位在选择监理单位时，监理单位为

了获得监理任务，在项目招标阶段编制的项目监理方案。

参考答案

（37）B

试题（38）

信息系统工程监理规划的必要内容不包括： （38） 。

（38）A．工程项目概况

　　　B．根据实施难点设置的质量控制点

　　　C．监理的范围、内容与目标

　　　D．监理项目部的组织结构与人员配备

试题（38）分析

参见《信息系统监理师教程》5.3.3、5.4.3。监理规划的内容：（1）工程项目概况；（2）监理的范围、内容与目标；（3）监理项目部的组织结构与人员配备；（4）监理依据、程序、措施及制度。

监理实施细则应对所要监理项目中的关键点和实施难点设置"质量控制点"。

参考答案

（38）B

试题（39）

　（39）　属于监理实施细则的内容。

（39）A．监理机构的组织形式　　　　　B．工程专业的特点

　　　C．工程质量等级　　　　　　　　D．项目预计总投资额

试题（39）分析

参见《信息系统监理师教程》5.4.3。监理实施细则的内容包括：（1）工程专业的特点；（2）监理流程；（3）监理的控制要点及目标；（4）监理单位法及措施。

监理的范围、监理的目标、工程项目概况是监理规划的内容。

A、C、D 属于监理规划的内容。

参考答案

（39）B

试题（40）

关于信息系统工程建设项目质量控制原则的描述，不正确的是： （40） 。

（40）A．质量控制要与建设单位对工程质量的监督紧密结合

　　　B．监理单位要对项目的实施全过程不间断地进行质量控制

　　　C．质量控制是一种系统过程的控制，要对项目实施全面的质量控制

　　　D．本工序质量不合格，必须获得业主同意才能进行下一道工序建设

试题（40）分析

参见《信息系统监理师教程》6.1.3。信息系统工程质量控制的原则：（1）质量控制要与建设单位对工程质量监督紧密结合；（2）质量控制是一种系统过程的控制；（3）质量控制要实施全面控制；（4）对于不同的工程内容应采取不同的质量控制方法；（7）本工序质量不合

格或未进行验收签认的，下一道工序不得进行建设，以防止质量隐患积累。

参考答案

（40）D

试题（41）

信息系统工程的特点不包括：　（41）　。

（41）A．质量纠纷认定的难度不大

　　　B．质量缺陷比较隐蔽

　　　C．改正错误可能引发其他质量问题

　　　D．定位故障比较困难

试题（41）分析

参见《信息系统监理师教程》6.1.4。信息系统工程特点及质量影响要素：（1）定位故障比较困难；（2）信息系统工程的可视性差，质量缺陷比较掩蔽；（3）改正错误的代价往往比较大；（4）质量纠纷认定的难度大。

参考答案

（41）A

试题（42）

设置质量控制点时应遵守的一般原则不包括：　（42）　。

（42）A．突出重点　　　　　　　B．易于纠偏

　　　C．易于控制　　　　　　　D．保持稳定性

试题（42）分析

参见《信息系统监理师教程》6.3.1。进行控制点设置时，应遵守下述的一般原则：

（1）选择的质量控制点应该突出重点；

（2）选择的质量控制点应该易于纠偏；

（3）质量控制点设置要有利于参与工程建设的三方共同从事工程质量的控制活动；

（4）保持控制点设置的灵活性和动态性。

参考答案

（42）D

试题（43）

监理单位在招标阶段质量控制的要点不包括：　（43）　。

（43）A．协助建设单位确定工程的整体质量目标

　　　B．协助招标公司和建设单位制定标书的评分标准

　　　C．对招标书涉及的商务内容和技术内容进行确认

　　　D．熟悉项目设计、实施、开发采用的技术及过程

试题（43）分析

参见《信息系统监理师教程》6.3.2、6.3.3。招投标过程及设计阶段的质量控制：

（1）协助建设单位提出工程需求方案，确定工程的整体质量目标。

（2）协助招标公司和建设单位制定评标的评定标准。

（3）对招标书涉及的商务内容和技术内容进行确认。

选项 D 熟悉项目设计、实施、开发过程是设计阶段的质量控制点。

参考答案

（43）D

试题（44）

信息系统工程项目设计阶段监理的质量控制点不包括：　(44)　。

（44）A．对各种设计文件提出设计质量标准

　　　B．进行设计过程跟踪，及时发现质量问题

　　　C．审查承建单位提交的总体设计方案，确保包括了建设单位的所有需求

　　　D．针对重要的工程，专业质量监理工程师需亲自设计测试用例

试题（44）分析

参见《信息系统监理师教程》6.3.3、6.3.4。重要的工程要求专业质量监理工程师亲自测试或技术复核。不应由监理工程师设计测试用例。

参考答案

（44）D

试题（45）

系统工程验收不合格，应由　(45)　签署整改意见，并限期整改完成后再验收。

（45）A．验收工作组　　　B．建设单位　　　C．承建单位　　　D．监理单位

试题（45）分析

参见《信息系统监理师教程》6.3.5。系统工程验收不合格，由验收工作组签署整改意见交承建单位，并限期整改完成后再验收。

参考答案

（45）A

试题（46）

某信息系统建设项目进入开发阶段，由于数据分析模型的开发人员能力欠缺，相关系统的开发任务未能按时完成。这种情况是由于　(46)　造成的。

（46）A．技术不成熟　　　　　　　　　　B．质量控制不到位

　　　C．需求频繁变更　　　　　　　　　D．资源投入不足

试题（46）分析

参见《信息系统监理师教程》7.2.4。影响进度控制的因素包括：（1）设计变更；（2）资源投入；（3）资金；（4）承建单位管理水平等因素。人力、部件和设备等资源不能按时、按质、按量供应，大多时间可能会导致项目延迟，或者是质量不能达到符合标准的要求。

参考答案

（46）D

试题（47）

为完成进度控制任务，监理工程师应制定预防工期索赔的措施，做好处理工期索赔的工作。这属于　(47)　阶段的监理任务。

（47）A．准备　　　　　B．设计　　　　　C．实施　　　　　D．验收

试题（47）分析

参见《信息系统监理师教程》7.3.1。施工阶段是工程实体形成阶段，对其进行进度控制是整个工程项目建设进度控制的重点。为完成实施阶段进度控制任务，监理工程师应当研究制定预防工期索赔措施，做好处理工期索赔工作。

参考答案

（47）C

试题（48）

下列进度控制的基本程序中，顺序正确的是：__（48）__。

①承建单位编写阶段性作业进度计划

②承建单位编写工程总体进度计划

③承建单位按进度计划组织实施

④监理工程师对实施情况进行跟踪检查

（48）A．①②③④　　　B．①②④③　　　C．②①③④　　　D．②①④③

试题（48）分析

参见《信息系统监理师教程》7.3.2，进度控制的作业程序见下图：

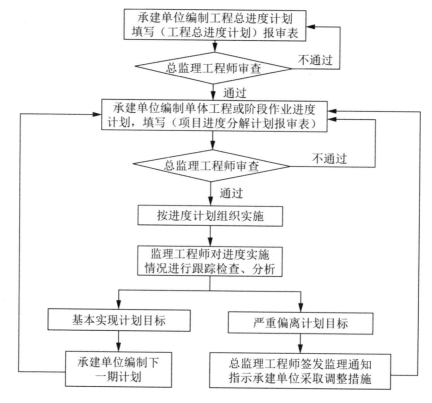

图 7.2　进度控制的基本程序

参考答案

（48）C

试题（49）

下列工具或方法中，__　（49）　__不能用于项目计划中的成本估算。

（49）A．类比估计　　　　　　　　　　B．挣值管理

　　　C．参数建模　　　　　　　　　　D．累加估计

试题（49）分析

参见《信息系统监理师教程》8.3。成本估算的工具和方法：1）类比估计；2）参数建模；3）累加估计包括：（1）从下向上的估计法。（2）从上往下估计法。挣值管理是测量项目绩效的方法。

参考答案

（49）B

试题（50）

信息系统工程项目投资分为：工程前期费、监理费、咨询/设计费用、工程费、第三方测试费、工程验收费、系统运维费、风险费用和其他费用。软件费属于__　（50）　__。

（50）A．工程验收费　　　　　　　　　B．咨询/设计费

　　　C．工程费　　　　　　　　　　　D．风险费用

试题（50）分析

参见《信息系统监理师教程》8.2.2，工程费包括：直接费（人工费、现场经费），硬件费，软件费（开发软件、系统软件），间接费（企业管理费、财务费），计划利润，税金。

参考答案

（50）C

试题（51）

某大型信息系统建设项目的实际成本大大超过了计划成本，项目经理却表示成本都是依照项目计划支出的，合理且必要。项目管理办公室分析后，发现编制项目计划时成本的估算方法选择不当。这说明该组织在成本控制的__　（51）　__方面存在问题。

（51）A．思想　　　　　B．组织　　　　　C．技术　　　　　D．财务

试题（51）分析

参见《信息系统监理师教程》8.1.2，许多大中型项目的实际投资额都大大超过了项目计划投资额的最高限额，或者在项目计划投资额之内却无法达到预期的使用效果。其成本失控的原因主要有以下方面：

（1）思想方面；

（2）组织方面；

（3）技术方面：项目成本计算方法选择不当；

（4）方法方面；

（5）手段方面。

参考答案

（51）C

试题（52）

___（52）___ 不属于对信息系统工程项目进行投资控制时应遵循的原则。

（52）A．投资最优化　　　　　　　　B．重点过程控制

　　　 C．动态控制　　　　　　　　　D．目标管理

试题（52）分析

参见《信息系统监理师教程》8.1.1。投资控制的原则包括：投资最优化原则、全面成本控制原则、动态控制原则、目标管理原则、责权利相结合的原则。全面成本管理是所有承建单位、项目参与人员、全过程的管理，也称"三全"管理。

参考答案

（52）B

试题（53）

监理工程师审核成本预算的重点包括： ___（53）___ 。

①编制依据是否符合规定

②造价及经济指标是否最低

③单位工程有无漏项

④预算编制说明是否全面

⑤主要设备、软件配置是否合理

（53）A．①②③④　　　B．①②③⑤　　　C．①③④⑤　　　D．①②③④⑤

试题（53）分析

参见《信息系统监理师教程》8.3.4。监理工程师审核成本预算的重点包括：编制依据是否符合规定、造价及各项经济指标是否合理、单位工程有无漏项、预算编制说明是否全面、主要设备、软件配置是否合理。预算属于项目计划，编制依据依组织规定，而非项目计划。造价及经济指标应合理，而非最低。

参考答案

（53）C

试题（54）

信息系统工程价款结算的基础是 ___（54）___ 。

（54）A．工程预算　　　B．工程计量　　　C．项目计划　　　D．项目决算

试题（54）分析

参见《信息系统监理师教程》8.4.7。信息系统工程价款结算的基础是工程计量。承建单位应建立、健全与成本核算有关的各项原始记录和工程量统计制度，认真填写工程计量计算书。

参考答案

（54）B

试题（55）

　　___(55)___ 是指在信息系统工程建设项目的实施过程中，由于项目环境或其他各种原因对项目的功能、性能、架构、技术指标、集成方法、项目进度等方面做出调整。

　　(55) A. 项目审批　　　B. 项目核准　　　C. 项目控制　　　D. 项目变更

试题（55）分析

　　参见《信息系统监理师教程》9.1 。

　　项目变更是指在信息系统工程建设项目的实施过程中，由于项目环境或其他各种原因对项目的功能、性能、架构、技术指标、集成方法、项目进度等方面做出改变。

参考答案

　　(55) D

试题（56）

　　下列监理工程师处理变更的做法中，___(56)___ 违反了变更控制的基本原则。

　　(56) A. 发现了前期设计的缺陷，主动提出变更申请

　　　　 B. 坚持变更必须得到承建单位的书面确认

　　　　 C. 要求变更提出方明确界定变更范围，且三方理解无异议

　　　　 D. 接到变更申请后，判断影响不大，决定静观其变

试题（56）分析

　　参见《信息系统监理师教程》9.2。对变更申请快速响应原则：监理单位接到变更申请后，要快速按照变更处理程序进行变更处理，并迅速下达是否可以进行变更的监理通知。

参考答案

　　(56) D

试题（57）

　　关于合同变更的描述，不正确的是：___(57)___ 。

　　(57) A. 合同变更涉及国家指令性项目时，在变更合同后及时备案才能实施

　　　　 B. 项目合同的双方当事人必须协商一致

　　　　 C. 合同变更给另一方当事人造成损失的，依法由责任方赔偿损失

　　　　 D. 合同变更不能损害国家利益和社会公共利益

试题（57）分析

　　参见《信息系统监理师教程》9.4.4 。

　　合同变更涉及国家指令性项目时，必须在变更前报请有关部门批准。

参考答案

　　(57) A

试题（58）

　　在合同中没有特殊声明的情况下，建设单位支付了项目全部的软件开发费用，则软件的著作权应属于 ___(58)___ 。

　　(58) A. 建设单位　　　B. 承建单位　　　C. 监理单位　　　D. 应用单位

试题（58）分析

参见《信息系统监理师教程》10.1.5。建设单位支付了所有的开发费用后，软件所属权将转给建设单位，软件的著作权属于承建单位。如果要将软件著作权移交给建设单位，在合同中应当写明这一条款。

参考答案

（58）B

试题（59）

当建设单位违约导致合同最终解除时，监理单位按合同规定确定承建单位应得的款项中，不包括：__（59）__。

（59）A．承建单位已完成的项目工作量表中所列工作的应得款项

　　　B．承建单位已支出的订购项目材料、设备、产品的全部款项

　　　C．合同规定的建设单位应支付的违约金

　　　D．承建单位所有人员的合理费用及承建单位合理的利润补偿

试题（59）分析

参见《信息系统监理师教程》10.4.2。承建单位应得的款项中，应是按批准的采购计划订购项目材料、设备、产品的款项。

参考答案

（59）B

试题（60）

在《与贸易有关的知识产权协议》中，作为知识产权保护的范围不包括：__（60）__。

（60）A．著作权及其邻接权　　　　　　　B．商誉权、商标权

　　　C．地理标记权　　　　　　　　　　D．对未公开信息的保护权

试题（60）分析

参见《信息系统监理师教程》10.6.2。在《与贸易有关的知识产权协议》中，作为知识产权保护的范围包括：著作权、商标权、地理标记权、工业品外观设计权、专利权、集成电路布图设计权、对未公开信息的保护权。不包括商誉权。

参考答案

（60）B

试题（61）

信息系统安全的属性分为三个方面：__（61）__。

（61）A．可靠性、保密性、抗毁性　　　B．可靠性、生存性、高效性

　　　C．生存性、抗毁性、完整性　　　D．可用性、保密性、完整性

试题（61）分析

参见《信息系统监理师教程》11.1.2。信息系统安全的属性分为可用性、保密性、完整性。

参考答案

（61）D

试题（62）

管理是信息系统安全的灵魂，信息系统安全的管理体系由法律管理、__（62）__、培训管理三部分组成。

（62）A．运行管理　　　　B．系统管理　　　　C．制度管理　　　　D．文档管理

试题（62）分析

参见《信息系统监理师教程》11.1.4。管理是信息系统安全的灵魂。信息系统安全的管理体系由法律管理、制度管理、培训管理三部分组成。

参考答案

（62）C

试题（63）

监理工程师应建议、提醒建设单位对系统的输入/输出信息或介质建立管理制度，只有__（63）__方可提供或获得系统的输入/输出信息。

（63）A．系统管理员　　　　　　　　B．经过授权的人员

　　　　C．监理工程师　　　　　　　　D．副总经理及以上领导

试题（63）分析

参见《信息系统监理师教程》11.2.2。监理工程师应建议、提醒建设单位对系统的输入/输出信息或介质必须建立管理制度，只有经过授权的人员方可提供或获得系统的输入/输出信息。

参考答案

（63）B

试题（64）

某银行在信息系统逻辑访问的安全控制过程中，发现有一批账户在交易发生后计算出的金额（如利息）发生了变化，小数点后的余额尾数（如分）被去除，差额被转入某个可疑账户。这种舞弊行为使用的技术是__（64）__。

（64）A．特洛伊木马　　　　　　　　B．逻辑炸弹

　　　　C．尼姆达病毒　　　　　　　　D．色粒米技术

试题（64）分析

参见《信息系统监理师教程》11.3.3。色粒米技术将交易发生后的金额尾数去除或进位，转入未经授权的账户。

参考答案

（64）D

试题（65）

在信息系统应用环境中，即使计算机室已有高架地板，也必须安装水灾探测器。水灾探测器必须设置在__（65）__。

（65）A．核心设备机柜旁　　　　　　B．中心网络管理室

　　　　C．垂直工作间最低处　　　　　D．高架地板下与排水孔附近

试题（65）分析

　　参见《信息系统监理师教程》11.3.2。在信息系统应用环境中，即使计算机室已有高架地板，也必须安装水灾探测器，水灾探测器必须设置在高架地板下与排水孔附近。

参考答案

　　（65）D

试题（66）

　　关于数据与信息的关系的描述，不正确的是：　（66）　。

　　（66）A．数据是反映客观事物特征的描述

　　　　　B．信息是数据的载体，数据是信息的内涵

　　　　　C．信息对特定事物具有一定的现实或潜在的价值

　　　　　D．数据经加工处理后才有可能成为信息

试题（66）分析

　　参见《信息系统监理师教程》12.1.1。数据是反映客观事物特征的描述，如文字、数值、语言、图案等，是人们用统计方法经收集而获得的；信息是人们所收集的数据、资料加工处理，对特定事物具有一定的现实或潜在的价值，且对人们的决策具有一定支持的载体。数据与信息的关系是：数据是信息的载体，信息是数据的内涵；只有当数据经加工处理后，具有确定价值而对决策产生支持时，数据才有可能成为信息。

参考答案

　　（66）B

试题（67）

　　监理单位在归集、管理监理资料时不正确的做法是：　（67）　。

　　（67）A．由监理工程师负责监理资料的管理，指定专人具体实施

　　　　　B．确保监理资料真实完整、分类有序

　　　　　C．在各阶段监理工作结束后及时整理归档监理资料

　　　　　D．按有关规定执行监理档案的编制及保存

试题（67）分析

　　参见《信息系统监理师教程》12.2.2。监理工程师在归集监理资料时应注意：

　　（1）监理资料应及时整理、真实完整、分类有序；

　　（2）监理资料的管理应由总监理工程师负责，并指定专人具体实施；

　　（3）监理资料应在各阶段建立工作结束后及时整理归档；

　　（4）监理档案的编制及保存应按有关规定执行。

参考答案

　　（67）A

试题（68）

　　监理工程师在与信息系统工程建设的相关单位和人员进行沟通时，不正确的做法是：（68）　。

　　（68）A．认识到人与人之间的喜好、相互影响和行为的重要性

　　　　　B．创造良好的交往环境、时机，以维持彼此的良好心境

    C．为节约沟通成本，关键节点用社交 APP 进行远程沟通

    D．会见前修饰仪表，更换干净、得体、漂亮的服装

试题（68）分析

    参见《信息系统监理师教程》13.3.3。监理工程师在沟通协调时，应排除第一印象的干扰，把握人际关系认知的规律，创造良好的人际交往条件（包括外表问题、态度的类似性、需求的互补性、时空上的接近）。应尽量创造时空上的接近，地理举例的远近与交往的频繁，对于建立人际关系具有决定性的作用，因此，与人为友必须主动拉进空间上的距离，增加交往频率。

参考答案

    （68）C

试题（69）

    监理单位应按时定期向建设单位提交的信息包括：___（69）___。

    ①工程进度与完成情况 　　　　　②验收阶段的测试报告

    ③关于项目变更的建议 　　　　　④合同执行情况

    ⑤安全和环境保护情况

    （69）A．①②③ 　　　　B．②③④ 　　　　C．①④⑤ 　　　　D．①②③④⑤

试题（69）分析

    参见《信息系统监理师教程》13.3.2，定期监理报告的主要内容包括：

    （1）项目概述；

    （2）大事记；

    （3）工程进度与形象面貌；

    （4）资金到位和使用情况；

    （5）质量控制；

    （6）合同执行情况；

    （7）现场会议和来往信函；

    （8）监理工作；

    （9）承建单位情况；

    （10）安全和环境保护情况；

    （11）进度款支付情况；

    （12）其他项目进展情况。

    关于项目优化、项目变更的建议，各阶段的测试报告和评价说明应及时提供。

参考答案

    （69）C

试题（70）

    监理人员的权利和义务包括：___（70）___。

    ①按照建设合同取得监理收入

    ②按照"守法、公开、独立"的原则开展监理工作

③根据监理合同独立执行工程监理业务

④保守承建单位的技术秘密和商业秘密

⑤不得同时从事与被监理项目相关的技术和业务活动

（70）A．①②③　　　　B．②③④　　　　C．③④⑤　　　　D．①②③④⑤

试题（70）分析

参见《信息系统监理师教程》1.2.4。监理人员的权利和义务包括：

（1）根据监理合同独立执行工程监理业务；

（2）保守承建单位的技术秘密和商业秘密；

（3）不得同时从事与被监理项目相关的技术和业务活动。

参考答案

（70）C

试题（71）

___（71）___ concerns a cycle of organizational activity: the acquisition of information from one or more sources， the custodianship and the distribution of that information to those who need it，and its ultimate disposition through archiving or deletion.

（71）A．Knowledge management　　　　B．Cost management

　　　 C．Schedule management　　　　　D．Information management

试题（71）分析

信息管理的定义。信息管理包括一系列有组织的活动：从一个或多个信息源获得信息，保管并向需要的人分发信息，最终归档或删除。

参考答案

（71）D

试题（72）

System and application access control is to prevent ___（72）___ access to systems and applications. Access to information and application system functions shall be restricted in accordance with the access control policy.

（72）A．authorized　　B．unauthorized　　C．logical　　　D．physical

试题（72）分析

参见 ISO27001 A.9.4。系统和应用访问控制是为了防止对系统和应用的非授权访问。信息和应用系统功能的访问应依照访问控制策略加以限制。

参考答案

（72）B

试题（73）

The information security management system preserves the security of information by applying a ___（73）___ management process and gives confidence to interested parties.

（73）A．quality　　　　B．change　　　　C．data　　　　　D．risk

试题（73）分析

参见 ISO27001:2013 0.1。信息安全管理体系通过应用风险管理过程来保持信息的安全，以给予相关方信心。

参考答案

（73）D

试题（74）

____（74）____ describes the configurable items of the project and identifies the items that will be recorded and updated so that the product of the project remains consistent and operable.

（74）A．The requirements traceablity matrix

　　　B．The configuration baseline

　　　C．The configuration management plan

　　　D．The change managent plan

试题（74）分析

参见 PMBOK 第六版 4.6.1.1。配置管理计划描述项目的配置项，识别应记录和更新的配置项，以便保持项目产品的一致性和有效性。

参考答案

（74）C

试题（75）

____（75）____ techniques are used to find ways to bring project activities that are behind into alignment with the plan by fast tracking or crashing the schedule for the remaining work.

（75）A．Schedule compression　　　　B．Data analysis

　　　C．Change requests　　　　　　　D．Risk management

试题（75）分析

参见 PMBOK 第六版 6.6.2.6。采用进度压缩技术，使进度落后的项目赶上计划，可以对剩余工作使用快速跟进或赶工方法。A 是进度压缩；B 是数据分析；C 是改变需求；D 是风险管理。

参考答案

（75）A

第18章 2021下半年信息系统监理师下午试题分析与解答

试题一（15分）

阅读下列说明，回答问题1至问题3，将解答填入答题纸的对应栏内。

【说明】

为推进"互联网+政务"工作，高效便捷地服务全国各类企业及公众，国家某部拟开发一套移动端APP，动态实时推送企业信息，方便公众快速了解。

建设单位将本信息系统工程的开发及上线交给系统集成公司A，委托监理单位B监理全部建设过程，并分别签订了建设合同及监理合同。项目于2021年10月建成，组织了竣工验收工作。

【事件1】项目批复概算总投资为4300万，验收时尚有部分设备节余、部分款项待收付。B单位汇总编制了项目竣工结算系列报表，竣工结算金额为5000万。

【事件2】验收委员会由7人组成，包括建设单位代表、A单位代表、B单位代表以及邀请的技术专家，并成立了验收测试组和配置审核组进行验收前的检查工作。验收委员会对验收环境进行了审定，确认与系统开发环境相一致，且被验收软件符合需求规格说明书的要求，认为这两项符合验收条件。验收测试组结合原有测试结论，根据建设单位的要求增加了系统资源占用率的测试，验收测试中发现一些bug，但并未超过建设单位的限定值，于是验收测试组批准项目通过验收。

【问题1】（3分）

根据系统描述，请判断本项目是否应当实施监理？并请说明判断的理由。

【问题2】（7分）

（1）针对事件1，请问B单位的做法是否正确？为什么？

（2）请指出本项目的项目竣工结算系列报表应包括哪些报表。

【问题3】（5分）

针对事件2，请指出各方的做法存在哪些错误并说明原因。

试题一分析

本题重点考查电子政务信息化工程监理要求和关键点。

【问题1】

案例问题1，重点考查监理项目范围（参见《信息系统监理师教程》[1]1.2.2）。

【问题2】

案例问题2，重点考查信息系统工程竣工结算的意义（参见《信息系统监理师教程》8.5.2）。

---

[1] 本章提及的《信息系统监理师教程》是全国计算机技术与软件专业技术资格（水平）考试指定用书，由清华大学出版社出版。

【问题 3】

案例问题 3，重点考核信息系统工程验收组织（参见《信息系统监理师教程》24.2.2）。

参考答案

【问题 1】（3 分）

该项目<u>必须/应当实施监理</u>；（1 分）国家规定国家级、省部级、地市级的信息系统工程应当实施监理，"国家某部"属于国家级的信息系统工程。（2 分）

【问题 2】（7 分）

（1）B 单位的做法<u>不正确</u>。（1 分）

项目竣工结算应由<u>建设单位汇总编制</u>，而不是由监理单位编制。（1 分）

（2）

竣工工程概况表；

竣工财务结算表；

交付使用财产总表和明细表；

节余设备明细表；

应收应付款明细表。

（每个 1 分，共 5 分）

【问题 3】（5 分）

（1）审定验收环境与系统开发环境相一致是错误的。（1 分）验收环境应与业主单位的<u>实际运行环境</u>一致。（1 分）

（2）判定被验收软件符合需求规格说明书是错误的。（1 分）应判定所验收的软件是否符合<u>"合同"</u>要求。（1 分）

（3）<u>验收测试组</u>批准通过验收是错误的。（1 分）只有<u>验收委员会</u>才有权限决定系统是否通过验收。（1 分）

（最高 5 分）

试题二（18 分）

阅读下列说明，回答问题 1 至问题 4，将解答填入答题纸的对应栏内。

【说明】

某三级甲等医院拟建设医疗影像诊断系统，通过医疗影像识别算法将原来的放射科医生经验诊断升级为人工智能辅助诊断，希望将诊断时间由 10～15 分钟缩短为 10～15 秒、诊断准确率从约 90%提升到＞99%。

医院将系统建设交给系统集成公司 A，委托监理单位 B 监理全部建设过程。

为确保软件配置项的完整性和可跟踪性，A 公司采用了配置管理工具，B 单位监理工程师老黄认为专业工具能够充分实现软件配置管理监理的目标，于是将监理重点放到需求规格说明书及设计说明书的评审上，对设计说明书的功能、性能、接口、质量、限制、各种选择方案等方面设计了充分的检查点，并组织了同行评审。

在项目测试过程中，测试团队发现了很多 bug，老黄认为主要原因是编码不够规范，提出了一些整改要求，包括：

（1）变量名称应完整表达变量含义，不得使用缩写；

（2）代码文件不得注释，非代码行不得写入源程序；

（3）数据说明的次序应当规范化，说明语句中变量安排应当有序化；

（4）语句结构以执行效率为最高原则，语句越复杂说明程序员水平越高。

【问题 1】（5 分）

老黄为设计说明书设计的检查点不全面，请补充其他的检查点。

【问题 2】（5 分）

请指出老黄对软件编码规范提出的整改要求中的不当之处，并说明原因。

【问题 3】（4 分）

软件配置管理监理的目标包括哪些？

【问题 4】（4 分）

编制良好的需求规格说明书应满足一定的原则，请判断下列需求规格说明书的编制原则或相关描述是否正确。（正确打 √，错误打 ×）

（1）需求规格说明书应实现与功能分离，描述"怎样实现"而不是"做什么"。　（　　）

（2）需求规格说明书应使用面向对象的规格说明语言。　（　　）

（3）某信息系统的子系统，需要描述与其他子系统交互的方式。　（　　）

（4）需求规格说明书是系统自身的需求描述，不需要包括系统运行的环境。　（　　）

（5）需求规格说明书必须是一个认识的模型，而不是设计的模型。　（　　）

（6）需求规格说明书必须是可操作的，能够用它决定已提出实现方案是否能够满足规格说明。　（　　）

（7）需求规格说明书应考虑周全，不容许存在不完备性。　（　　）

（8）需求规格说明书应松散地构造，以便能很容易地加入和删去一些段落。　（　　）

试题二分析

本题重点考查设计阶段信息应用系统的监理信息工作。

【问题 1】

问题 1，重点考查设计评审的内容（参见《信息系统监理师教程》22.2.7）。

【问题 2】

问题 2，重点考查软件编码规范评审的内容（参见《信息系统监理师教程》22.2.10）。

【问题 3】

问题 3，重点考查软件配置管理监理（参见《信息系统监理师教程》22.2.4）。

【问题 4】

问题 4，重点考查需求规格说明书评审的内容（参见《信息系统监理师教程》22.2.5）。

参考答案

【问题 1】（5 分）

可追溯性；

实用性；

技术清晰度；

可维护性；

风险；

安全性。

（每条 1 分，满分 5 分）

【问题 2】（5 分）

（1）变量名称<u>不是越长越好，</u>（1 分）应当选择精炼的、意义明确的名称，必要时<u>可使用</u><u>缩写名称。</u>（1 分）

（2）非代码行中的注释不是可有可无的，（1 分）注释是程序员与程序读者通信的重要手段。（1 分）

（3）程序的语句构造应力求简单、直接，（1 分）不能为了片面追求效率而使语句复杂化。（1 分）

（满分 5 分）

【问题 3】（4 分）

（1）确保软件配置管理活动是有计划的；

（2）确保所选择的软件工作产品是经过标识、受到控制并具有可用性的；

（3）监督所标识的软件工作产品的更改是受控的；

（4）及时了解软件基线的状态和内容。

（每条 1 分，共 4 分）

【问题 4】（4 分）

（1）×　（2）×　（3）√　（4）×　（5）√　（6）√　（7）×　（8）√

（每个 0.5 分，共 4 分）

试题三（14 分）

阅读下列说明，回答问题 1 至问题 3，将解答填入答题纸的对应栏内。

【说明】

某炼油化工厂计划建设一套智能监控系统。期望实现：按需智能巡视场所安全、智能识别仪器读数和开关位置、提升巡视频率和质量。由于系统对网络传输、数据仓库、数据挖掘要求较高，该厂准备先搭建一个性能卓越的信息网络系统。

该厂选择 A 公司作为承建单位，委托监理单位 B 监理全部建设过程。在项目实施过程中，发生如下事件：

【事件 1】 A 公司在应用服务器选型时，考虑了如下内容：

①服务器产品成熟，应以最低价中标方式招标

②应用系统的运算模型以 OLAP 为主

③应用服务器应支持串行数据库

④可以采用 MTBF 值衡量系统可靠性

⑤主要参考服务器的 TPC-C 指标

【事件 2】 在机房电源系统设计时，监理工程师小刘建议电源规格应满足电压 180~264V AC，频率 47～63Hz，其他单一谐波不得高于 5%。电源稳压器容量计算时，应为各设备总容

量之和。为减少布线量和电源节点，机房电源与窗型冷气机、复印机等小型用电设备应共用同一地线，机房内设置的供维修人员使用的普通插座可以与机房电源系统共用电源。配电箱的位置应当注意安全，远离机房。

【问题 1】（4 分）

针对事件 1，请指出 A 单位在应用服务器选型时考虑的内容哪两项是正确的（答案多于两项不得分）。

【问题 2】（5 分）

针对事件 2，针对小刘对机房电源系统设计的建议，请指出不正确之处，并给出正确做法。

【问题 3】（5 分）

在进行信息网络系统整体规划及设计评审时，小刘根据实际情况考虑了以下内容，请判断是否正确。（正确打 √，错误打 ×）

（1）网络设计方案应符合安全性原则，安全性是指设备、技术层次的安全。 （　）

（2）网络设计方案的设计、规划、设备选型符合当前的需求即可。 （　）

（3）网络系统设计和设备选型要兼顾先进性和实用性。 （　）

（4）网络路由和交换设备兼容性是否良好，骨干网是否具备自愈能力。 （　）

（5）IP 地址规划应符合业主的组织结构，并能反应出组织上的从属关系。 （　）

试题三分析

本题重点考查信息网络系统建设监理工作。

【问题 1】

案例问题 1，重点考查网络基础平台方案评审中服务器和操作系统的评审内容（参见《信息系统监理师教程》16.2.3）。

【问题 2】

案例问题 2，重点考查机房工程中电源系统的监理（参见《信息系统监理师教程》17.3.6）。

【问题 3】

案例问题 3，重点考查信息网络系统设计方案评审的基本原则（参见《信息系统监理师教程》16.1.2）。

参考答案

【问题 1】（4 分）

② ④

（每个 2 分，共 4 分）

【问题 2】（5 分）

（1）电源规格中，其他单一谐波应为不得高于 3%；

（2）电源稳压器容量计算时，应为设备总容量+30%安全容量；

（3）机房电源与窗型冷气机、复印机不应与机房电源共用同一地线；

（4）机房内设置的供维修人员使用的普通插座不宜与电源系统共用电源；

（5）配电箱的位置应尽量靠近机房，并便于操作。

（每条 1 分，共 5 分）

【问题 3】（5 分）

（1）×　　（2）×　　（3）√　　（4）√　　（5）√

（每个 1 分，共 5 分）

试题四（13 分）

阅读下列说明，回答问题 1 至问题 3，将解答填入答题纸的对应栏内。

【说明】

按照相关部门对网络安全、数据安全的要求及规定，某市拟新建一套信息监控系统，功能包括视频专网安全监测与分析、公交站点视频监控、AR 高点视频监控。

【事件 1】该系统为首次建设，尚未履行定级手续。系统涉及大量社会敏感信息，如受到破坏，会对国家安全造成损害。

【事件 2】该项目进入分析设计阶段，承建单位提交了《概要设计说明书》供监理单位审查。《概要设计说明书》的框架内容包括：工作范围、体系结构设计、过程设计、需求/设计交叉索引、测试部分、特殊注解和附录。

【问题 1】（6 分）

（1）请写出信息系统安全保护的五个等级名称。

（2）针对事件 1，请判断该系统应当被判定为信息系统安全保护的哪个等级。

【问题 2】（4 分）

针对事件 2，如果你是监理工程师，请指出《概要设计说明书》的文件框架缺少的内容。

【问题 3】（3 分）

请根据对应的系统安全功能及要求补充下表（从候选答案中选择正确选项，将选项编号填写到答题纸的对应栏内）。

A. 网闸　　　　　　B. 防火墙系统　　　　　C. 漏洞扫描器　　　　　D. 入侵检测系统

设备名称	系统安全功能及要求
（1）	需要部署在市局内部办公网中，用于自动检测远程或本地主机安全性弱点，发现所维护的系统存在的安全隐患
（2）	需要部署在市局内部办公网中，对关键网络节点进行信息收集并进行分析，以便从中发现网络或系统中是否有违反安全策略的行为和被攻击的迹象
（3）	需要部署在视频专网和市局内部办公网的边界处，作为不同网络安全域之间信息的唯一出入口，根据市局的安全策略控制出入网络的信息流，且应当具有较强的抗攻击能力

试题四分析

本题重点考核信息应用系统建设监理工作。

【问题 1】

问题 1，重点考查信息系统项目管理中的安全管理要素（参见《信息系统监理师教程》2.2.9）。

【问题 2】

问题 2，重点考查信息应用系统概要设计说明书评审（参见《信息系统监理师教程》22.2.7）。

【问题 3】

问题 3，重点考核架构安全的信息网络系统（参见《信息系统监理师教程》11.3.4）。

参考答案

【问题 1】（6 分）

（1）

<u>用户自主保护级</u>；

<u>系统审计保护级</u>；

<u>安全标记保护级</u>；

<u>结构化保护级</u>；

<u>访问验证保护级</u>。

（2）<u>三级或安全标记保护级</u>。

（每个 1 分，共 6 分）

【问题 2】（4 分）

数据设计；

接口设计；

运行设计；

出错处理设计；

安全保密设计。

（每个 1 分，满分 4 分）

【问题 3】（3 分）

（1）C　　（2）D　　（3）B

（每个 1 分，共 3 分）

试题五（15 分）

阅读下列说明，回答问题 1 至问题 3，将解答填入答题纸的对应栏内。

【说明】

某省拟建立人工智能创新中心，为省内有人工智能使用需求的单位提供计算能力、训练能力、推理算法的支撑。人工智能创新中心项目包括信息应用系统、信息网络系统的建设。建设单位委托了监理单位进行全过程的监理工作。

【问题 1】（5 分）

在信息网络系统工程实施的集成测试阶段，请问监理单位的监理工作应包括哪些内容。

【问题 2】（5 分）

在信息应用系统建设过程中，请根据场景补充下表（从候选答案中选择正确选项，将选项编号填写到答题纸的对应栏内）。

A．静态分析　　　B．代码审查　　　C．白盒测试　　　D．黑盒测试

场景	软件测试技术
测试负责人根据软件需求规格说明书设计测试用例，并按照测试用例的要求测试相应程序，验证软件功能和性能的正确性	（1）
测试组长按照程序内部的逻辑结构和编码结构设计并执行测试用例，使程序中每个语句、条件分支、控制路径都在程序测试中受到检验	（2）
软件开发人员完成了编码，在编译前，开发负责人根据软件设计文档，检查源程序和设计的一致性	（3）
开发工程师不使用专门的测试工具和设备，自行检查代码逻辑表达的正确性和完整性	（4）
资深开发工程师通过计算机辅助程序对开发完的计算机程序进行控制流分析、数据流分析、接口分析、表达式分析	（5）

【问题 3】（5 分）

请判断下列信息应用系统软件测试的相关描述是否正确。（正确打 √，错误打 ×）

（1）单元测试提供了构造软件模块结构的手段，同时测试其功能和接口。　（　）

（2）组装测试就是检查每一模块部件的功能和性能。　（　）

（3）确认测试检查所有的需求是否都得到满足。　（　）

（4）在每一个测试之后，都要诊断和纠正软件的故障。　（　）

（5）测试中发现的问题被修改完成后，必须进行回归测试。　（　）

试题五分析

本题重点考查信息系统工程监理中的测试要求与方法技术。

【问题 1】

问题 1，重点考核网络集成与测试阶段的监理内容（参见《信息系统监理师教程》17.1.3）。

【问题 2】

问题 2，重点考核信息系统工程软件测试技术（参见《信息系统监理师教程》19.4.2）。

【问题 3】

问题 3，重点考核软件生存周期中软件测试的工作（参见《信息系统监理师教程》19.2.3）。

参考答案

【问题 1】（5 分）

（1）评审项目验收大纲及各子系统测试报告或方案、计划；

（2）评审承建方应交付的各类文档；

（3）组织/参加/协助计算机系统和网络系统的集成测试；

（4）组织/参加/协助网络系统的连通性测试；

（5）组织/参加/协助软件系统集成测试；

（每条 1 分，共 5 分）

【问题 2】（5 分）

（1）D　　（2）C　　（3）B　　（4）B　　（5）A

（每个 1 分，共 5 分）

【问题 3】（5 分）

（1）×　　（2）×　　（3）√　　（4）√　　（5）√

（每个 1 分，共 5 分）